LE
CAFFÉ POLITIQUE
D'AMSTERDAM,
O U
ENTRETIENS FAMILIERS
D'UN *FRANÇOIS*,
D'UN *ANGLOIS*, D'UN *HOLLANDOIS*,
ET D'UN *COSMOPOLITE*,

Sur les divers intérêts économiques & politiques
de la FRANCE, de l'ESPAGNE,
& de l'ANGLETERRE.

Par CHARLE, ELIE, DENIS ROONPTSŸ,
maître du Caffé.

TOME SECOND.

A AMSTERDAM,

1776.

FRANCE.

DIALOGUE V.

St. ALBIN, MILORD SPITEAL, VAN MAGDEBOURG, LE COSMOPOLITE.

St. ALBIN.

JE vous ai fait part, mes amis, que notre vilain d'abbé Terray étoit exilé, & que fa place avoit été donnée au Sr. Turgot, Intendant de Limoges.

LE COSMOPOLITE.

Hé bien?

St. ALBIN.

Hé bien, voici dejà de fa befogne. — L'on me mande qu'elle a été généralement applaudie ; — lifez cet arrèt. — Il eft d'un père à fes enfans ; .... (*on lit l'arrèt.*)

LE COSMOPOLITE.

Cet arrèt exprime le zèle, & la bonne volonté de Mr. Turgot : mais il n'eft pas d'un adminiftrateur, d'un Contrôleur - Général des Finances.

Arrêt pour la liberté du commerce des grains

St. ALBIN.

En quoi, s'il vous plait, le trouverez-vous répréhenfible ?

Tom. II. A

LE COSMOPOLITE.

En ce qu'il livre encore plus que par le paffé, le monopole des denrées de première néceffité à l'avarice des Fermiers, des fpéculateurs, ou des propriétaires des terres.

St. ALBIN.

A vous entendre, l'on diroit que vous condamnez cette pleine liberté que le miniftère accorde par ledit arrêt, à tous les propriétaires des denrées premières ; — Eft-ce que vous défaprouvez que ceux-ci foient les maitres de leurs travaux ? De leurs produits...,. libre à eux, de les vendre, ou de les garder , ... de les porter dans telle ou telle province du Royaume, de les y vendre , ou de les verfer dans la confommation de Paris, de Lyon, ou de Marfeille.

LE COSMOPOLITE.

Non, au contraire, cet arrangement eft très-bien vû, & il n'y avoit qu'une ame intéreffée comme votre fcélerat d'abbé : qui eût pu imaginer le projet de faire féqueftrer les denrées d'une province , dans la confommation de cette feule province. — Il falloit être comme lui , Juif, Maure , ou habitant des antres affreux du Caucafe , pour avoir exigé de l'autorité une telle loi, & pour avoir eu la lâche cupidité de faire établir le commerce ufuraire qu'il faifoit , avec les propres deniers de l'Etat, fur la vie , & les befoins de vos citoyens ; — cette obfervation n'eft point de mife ici , & le contrafte de Mr. Turgot, avec Mr. l'abbé Terray , (foit dit fans faire bruit), eft le contrafte de Marc-Aurèle avec Sardanapale ; — ainfi brifons fur toutes fortes de comparaifons dégoûtantes ; je prétends dire feulement, que Mr. Turgot dans fon nouvel arrèt, en voulant faire le bien du peuple, de l'artisan, du pauvre citoyen, fait le mal de ce même citoyen.

St. Albin.
En quoi, s'il vous plait?

Le Cosmopolite.
En ce qu'il livre plus que jamais tous les besoins d'absolue nécessité au libre arbitre d'une poignée de particuliers gens aisés, ou riches, qui les tiendront constamment resserrés, pour les vendre toujours avec avantage.

St. Albin.
Croyez-vous, qu'il y ait des Fermiers, ou des propriétaires des terres assez bêtes, que de s'exposer à perdre leurs récoltes, par de trop longues demeures, dans la vente de ces mêmes denrées?

Le Cosmopolite.
Non, mais vous en avez beaucoup qui peuvent les garder un an, & deux ans; & en attendant, l'artisan, le citoyen appliqué pâtit, dans un besoin absolu, (que lui séquestre l'avarice) par une imprudence du gouvernement; — voilà ce que devoit prévoir Mr. Turgot dans sa nouvelle ordonnance.

St. Albin.
Comment, vous tancez d'imprudence une liberté entière dans la circulation intérieure d'un royaume, pour le commerce en denrée d'une nation; parce que cette liberté rend ses citoyens maîtres de leurs propriétés, de leur travail, & de leur industrie; ..... Hé! que feront les sujets, si le gouvernement, force leurs dispositions particulières, leurs volontés, leur libre arbitre!...

LE COSMOPOLITE.

Ils feront de vrais citoyens, de fideles fujets, qui ne compoferont jamais qu'une même
famille, qui n'auront qu'une même confervation, qu'un feul & unique intérèt, ... La patrie; — voilà quelles doivent ètre toutes les
prévoyances des loix municipales; fi l'on s'en
écarte, un Gouvernement erre fa légiflation. —
L'ordonnance de Mr. Turgot, détruit cette bafe
fondamentale; & pour preuve, comparez cette
dite ordonnance, avec ce paffage de l'éloge politique de Colbert, de Mr. de Pelliffery *page*
(47) & appliquez l'un & l'autre, à la folution
de la notte *page* 49, de ce même ouvrage.
„ La France fous fon miniftère, peuplée de près
„ de vingt millions d'ames; comptoit au plus,
„ dans ce grand nombre de fes fujets, deux mil-
„ lions de citoyens, gens que l'on peut dire ri-
„ ches, vivant de leurs revenus; & ayant en
„ propriété, la majeure partie des terres de la
„ monarchie; — les dix-huit millions reftant,
„ Colbert, en confidéroit un tiers, gens aifés
„ adonnés au commerce, à l'induftrie & aux
„ arts méchaniques, vivant des bienfaits de leurs
„ parties; les autres douze millions étoient dans
„ la claffe des citoyens, fans fonds, fans pro-
„ priétés, fans gîtes; falariés journellement par
„ l'agriculture, le commerce, & l'induftrie; —
„ par la fageffe de fes détails, Mr. de Colbert,
„ trouvoit que dans les vingt millions de fu-
„ jets que comptoit la France, deux millions
„ de ceux-ci poffédoient feuls, les trois quarts
„ des revenus fonciels de l'Etat; fix millions
„ tous ceux du commerce, & de l'induftrie, &
„ que les trois cinquièmes reftants ne poffé-
„ doient prefque rien, & mourrôient de faim,

„ fans les falaires journaliers du commerce, &
„ de l'induſtrie ; — pour donner encore plus de
„ nerf à cette fupputation de notre Miniſtre ; &
„ pour connoître plus phyſiquement, la nécef-
„ ſité des falaires de l'induſtrie ; conſidérons
„ légérement, quels font les revenus fonciels
„ de la France, & balançons-les avec le mon-
„ tant des dépenſes générales de la nation ; —
„ par cet état, nous faiſirons plus ſtrictement,
„ quelles ont été les profondes méditations de
„ Colbert, l'étendue de fes connoiſſances uti-
„ les, & la folidité de fes ſpéculations politi-
„ ques.
„ Suivant l'arpentage du fyſtéme de la dixme
„ Royale de Mr. De Vauban, en y annexant
„ les Duchés de Lorraine & de Bar : J'ai cal-
„ culé depuis peu, que les revenus des terres
„ & maiſons de l'étendue de la France, pro-
„ duiſoient aujourd'hui 1, 936, 000, 000, de
„ liv., & que la dépenſe des citoyens, & du
„ corps politique de la nation, fe montoit à 4,
„ 425, 650, 000. — Ce qui établiſſoit un vuide
„ dans les rentes foncielles de l'Etat, de 2,
„ 489, 650, 000, de liv. &c. (folution de la
„ note 6 :) — pour fentir toute l'importance de
„ ce déficit : un habile adminiſtrateur doit con-
„ ſidérer que les 2, 489, 650, 000, de liv.
„ ci-deſſus, ne peuvent être produits, que par
„ l'induſtrie & le commerce politique de la na-
„ tion, ... que les débours de l'induſtrie pour
„ le capital qui doit les produire, n'eſt peut-
„ être pas de 400 millions ; .. par conféquent
„ que ſi l'on charge d'impofition, ce petit ca-
„ pital, au lieu de 400. millions, l'induſtrie
„ n'en mettra plus en valeur que 350, lefquels
„ rapprochés du produit des 400. ne vous pro-

„ cureront plus en bénéfice que 2 , 178 , 443 ,
„ 750. liv. , & non 2 , 439 , 650 , 000. liv.
„ dont on a befoin; ce qui établit un vuide dans
„ la dépenfe publique de 311 , 206 , 150 ; —
„ ce vuide ne fe borne pas à cette feule fom-
„ me ; le manque de travail des 50. millions ;
„ le défaut de leurs produits faifant une brèche
„ aux falaires journaliers de l'induftrie , de mê-
„ me qu'au travail du commerce politique : la
„ circulation intérieure & extérieure fe trouve
„ diminuée , & le vuide des 311 , 206 , 650. fe
„ double de capital , par la rétroaction du com-
„ merce , de l'induftrie , & des dépenfes journa-
„ lières des fujets. — Telles font les fuites des
„ impofitions mal raifonnées ; la confommation
„ cherchant toujours le bon marché; le commer-
„ ce la confommation , & l'induftrie le com-
„ merce , — fi l'on brife un des liens qui font
„ la force de cette chaîne: tous fes intérêts tom-
„ bent au pillage , fans efpoir de retour ; l'in-
„ duftrie ne revenant jamais fur fes pas , & le
„ commerce ne fe fixant que dans les lieux ,
„ où régne l'abondance. — Par l'application,
vous voyez clairement que la portion des terres productives de la France , habitée par 20.
millions de citoyens appartient en propriété à
4. ou 5. millions (au plus) de citoyens ; &
par la folution de la note *page* 49. vous ap-
Grande percevez que vous n'avez que 1 , 936 , 000 ,
vérité à 000. livres de revenus fonciels , & qu'il faut
laquelle 4 , 425 , 650 , 000. liv. de dépenfes géné-
on ne fait rales au corps politique: ce qui établit un dé-
pas affez ficit de 2 , 489 , 650 , 000 : — d'où il faut
attention. conclure , que fi le gouvernement ne favorife
pas la claffe de fes citoyens fans propriétés (artifans du déficit de fes dépenfes générales ,)

il eft inutile d'admettre des loix économiques.

ST. ALBIN.

Vous faites un procès bien rigoureux à un homme de bien, ... attendez, voyez les effets de fon ordonnance, tout le monde en eft content.

LE COSMOPOLITE.

Hé! moi non, — j'y vois les fermiers des terres (déja trop riches;) maîtres plus que jamais de la vie de vos citoyens.

ST. ALBIN.

Je ne fuis pas de votre avis, connoiffant affez par mes fermiers, que ces gens-là, ne peuvent point garder trop long-temps leurs récoltes; — ils ont leurs quartiers à remplir, leurs journaliers à payer, leurs champs à enfemencer, ... tout cela demande de l'argent, & tout cela les oblige de vendre affez promptement leurs denrées.

LE COSMOPOLITE.

Oui, dans un commencement de bail, ou dans les commencemens qu'un homme s'établit; — mais dès que cet homme, ou ce fermier, par fes économies fera venu à bout de réalifer une année d'avance fur les dépenfes de fa ferme ; cet homme n'eft plus agriculteur, il devient fpéculateur, il agiotte, (pour ainfi dire), tous les jours fur fa denrée, & fur celles de fes voifins ; — de voifin à voifin, le mal gagne ; les denrées en attendant fe refferrent, & fe renchériffent au détriment du citoyen fans propriété, que Mr. Turgot veut tant favorifer.

ST. ALBIN.

Les meilleurs arrangemens font fujets à des inconvéniens : je fens ceux que vous m'objectez ; mais je fens auffi , que fi l'on violente trop les fermiers , que l'agriculture en fouffrira , & alors le mal feroit pire que le remède.

Le Cosmopolite.

Non , c'eft au gouvernement à prévoir l'un , en tempérant l'autre ; une liberté outrée, telle que celle qu'exhale Mr. Turgot , dégénère en abus , en relâchement , en corruption ; — c'eft un abus de livrer à la cupidité de 50. ou 60, 000. fermiers, (que vous pouvez avoir dans le royaume, l'exiftence de 20. millions de citoyens que la France a à nourrir journellement ; — il faut arrêter cela.

St. Albin.

Comment pouvoir arrêter cela ? ... Comment pouvoir empêcher les fermiers des terres , d'être les maîtres de leurs denrées ?

Le Cosmopolite.

Comment ! le voici ; — 1°. Il faut connoître la portée , & les befoins des peuples que l'on a à nourrir ; — 2°. Ceux des revenus , & des dépenfes publiques ; — 3°. En quoi confifte l'occupation indifpenfable des fujets , & quelle eft la partie la plus productive de cette occupa-

Seconde vérité bien démontrée.

tion ; avec cette connoiffance , par l'injonction du bénéfice du travail , avec les produits du commerce , & par ceux du commerce avec ceux de l'agriculture ; on s'éclairera furement que c'eft le commerce , & l'induftrie qui falarient feuls , les trois cinquièmes des citoyens que nourrit journellement la France , tandis que l'agriculture n'en occupe peut-être pas deux millions ; — par conféquent que les premiers, ne peuvent ni travailler , ni exifter dans le royaume , fi les denrées de première néceffité font chères , & livrées au monopole de 50. ou

60, 000, fermiers ; — en conféquence, un adminiftrateur réellement occupé du bien public:
loin d'admettre la liberté outrée de l'ordonnance que vous préconifez tant, n'accordera
qu'un libre arbitre modéré, à Mrs. les fermiers
des terres.

St. Albin.

Comment voulez-vous qu'un adminiftrateur,
puiffe admettre un tempéramment de cette nature, & defcendre dans tous les menus détails,
qui pourroient feuls y être fes guides ?

Le Cosmopolite.

Hé mais ! ... qui dit adminiftrateur, ne dit
que l'économe des peuples ; — c'eft dans la
moindre de fes connoiffances, dans celles du
moindre des détails fur tout ce qui pourroit
être abus au befoin public, qu'un adminiftrateur doit y voir, ce qu'il doit en être, ou ce
qu'il pourroit en arriver. — Un Miniftre actif,
& prévoyant dans cette partie, avant de faire
rendre à l'autorité l'arrêt dont nous parlons,
auroit établi avant toute chofe, un prix fixe à
toutes les diverfes qualités de grains qui fe
recueillent dans le royaume, & après, il auroit arrêté : que dès que les grains feroient
dans les marchés publics, aux prix fixés par
l'ordonnance : .... que tous les fermiers, tous
les propriétaires des terres fans diftinction, de
rang, ni de qualités, feroient obligés, (fous
peine de confifcation), de porter leurs denrées au marché public de leur voifinage. —
Avec cette précaution, on arrêtoit la brigue
fubalterne, & l'on confervoit conftamment, une
certaine infpection fur tous les fermiers, qui
font les maîtres aujourd'hui de laiffer gâter une

une partie de leurs denrées , pour soutenir les hauts prix de l'autre partie. (*a*)

MILORD SPITEAL.

Le Cosmopolite a raison. —— Il ne faut jamais qu'un gouvernement sage favorise aucun monopole ; — c'est les favoriser que de livrer les besoins des citoyens, sans propriétés, à l'avarice d'une poignée de particuliers. — N'est-il pas vrai que si vous pouvez obtenir aujourd'hui pour un louis d'or, ce qui vous en coûtoit deux autrefois , que vous accréditerez cette nouvelle découverte ?

ST. ALBIN.

Assurément ;

LE MILORD.

Il en est de même des Fermiers des terres , ou des propriétaires des denrées premières ; — si ceux-ci, peuvent faire avec 10 septiers de bled , ce qui leur en coûtoit 20 autrefois , ils accréditeront l'opération de 10 septiers.

ST. ALBIN.

La chose est plus que certaine.

LE COSMOPOLITE.

Par conséquent il est de l'intérêt des Fermiers, ou des propriétaires des terres , de tenir les denrées chères ; — moins de faux frais dans les charrois, & égale portion de produit, avec moins de débite ; — qui est-ce qui pâtit dans ce maquignonage ? — est-ce le Fermier ? — non, — il se nourrit de sa denrée ; — est-ce le proprié-

---

(*a*) L'artisan qui paye le pain cher quand les marchés sont bien garnis , ne fait que murmurer ; — mais s'il le paye cher, & que les marchés soient vuides , alors il s'effraye, & croyant le mal plus grand qu'il n'existe , il s'oublie & se porte à toute sorte d'extrémité.

taire des terres ?... non plus, il fe nourrit également de fa ferme; — il n'y a donc que le
citoyen, fans propriété, artifan du déficit de
vos dépenfes générales, qui en eſt la victime; —
par conféquent le Coſmopolite a raifon; l'Ordonnance de Mr. Turgot eſt mal-faite : règle générale,... toutes les denrées qui fe recueillent dans
les domaines d'une nation, appartiennent à cette
nation. Si dans l'ordre des propriétés, il paroît
y avoir des citoyens, qui foient fenfés y avoir
plus de droit que le général de la nation, ce
droit ne leur donne pas plus de propriété dans
la fociété politique... ils ne font que les agens
de la confervation publique, en conféquence
c'eſt au gouvernement à s'appliquer ce droit de
propriété, fans jamais le livrer au libre arbitre
des fujets. L'Ordonnance de Mr. Turgot pèche
encore dans un défaut de prévoyance très-grave
de la part d'un adminiſtrateur. — En outre, de
ce qu'elle favorife la cupidité des fermiers des
terres; c'eſt qu'elle ne met point des bornes à
leurs entreprifes, du côté des fermes. — Toutes
vos Ordonnances de police & d'adminiſtration,
dans cette partie, (depuis 10 ans) ont été mal-
faites; toutes ayant conſtamment laiſſé fubfiſter
des interprétations, des froiſſemens, & des chocs
dans tous ces objets, qui, loin d'en arrêter les
abus, ont été caufe, fans manque de récolte,
fans événement fâcheux, fans difette générale,
que toutes vos denrées ont renchéri d'une groſſe
moitié (en *s'adreſſant à St. Albin*) du prix où
elles étoient avant la guerre de 1755. — Ce défordre, (fruit du monopole de quelques traitans,) à enrichi tous les fermiers des terres,
& ceux-ci ne connoiſſant point d'autre façon de
faire valoir leur argent, que celle de l'enfouir

dans la terre,.. ils ont placés en fonds de terre les bénéfices de leurs fermes, ou ils en ont embraſſé de nouvelles , ce qui a livré encore plus en leurs mains tous les fruits de l'agriculture ; — l'une ou l'autre diſpoſition eſt des plus défavantageuſe au bien public ; en ce qu'elle livre toujours plus la propriété des denrées premières , à la cupidité d'un petit nombre de particuliers ; tandis que la grande ſcience d'un gouvernement, ne doit-être que de ſavoir les repartir dans le plus de mains poſſibles , afin que leurs diſperſions & leur travail , pût occuper un plus grand nombre de ſujets , & que ceux-ci ne puſſent pas ſe liguer auſſi facilement qu'ils le peuvent aujourd'hui , pour en ſoutenir les prix.

Troiſième vérité bien prouvée par l'opulence des Fermiers des terres à 30 lieues à la ronde de Paris.

ST. ALBIN.

Les Fermiers des terres feront toujours les maîtres du prix de leurs denrées ; — ils chaſſent tous le même lièvre : ils ont tous le même intérêt.

LE COSMOPOLITE.

Cela eſt vrai , — mais ne leur donnez pas les moyens de ſe trop enrichir ; — entreténez-les conſtamment dans une honnête aiſance, ſans leur faciliter les moyens d'acquérir une trop forte opulence, (*a*) ne leur permettez, en propriété, qu'une portion de ferme ſuffiſante pour occuper leur famille ; & ne craignez pas alors que de tels fermiers reſſerrent leurs denrées, —

(*a*) Henri IV. vouloit bien que chaque Fermier, & chaque laboureur fuſſent en ſituation de pouvoir manger ſa poule tous les Dimanches ; mais il n'a jamais entendu que ce fût au préjudice du bourgeois & de l'artiſan, comme le prétendent les économiſtes actuels.

ils feront bien forcés de les vendre pour payer leurs quartiers , leurs labeurs , leurs défrichemens.

Van Magdebourg.

Le Cofmopolite raifonne jufte , & j'en fais la comparaifon par les perfonnes de ma profeffion. — Un Négociant qui a des échéances à remplir , ne s'entête pas fur le prix de fes marchandifes , — il cherche à les vendre pour conferver fon crédit. — Il en eft de même d'un fermier qui doit payer le prix de fa ferme , par le produit de fes denrées ; — donnez à ces gens-là une honnête aifance ; mais point de fuperflus de confidération.

Le Cosmopolite.

Pour obvier à cela , il n'y auroit qu'à en multiplier le nombre.

St. Albin.

Quoi !.. vous voudriez augmenter le nombre des fermiers dans le royaume.

Le Cosmopolite.

Affurément;... hé ! c'étoit par-là que devoit commencer Mr. Turgot.

St. Albin.

Comment voulez-vous qu'un adminiftrateur , puiffe porter fes fpéculations dans une partie auffi indifférente à fa régie ?

Le Cosmopolite.

Pas fi indifférente :.. dèsque ce font ces produits qui doivent nourrir toute une nation ; — comment feriez-vous fi vous n'aviez point du bled , point du pain. — L'infpection fur l'agriculture eft le premier devoir d'un adminiftrateur. — Pour rendre cette infpection fimple , avantageufe à la fociété ; votre gouvernement n'a qu'à rendre une Ordonnance qui fixe le nombre d'arpens, ou de charrues, qui formeront à l'avenir, ce que l'on appellera ferme; & qu'un laboureur ne puiſſe jamais en poſſéder qu'une.

S t. A l b i n.

Eſt-ce que vous voudriez diviſer aujourd'hui ma ferme de vingt-mille livres, en pluſieurs fermes?

L e C o s m o p o l i t e.

Certainement!.. j'en ferai cinq ou ſix:

S t. A l b i n.

Mais vous ruineriez tous les propriétaires des terres; — conſidérez - les dépenſes immenſes dans leſquelles vous les jetteriez, en purs & ſimples logemens.

L e C o s m o p o l i t e,

J'entends cela!.. mais d'un autre côté, conſidérez auſſi les avantages immenſes qui leur en reviendroient; — moins de riſque du côté du débiteur,... plus d'encouragemens, moins de temps perdu dans l'agriculture; un journalier n'ayant plus deux, & trois lieues à faire tous les matins & tous les ſoirs, pour aller & revenir de ſon travail; — d'ailleurs, le gouvernement en voulant favoriſer la claſſe de ſes ſujets ſans propriétés, ne doit point moleſter la portion aiſée qui ſalarie les autres:..... il y a du remède à tout.

S t. A l b i n.

Hé! comment vous y prendriez-vous?

L e C o s m o p o l i t e

En bonifiant aux propriétaires des terres le tiers, ou la moitié des ſommes qu'ils feront obligés de dépenſer dans chaque nouvelle ferme.

S t. A l b i n.

Mais vous ruineriez le gouvernement;.... enviſagez quelle ſomme immenſe il faudroit pour un tel objet.

LE COSMOPOLITE.

Combien eftimez-vous qu'il puiffe y avoir de propriétés agricoles, défrichées en fermes, dans toute l'étendue de la France.

ST. ALBIN.

Ma foi!... que fais-je:... plus de cent-mille.

LE COSMOPOLITE.

A quel prix les mettez-vous, les unes dans les autres.

ST. ALBIN.

Vous m'embarraffez, n'étant pas fort au fait d'une fi vafte combinaifon; — celle qu'on me loue, eft de 20, 000 liv.

LE COSMOPOLITE.

Combien peut-elle avoir d'arpens, ou de lieues d'étendue?

ST. ALBIN.

Elle peut avoir deux lieues en longeur, fur une & demi en largeur.

LE COSMOPOLITE.

Avec cette étendue & cette largeur, il ne peut y avoir en France 100,000, propriétés ter-rières, louées en ferme, tout le royaume ne contenant que 30, 600 lieues quarrées de fur-face; — pour abréger la difcuffion, je fuppofe qu'il en exifte 20, 000, en feules terres labou-rables,..... que le gouvernement divife les 20, 000, en 40, 000,... ce fera le logement de 20, 000, que l'on aura à bâtir. — A combien eftimez-vous chaque logement? (*a*)

ST. ALBIN.

Les-uns dans les autres, mettez-les à 6, 000 l.

LE COSMOPOLITE.

Soit! — le gouvernement entrant pour la moi-

(*a*) Ceci n'eft qu'une fuppofition.

tié dans ces 6, ooo liv. ... il aura à bonifier aux propriétaires des nouvelles fermes 3, ooo liv. — ce qui lui occafionnera un débours de 6o, ooo, ooo, ; — vous voyez que cette dépenfe n'eft pas fi exorbitante, relativement aux avantages qu'elle procurera à votre agriculture.

S t. A l b i n.

Comment! vous trouvez peu confidérable une dépenfe de 6, ooo,ooo pour le gouvernement, dans un quart d'heure où l'Etat eft auffi fort obéré qu'il l'eft, & où les citoyens font auffi fort écrafés par les impofitions?

L e C o s m o p o l i t e.

Oui, la chofe eft peu de chofe, relativement au bien qu'elle feroit; — d'ailleurs votre gouvernement n'a qu'à s'éclairer pour cette opération, fur celle que veut lui faire faire Mr. de Pelliffery, pour la fupreffion de la taille, taillon, capitation & les aides, fans faire perdre au fifc royal, le produit de ces quatre impofitions.

S t. A l b i n.

Je n'ai jamais entendu dire que Mr. de Pelliffery eût fait mention de cette partie, dans fon Syftème des billets d'Etat; — je croyois qu'il n'en avoit été queftion, que pour liquider purement & fimplement les dettes de nos finances.

L e C o s m o p o l i t e.

Pardonnez-moi, il étoit queftion de l'un & de l'autre; — la première opération liquidoit l'Etat ... & la feconde rachetoit toutes les fervitudes en impofitions, ou en taxes particulières fur toutes les terres de la métropole.

M i l o r d S p i t e a l.

Le projet étoit grand; ... mais il me paroit bien vafte, bien compliqué, & de bien difficile exécution.

LE

L E C O S M O P O L I T E.

Il ne l'étoit point de la façon dont s'y prenoît Mr. de Pellißery; — il ne falloit qu'un citoyen pour adminiſtrateur, & non un abbé Terray.

S t. A l b i n.

L'entreprife étoit bien hardie.

L E C O S M O P O L I T E.

Point du tout, l'opération étoit sûre, & avec tout autre adminiſtrateur, le Syſtème des Billets auroit été certainement en exercice depuis 1770; — à ces heures,... à l'heure que nous parlons, la France feroit aux trois quarts liquidée de ſon énorme dette; & loin d'avoir mis toutes les impoſitions nouvelles que l'on a pratiqué!... peut-être que cette même France, feroit en ſituation, dans ce moment, de pouvoir foulager ſes fujets d'un vingtieme au moins, des deux qu'ils payent actuellement.

V a n M a g d e b o u r g.

Il me paroît bien difficile, mon cher ami, que le ſyſtème en papier de Mr. de Pellißery, eût pu liquider en ſi peu de temps trois milliards de dettes actives, & foulager encore ſes citoyens de 25 à 30 millions d'impoſitions courantes; à moins de ne livrer l'Etat à une banqueroute femblable à celle de 1721.

L e C o s m o p o l i t e.

Point du tout,... fans banqueroute, fans infamie, & très-honnètement: la choſe s'opéroit avec utilité.

M i l o r d S p i t e a l.

Si vous connoiſſez ce projet, faites-nous part de ſes avantages.

V a n M a g d e b o u r g.

Comment, s'il vous plaît, Mr. de Pellißery,

Tome II.   B

faifoit-il d'auffi belles chofes fans faire faire banqueroute à la France.

LE COSMOPOLITE.

Par l'opération la plus fimple , la mieux calculée du monde : par fon Syftème des Billets ; —
fyftème fage, profond , & bien conçu ; dont on
n'a pas connu les avantages.

VAN MAGDEBOURG.

Mon ami , tout ce qui eft billet d'Etat en
France , eft aujourd'hui de la graine de niais ; —
on fe reffouvient encore trop bien de ceux de
Laws , pour donner une feconde fois dans le
pot au noir.

LE COSMOPOLITE.

Laws, étoit-un vifionnaire , qui avoit cru que
l'arithmétique combinative du commerce , pouvoit s'affocier avec l'arithmétique politique ; ...
elles font cependant très-diftinctes ; l'une n'ex-
pliquant que l'intérêt particulier ; tandis que
l'autre réunit dans une feule combinaifon , les
temps préfens & les temps futurs d'une nation.

VAN MAGDEBOURG.

Ha, ha ! mon ami ; ... je ne croyois pas qu'il
y eût deux façons de chiffrer parmi les hommes ; ... expliquez-moi un peu, je vous prie,
cette feconde façon.

VAN MAGDEBOURG.

Volontiers : ..... l'arithmétique proprement
dite , eft celle du commerce, de la fociété , qui
ne calcule que les intérêts particuliers ; — la
politique eft celle qui fournit aux befoins d'un
Etat, en foulageant les taxes fur les fujets ; —
Laws , n'a pas connu cette arithmétique.

VAN MAGDEBOURG.

Mais , je crois auffi , qu'il n'y a pas beaucoup
de perfonnes qui la connoiffent ; ... examinez un

peu quelles organes , quelles connoiffances ,
quelles combinaifons il faut avoir conftamment
dans fa tête, pour pouvoir réunir dans un feul
& unique principe les intérèts de trente combinaifons différentes.

LE COSMOPOLITE.

Cela eft vrai, mais cela fe trouve ; — l'abbé
Terray avoit ce tréfor entre fes mains , & il n'a
pas fçu en faire ufage : — au contraire, il a décrié
dans fon Edit de 1771 , ce qu'il devoit accréditer ; c'eft ce qu'il a décrié , qui l'auroit confervé dans fa place.

ST. ALBIN.

Il auroit été difficile de pouvoir faire prendre confiance au fyftème des billets de Mr. de
Pelliffery ; — le cœur faigne encore dans nombre de familles, fur le trifte fort qu'eurent pour
la France ; ceux de Laws ; — les billets de
Mr. de Pelliffery , auroient péri auffi miférable-
ment.

LE COSMOPOLITE.

Ils ne le pouvoient pas , ... l'Etat n'étant
pas tenu de leurs rembourfemens.

MILORD SPITEAL.

Hé bien , parce que vous venez de dire ,
vous faites le procès à ce fyftème. — Ne voyez-
vous pas combien cette méthode étoit contraire
à tous les bons principes. — Quelle confiance
auriez-vous voulu que l'on prit dans un effet,
qui étoit fans rembourfement ?

LE COSMOPOLITE.

Doucement; .... connoiffez-vous ce fyftème?

MILORD SPITEAL.

Non , ... j'en ai bien entendu parler dans
le temps ; —, mais jamais avec particularité.

LE COSMOPOLITE.

Pour vous défabufer, je vais vous en mettre au fait; — les billets du fyftème étoient une forme de nouvelles reconnoiffances, dans la coutume des billets à ordre; qui devoit être reçue dans certains payemens, — on l'auroit endoffée conftamment comme les lettres de change; & à chaque négociation, le donneur devoit bonifier au preneur demi pour 100. en fouftraction, & demi pour 100. comptant, en fus du capital du billet; ... 1. pour 100. en tout.

MILORD SPITEAL.

Si c'eft là, la fcience de cet heureux fyftème, un aveugle en feroit autant.

LE COSMOPOLITE.

Vous le croyez?

MILORD SPITEAL.

Certainement; .... je ne vois pas qu'il y ait une grande fcience de favoir filouter quand on a l'immunité entre fes mains; — je regarde comme une excroquerie, cette façon de fatisfaire à des créances publiques.

LE COSMOPOLITE.

L'on condamne aifément ce que l'on n'entend pas; — pour vous faire fentir toute l'ignorance de votre prévention; ... tout le profond & tout le fublime de l'opération que vous appellez excroquerie; — dites-moi un peu ce que vous entendez par le mot de crédit.

MILORD SPITEAL.

Par le mot de crédit, j'entends un prêt fait à une perfonne, en argent ou en marchandifes.

LE COSMOPOLITE.

Fort bien, ... ce prêt par quoi eft-il garanti? ... par quoi eft-il repréfenté.

M I L O R D S P I T E A L.

Belle demande ! ..... par un contrat, par un billet, ou par une lettre de change.

L E C O S M O P O L I T E.

Très-bien; .... le contrat, le billet, ou la lettre de change, font donc les repréſentans du crédit.

M I L O R D S P I T E A L.

Aſſurément.

L E C O S M O P O L I T E.

Le crédit s'accorde-t-il ſans intérêts, ſans uſu-fruit, ſans lucre particulier?

M I L O R D S P I T E A L.

Non vraiment, ... comme il eſt la baſe fon-damentale du commerce, c'eſt le commerce qui en règle les intérêts, le produit.

L E C O S M O P O L I T E.

Deſorte que celui qui prête une ſomme à un autre, retire un lucre en ſus de ſon prêt.

M I L O R D S P I T E A L.

Hé oui vraiment; ..... ſi cela n'étoit ainſi à quoi ſerviroit l'argent dans la ſociété; — comment pourroient ſe ſoutenir les citoyens hors du commerce, qui ont toutes leurs for-tunes en porte feuille; .... l'on ſe dévore-roit.

L E C O S M O P O L I T E.

Vous tombez donc d'accord, que les billets, les contrats, ou les lettres de change, font les repréſentans du crédit; & que tout crédit rapporte, un intérêt réglé généralement par les opérations du commerce. — C'eſt très-bien; — pourriez-vous me dire à combien peut ſe mon-ter annuellement, cet intérêt?

M I L O R D S P I T E A L.

Il varie chez les nations commerçantes; &

c'eſt aſſez le plus, ou le moins de commerce
qui le renchérit, ou qui le modifie; — même le
plus ou le moins de papiers, car tout eſt commerce dans la circulation générale.

ST. ALBIN.

En France, tout intérèt arbitraire procuré
par les opérations privées des particuliers, ou
de tout le commerce d'une place, eſt de demi
pour 100. par mois; celui qui eſt établi par des
hypothèques en contract, ou effets publics,
eſt de cinq pour 100. l'année.

LE COSMOPOLITE.

De ſorte que tout ce qui eſt billets à ordre,
ou lettres de change, gagne pour l'un, &
perd pour l'autre demi pour cent par mois.

ST. ALBIN.

Généralement, à moins que la confiance que
l'òn peut avoir dans un débiteur, n'engage le
créancier de ſe contenter de moins : ce qui
arrive quelquefois; — mais la choſe ne fait
point loi.

LE COSMOPOLITE.

Les particuliers, ſont donc les maîtres, de
s'accorder autant de crédit qu'ils le jugent à
propos, ſur leurs ſimples billets, ou lettres
de change, moyennant demi pour 100. par
mois.

ST. ALBIN.

C'eſt l'uſage, dans toutes nos places maritimes, qui ſont aſſez celles de tout le commerce de la France, qui établiſſent le cours de ces
ſortes de négociations.

LE COSMOPOLITE.

Il s'enſuit de cet uſage que le crédit eſt un
impôt, que le donneur attache au preneur.

ST. ALBIN.

Perfonne, ne peut en douter.

LE COSMOPOLITE.

Tout crédit eft donc un impôt ? .... Toute conftitution eft donc un impôt auffi ?

ST. ALBIN.

Certainement pour celui qui l'a payé, ...
parce qu'elle eft prife fur fon travail, fur fes
profits.

LE COSMOPOLITE.

Donc tout crédit, & toute conftitution font
impôt ? ..... fi tout crédit eft un impôt,
quand un gouvernement fait ufage de fon crédit ; il met donc une impofition fur fes fujets ?

ST. ALBIN.

Malheureufement, oui.

LE COSMOPOLITE.

Quand il fe foumet à des conftitutions, il
impofe encore fes fujets.

ST. ALBIN.

Certainement ; les gouvernemens n'ayant
point d'autres moyens d'acquiter leurs engagemens.

LE COSMOPOLITE.

Deforte que tout crédit , & toute conftitution ·de la part d'un gouvernement , font
des obligations de la nation, à la charge des
peuples.

ST. ALBIN.

Hé vraiment oui.

LE COSMOPOLITE.

Voilà ce que c'eft, que de favoir s'entendre ; — vous ne condamnerez plus à préfent,
auffi témérairement que vous l'avez fait, le
fyftème des billets d'Etat de Mr. de Pelliffery ; --

dans vos propres raisonnemens , & par vos
propres solutions : je vais vous faire approuver,
les vues sages , & profondes de son auteur ; —
vous sentirez mieux tous les avantages , toutes
les utilités , toute la science de sa combinaison,
quand vous connoîtrez plus particuliérement
toute l'étendue des réflexions politiques , qui y
ont été ses guides ; — c'est dans ce tableau qu'il
faut juger l'homme; …. qu'il faut savoir saisir
ses idées , ses combinaisons, ses rapports , pour
pouvoir en aprécier la force , & le mérite ; —
d'abord après la paix de 1763 : Mr. de Pellissery , des remparts de Cadix , jetta les yeux
sur la situation de sa malheureuse patrie ; —
il la vit surchargée d'imposition & de dettes , ..
dégradée dans son crédit, dans ses propriétés ; ..
arriérée dans ses commerces , & dans son industrie ; …. livrée aux traitans , aux financiers ; …. réduite pour conserver son équilibre de traîner tous ses engagemens ; (a) —
telles furent les réflexions de Mr. de Pellissery. — C'est d'après ce tableau destructeur,
quil imagina son système des billets d'Etat ; —
mais ne voulant point entraîner sa patrie dans
un océan d'infortunes , telles que celles que
produisit le malheureux système de Laws , ni
établir une nouveauté qui pût être également
utile aux rivaux de la France ; …. il commen-
ça par s'assurer si son système seroit convenable
à l'Angleterre, & à la Hollande, (seuls concurrens à redouter) ; il vit que non ; les banques respectives de deux nations , arrêtant sec ,

____

(a) C'est dans ce moment aussi que fut imaginée la con-
fédération sur l'Angleterre.

l'exercice d'un fystème, qui ruineroit l'un, &
l'autre établiffement ; — affuré de cette certitude , il examina fi la France pouvoit fe réabili-
ter par fes économies , & fi la circulation de
fes commerces pouvoit fournir à des nouvelles
impofitions ; — il vit que non encore ; la France , retirant de fes fujets en 1763 , 25 pour 100.
de plus qu'elle ne percevoit avant la malheureufe guerre de 1756 avec un gros tiers de
moins , de circulation générale dans fes commerces ; — Sûr de toutes ces évidences, il
s'occupa très-férieufement de fon fyftème des
billets de confiance ; & s'étant trouvé par hazard à Paris en 1770 , lors de la première opération du Sr. abbé Terray , qui réduifoit à la
moitié la conftitution de divers effets Royaux ;
il eut l'idée de propofer fon fyftème. — Il le
fit , en faifant envifager au dit Sr. abbé Terray ,
que le mal qu'il faifoit étoit fans utilité ; — celui-
ci plus dur qu'un Scythe , ne l'écouta point, ..
mais un de vos Miniftres, (*à St. Albin*) qui le
protégeoit goûta fon projet ; & Mrs. les Ducs de
Choifeuls l'approuverent auffi ; (*a*) la révolution qui furvint alors dans le miniftère donna
plus de liberté que jamais , aux opérations affreufes du Sr. abbé Terray ; & celui-ci pouffé
à bout par tous les créanciers de l'Etat qui lui
demandoient fans ceffe en payement de fes billets dont on parloit tant ; (*b*) — pour fe ti-

---

(*a*) Monfeigneur le Duc de Praffain en écrivit très-
avantageufement à fon fils , alors , Ambaffadeur à Naples.

(*b*) Les entrepreneurs de l'Hôtel de la Monnoye , que
l'on bâtiffoit alors , eurent avec le Sr. Terray une fcene
des plus vive , au fujet de fes billets.

rer d'importunité, il imagina de les rendre
odieux en les décriant dans le préambule de
l'édit du mois de Novembre 1771 : (qui pro-
longe la perception des vingtiémes.)

ST. ALBIN.

Depuis que la monarchie Françoife eſt établie,
aucun de ſes adminiſtrateurs ne s'eſt permis,
les indécences, & les témérités contenues dans
cet édit ; — il jette une turpitude affreuſe, ſur
le miniſtère, ſur l'autorité, ſur la nation ; ...
il affiche la ruine, & la miſère de la France.

VAN MAGDEBOURG.

Votre abbé Terray, étoit un homme abominable ; ne s'étant attaché qu'à faire du mal
ſans utilité publique ; — il a ruiné plus de cent
de nos meilleures maiſons de Hollande, qui
avoient eu l'imprudence de placer de très-groſ-
ſes ſommes, dans les effets Royaux de la France.

MILORD SPITEAL.

Les réflexions de Mr. de Pelliſſery, ſur l'in-
troduction de ſon ſyſtème des billets, me pa-
roiſſent très conſéquentes ; reſte à ſavoir, ſi de
la théorie à la pratique, il n'y auroit pas eu
des inconvéniens inſurmontables.

LE COSMOPOLITE.

Il ne pouvoit s'y en rencontrer ; — c'étoit
une monnoye de plus que le gouvernement
verſoit dans la circulation publique.

ST. ALBIN.

Une monnoye un peu douteuſe, & d'un cours
bien délicat ; — comment avoir confiance dans
un effet qui tient continuellement ſon propriétaire en tranſe, & qui peut lui crever dans les
mains ?

LE COSMOPOLITE.

Vous êtes dans l'erreur ; .... ces effets ne

pouvoient faillir dans les mains de perfonne, — ils étoient fans remboursement; & ils
ne devoient s'acquitter que par leur feule,
& perfonnelle décompofition.

VAN MAGDEBOURG.

A plus forte raifon je n'en aurois pas voulu; .... quelle valeur pouvoient avoir des effets qui n'étoient garantis par rien?

LE COSMOPOLITE.

Quelle valeur ont des billets, ou des lettres
de change qui ne font pas échus.

VAN MAGDEBOURG.

Belle raifon! .... avec ces billets ou ces lettres de change, je puis payer mes engagemens,
moyennant demi pour 100. par mois de perte; mais je ne le pourrois jamais avec vos
billets.

LE COSMOPOLITE.

De la même façon.

VAN MAGDEBOURG.

Quel compte! .... vouloir que j'aye autant
de confiance dans un effet, que l'on ne peut
mettre en contrainte, que dans celui qui peut
être exécuté!

LE COSMOPOLITE.

A-t'on jamais pu mettre en contrainte, un effet qui n'eft point échu?

MILORD SPITEAL.

Non affurément.

LE COSMOPOLITE.

Hé bien, les billets de Mr. de Pelliffery,
n'étoient jamais échus: ils ne pouvoient jamais
être contraints; — par conféquent ils pouvoient
fervir à payer d'autres engagemens, moyennant la perte établie, comme tout autre billet
à ordre, ou lettre de change.

MILORD SPITEAL.

Si vous voulez que nous nous entendions, expliquez-nous plus diftinctement la forme, & a négociation de ces billets.

LE COSMOPOLITE.

. La forme la voici, ... (*voyez la planche ci-contre*) fes billets devoient-être de 100, 200 ou 300 liv. &c. remplis à l'ordre de celui à qui l'Etat pouvoit devoir ; & devoient circuler comme les monnoyes de l'Etat ; — celui à l'ordre de qui ils auroient été tirés les auroit donné en paiement, en fe fignant au dos, comme dans les lettres de change, & bonifioit à celui qui les recevoit demi pour 100, en fouftraction, & demi pour 100, en comptant ce qui établiffoit un pour 100 de perte fur chaque cent liv. ; — tous les trois mois, ou à chaque 10 endoffement remplis ; les billets devoient-être renouvellés, & le dernier porteur d'ordre dépofoit au bureau de renouvellement, les 10 fois 10 fols, ou les 10 fois demi pour 100, qu'il avoit reçu en comptant, & on lui remettoit un nouveau billet à fon ordre de 95 liv. fi l'ancien étoit en principal de 100 liv. (*a*) — de forte que fuccef-fivement les billets s'éteignoient d'eux-mêmes.

MILORD SPITEAL.

J'entends à préfent ; — c'eft-à-dire que l'Etat payoit ce qu'il devoit avec des effets, qui, au lieu de le conftituer en débours, lui procuroient encore une rentrée très-confidérable ; — car fi je conçois bien l'opération, les 100 fols dépofés

---

(*a*) Pour fimplifier l'opération des excomptes, on pour-roit les établir à un pour 100, tout en débours, & à tous les renouvellemens, on en abandonneroit la moitié au porteur d'ordre pour le remplir du demi pour 100, en fouftraction ; tel a été le plan dans les lettres-patentes.

L'an mil sept cent soixante & dix, le premier de Janvier.

No. en chiffre:

Première Création par, Edit du Roi du
le Régistré en Parlement
& colé à la souverture en dedans du Régistre des No. coté A.

Contrôlé régistre No. A. folio 120.
MABOLY, Cl.

Signature de l'Ordre
MICHEL MAURIN.

Régistre de la signature de l'Ordre, coté A. folio 90.
JULES CESAR.

Billets à ordre des appointemens, gages, rentes, & pensions de la couronne; — Du principal de cent livres . . . . liv. 100.

Numero. . . . .
Réduit par son . . . . Renouvellement à . . . .

Bon jusqu'au 31 de Mars inclusivement; négociable à qui que ce soit, sous un pour cent de perte à chaque négociation, demi pour cent en soustraction, & demi pour cent en ampliation du capital à bonifier au preneur, à la charge du donneur; — Bon pour la somme de cent livres à l'ordre de Michel Maurin; valeur reçu dudit Sieur en sa quittance de finance, pour les intérêts échus d'une année sur 2000 liv. en contras de noüette; Paris le premier Janvier 1770.

Enjoint à celui qui fera porteur du présent billet le premier Avril prochain, de le porter en renouvellement avant le dix expiré dudit mois d'Avril, sous peine d'en perdre le renouvellement au profit du Roi.

Les excomptes sont de 10 sols en dessous, & de 10 sols en dessus couché dans le journal.

Coté A folio 15.
LOUIS DELISLE.

Directeur
MONTMARTEL.

Régistre d'expédition
Coté A folio 10.
SEGUARTY.

Tableau des Excomptes.

De 100 liv. aux deux renouvellemens de 95 liv. & de 90 liv. { 10 sols en soustraction.
{ 10 sols en ampliation.

De 90 liv. jusqu'à 80 liv. . . . . . . { 9 sols en soustraction.
{ 9 sols en ampliation.

De 80 liv. jusqu'à 70 liv. . . . . . . { 8 fois en soustraction.

ter en renouvellement avant le dix expiré dudit mois d'Avril, fous peine d'en perdre le renouvellement au profit du Roi.

Les escomptes font de 10 fols en deffous, & de 10 fols en deffus couché dans le journal.

Cotté A folio 15.   *Directeur*   *Régistre d'expédition*
LOUIS DELISLE.   MONTMARTEL.   Cotté A folio 10.
                                   SÉGUARTY.

Tableau des Escomptes.

De 100 liv. aux deux renouvellemens de 95 liv. & de 90 liv.	{ 10 fols en fouftraction. / 10 fols en ampliation.
De 90 liv. jufqu'à 80 liv.	{ 9 fols en fouftraction. / 9 fols en ampliation.
De 80 liv. jufqu'à 70 liv.	{ 8 fols en fouftraction. / 8 fols en ampliation.
De 70 liv. jufqu'à 60 liv.	{ 7 fols en fouftraction. / 7 fols en ampliation.
De 60 liv. jufqu'à 50 liv.	{ 6 fols en fouftraction. / 6 fols en ampliation.

À 50 liv. de deux billets on n'en auroit plus fait qu'un à leurs renouvellemens, & moyennant 20 fols de perte par billet (pour ceux qui n'en auroient eu qu'un); le Bureau de renouvellement s'en feroit chargé.

Les escomptes ont été calculés de trois façons différentes.

La première; qui eft la plus fimple, eft celle par fouftraction; — mais elle ne produifoit que demi bien.

La feconde, tout en débours, en laiffant conftamment les billets à 100 liv. perpétuoit trop l'exiftence des billets; — & le Roi auroit été obligé de les retirer après un temps fixé, ce qui auroit defacrédité l'opération.

La troifième, eft la plus fage & la plus folide; — qui eft celle de demi pour 100 en fouftraction, & de demi pour 100 en ampliation. — Le demi pour 100 en fouftraction, éteignant le capital du billet; & le demi pour 100 en ampliation le réalifant en faveur de l'opération.

PREMIER ENDOSSEMENT. Payez à l'ordre de 99 liv. 10 fols, valeur en compte bonifié au porteur, dix fols en fouſtraction, & dix fols en comptant. Paris	SIXIEME ENDOSSEMENT.
SECOND ENDOSSEMENT. Payez à l'ordre de 99 liv., valeur en compte, ayant bonifié au porteur 10 fols en fouſtraction, & 10 fols en comptant, plus 10 fols reçus pour le premier endoſſement, 20 fols en tout.	SEPTIEME ENDOSSEMENT.,
TROISIEME ENDOSSEMENT. Payez à l'ordre de 98 liv. 10 fols, valeur en compte ayant bonifié au porteur 10 fols en fouſtraction, & 10 fols en comptant ; plus 20 fols pour les deux endoſſemens ci-deſſus, 30 fols en tout. Paris	HUITIEME ENDOSSEMENT.
QUATRIEME ENDOSSEMENT.	NEUVIEME ENDOSSEMENT.
CINQUIEME ENDOSSEMENT.	DIXIEME ENDOSSEMENT.

Reçus qui devoient être signés de la part des Endoffés en faveur des Endoffeurs, afin d'arrêter les endoffemens en blanc.

PREMIER REÇU. Dix fols de Mr.
Premier Endoffeur du N°.   Paris
le

SECOND REÇU. Vingt fols de Mr.
Second Endoffeur du N°.   Paris
le

TROISIEME REÇU. Trente fols de Mr.
Troifième Endoffeur du N°.   Paris
le

&c.

au bureau de renouvellement, tomboient au profit du Roi.

Le Cosmopolite.

Ou de l'opération.

St. Albin.

Vous avouerez de bonne-foi, que cette façon de se procurer de l'argent, est un peu carthou-chienne, & que c'étoit mettre le couteau à la gorge des citoyens pour leur en arracher.

Van Magdebourg.

Voilà de quelle façon chiffrent les François; — leur ministère a-t-il besoin d'argent:... vite, un administrateur frabrique des contrats, des billets de nouettes, des annuités, des effets aux porteurs, payera après qui pourra; — les effets publics n'ont-ils plus cours, sont-ils en discrédit?... sus, des impositions, des sols pour livres, des réductions d'intérêts, des retenues de 10 & 14, sur toutes les constitutions des appels de finances, cassations & recréations de charges, &c.... tout cela n'est-il pas encore suffisant?... des billets aux porteurs, qui per-dront constamment un pour 100 à toutes les mutations; — en vérité, mon cher ami, si c'est-là toute l'algebre de ce brillant Système des Billets; elle est bien platte, & si platte.... que votre vilain d'abbé, paroit ne pas avoir eu tort de ne pas en vouloir.

St. Albin.

En effet,... il falloit que ce système fût bien mauvais pour que l'abbé Terray, à qui tout étoit bon, n'en ait pas voulu.

Le Cosmopolite.

Dans peu vous ne direz pas la même chose; & Van Magdebourg, verra qu'il y a des François, qui chiffrent plus solidement que les Hollandois.

Van Magdebourg.

Oui,... pour chiffrer à la Turcaret, comme votre dit Sr. de Pelliffery:... mais en chiffrant comme des hommes ; jamais les François l'emporteront fur nous. — Par-tout nous avons fu faire nos affaires ;... mais jamais la Hollande n'a manqué à fes engagemens , comme la fait plufieurs fois la France.

Le Cosmopolite.

Seulement un peu en 1690 , en 1710 & 1715 ;... mais laiffons ces particularités , pour ne nous occuper que de celle qui vous provoque dans ce moment; — nous fommes tombés d'accord tantôt que tout crédit étoit un impôt , & que toute conftitution étoit un impôt.

Van Magdebourg.

Oui.

Le Cosmopolite.

Que tout crédit public étoit à la charge des peuples , & que toute conftitution étoit une impofition fur les peuples :

Van Magdebourg.

Toujours oui.

Le Cosmopolite.

Nous fommes encore convenus que les billets ou les lettres de changes , étoient les repréfentans du crédit, & que moyennant demi pour 100 de perte par mois, les particuliers pouvoient s'en remédier.

Van Magdebourg.

Encore oui.

Le Cosmopolite.

Donc , fi tout ce qui eft crédit public en fyftême d'Etat eft à la charge des peuples :... fi tout ce qui eft conftitution , eft un impôt fur les peuples , & fi tous les billets ou les lettres de

changes font les repréfentans du crédit!...
pourquoi voulez-vous que le gouvernement
François n'ait pas le même libre arbitre que fes
fujets, de mettre dans la circulation publique
de l'Etat, des effets qui font les titres de fon
crédit vis-à-vis de fes peuples, & les repréfentans de la conftitution que doivent lui en payer
fes citoyens. — Sentez-vous actuellement le vuide
de votre prévention, & apercevez vous combien
les billets de Mr. de Pelliffery deviennent bons,
& folides par leurs propres pofitions ? qu'ils ne
peuvent jamais être confondus dans la circulation publique, avec l'exiftence des autres effets
royaux, ni envifagés fous l'afpect de méfiance,
que vous y attachez. — En effet, cette nouvelle
forme de billets ne pouvoit être confidérée, &
n'exiftoit réellement dans la fociété politique de
la France, que comme les titres repréfentatifs
d'une anticipation de l'Etat fur les revenus publics, à la charge des fujets, (a) garantis par
leurs feules & uniques décompofitions, au
moyen du demi pour 100, en fouftraction ; —
le demi pour 100 en empliation ne faifant que
remplir le produit de la conftitution journalière
attachée auxdits billets, jufqu'à la définition de
leur entière extinction. En conféquence, en
1770, les finances de l'Etat étant courtes en recettes de 54 millions, & celles-ci ne pouvant fe
remplir que par des nouvelles impofitions ? —
Mr. de Pelliffery, en connoiffant la portée déja

(a) Cette vérité eft d'autant plus certaine, que l'Etat
pour fe remédier a pratiqué tout le farcafme de fes opérations depuis 1770, fans avoir rempli fon objet, & que par
cette feule opération tout étoit affranchi.

trop forte pour fes citoyens : imagina la marche ignorée de fes nouveaux billets, qui faifoit jouir l'Etat & fes fujets de deux avantages très-confidérables.

M I L O R D   S P I T E A L.

Mon cher ami, s'il vous plaît, dites-moi un peu en quoi confiftent ces deux avantages ;..... car votre fyftème commence à devenir très-intéreffant pour moi:... je me rends à vos raifons.

L E   C O S M O P O L I T E.

1°. En ce que la création des billets rempliffoit le vuide des 54 millions dans les recettes, fans aucune nouvelle impofition.

M I L O R D   S P I T E A L.

Après,

L E   C O S M O P O L I T E.

2°. C'eft que la décompofition des billets procuroit encore une réalifation de 1130 millions, avec lefquels on devoit racheter tacitement tous les effets royaux.

V A N   M A G D E B O U R G.

Comment dites-vous, les billets par leur décompofition réalifoient encore 1130 millions ?

L E   C O S M O P O L I T E.

Certainement.

V A N   M A G D E B O U R G.

Hé ! comment celà ?

L E   C O S M O P O L I T E.

Par leur fucceffive négociation à un pour 100 de perte, à chaque négociation demi pour 100, en comptant demi pour 100 en fouftraction.

V A N   M A G D E B O U R G.

A un pour 100 de perte, à chaque négociation ; hé bien, au dernier un pour 100, le billet devoit-être confommé, & il ne devoit fe trouver ni argent, ni billet.

LF

LE COSMOPOLITE.

Pardonnez-moi, la portion en comptant devoit fe trouver réalifée dans la caiffe du bureau de renouvellement.

VAN MAGDEBOURG.

Je vous entends :... la perte d'un pour 100 par endoffement, Mr. de Pelliffery l'établiffoit demi en-deffous, demi en-deffus de la fomme du billet; — par ce moyen, la partie en-deffous liquidoit le billet, & la partie en-deffus en réalifoit le capital, en faveur de l'opération ; — je vous entends ;... la combinaifon étoit parfaite, avec rien elle produifoit de l'argent.

LE COSMOPOLITE.

La combinaifon ne pouvoit être, ni plus favante, ni mieux refléchie ; — les billets repréfentoient des titres actifs d'une anticipation fur les revenus de l'Etat, de même que la conftitution dévolue à tout engagement arbitraire, & à terme; — les fujets, étant tenus de fatisfaire à l'une & à l'autre obligation,... Mr. de Pelliffery, pour leur en faciliter folidement les moyens avoit établi l'ordre des excomptes de la négociation defdits billets, à demi pour 100, en fouftraction du capital, & à demi pour 100 en débours, en fus du capital ; — par cet arrangement il s'opéroit que le demi pour 100 en fouftraction éteignoit le billet, & que le demi pour 100, en fus du capital, en rempliffoit la conftitution, de même que la perte attachée à toute négociation arbitraire, & à terme.

VAN MAGDEBOURG.

Je comprends mieux que jamais.

LE COSMOPOLITE.

Eft-ce que par l'exercice de ce fyftême, le Sr. Abbé Terray ne faifoit point toutes les opérations dont-il a déshonoré fon miniftère.

LE COSMOPOLITE.

Aucune ;... le fyftème prenoit les finances de l'Etat, dans la pofition où les avoit quittées Mr. de Laverdy ; — en conféquence, le Sr. de Pelliffery propofoit à fon miniftère de créer en fix ans de temps, pour 11 à 1200 millions de fes billets, & de les faire fervir à rembourfer tous les arrérages de fes finances, la créance de la Compagnie des Indes, & de payer en ces mêmes billets pour 100 millions de liv. des conftitutions extraordinaires de l'année fur les finances de l'Etat; — par cet arrangement, il s'opéroit que l'autorité auroit créé de fes effets : — la première année — pour les arrérages des finances. . . . . liv. 300,000,000.

Pour le rembourfement de
la Compagnie des Indes. . . . 180,000,000.

Pour les conftitutions extraordinaires de l'année. . . . . . 100,000,000.

Pour les fraix de la régie des
bureaux du fyftème. . . . . . 50,000,000.

l. . 630,000,000.

Et pendant 5 ans confécutifs
à 100 mill. chaque année. . . . 500,000,000.

Voilà à quoi fe réduifoit tout
le fyftème. . . . . liv. 1,130,000,000.

VAN MAGDEBOURG.

Je commence, mon cher Cofmopolite, à entrer dans votre raifonnement, & je faifis plus que jamais tout le mérite de cet heureux projet; — il eft difficile de pouvoir réunir plus d'intérêts & plus d'utilité, dans une feule & unique opération ; — la création des billets.

1°. Arrêtoit fec, toutes les opérations fcandaleufes de votre malheureux d'Abbé Terray ; — (*à St. Albin.*)

2°. Ils vous confervoient votre Compagnie des Indes.

3°. Ils rempliffoient le vuide de 54 millions de vos recettes.

4°. Ils laiffoient en économie plus de 50 millions dans les coffres de l'Etat.

5°. L'Etat réalifoit un fecond capital de 1,130 millions en effectif, par la décompofition des billets, avec lefquels 1,130 millions on auroit racheté tacitement, [à fur & méfure des rentrées,] tous les effets royaux au cours de la place ; — rien de mieux imaginé ; — par cette opération la France, fe libéroit fans le fecours de fes finances, & fans aucune nouvelle impofition ; — il faut donner à ce fyftème la devife du phœnix : — il renait de fa cendre.

St. ALBIN.

C'eft cela, fans être cela.

LE COSMOPOLITE.

C'eft cela, fans être cela, comme dit très-bien St. Albin ; car l'opération embraffoit bien plus davantages. —

1°. Non-feulement les billets confervoient la Compagnies des Indes ; mais l'Etat économifoit encore fur elle la conftitution de 180 millions, à 5 pour 100 ... c'étoit en bénéfice. . . .

. . . . liv. 9,000,000.

2°. Economie de la conftitution

- de l'année payée en billets. . . 100,000,000.

liv. 109,000,000.

C 2

liv. 109,000,000.

3°. Des 50 millions créés pour
les fraix de régies, on devoit
en racheter tacitement des
effets royaux au cours de la
place, qui perdoient alors
70 ou 80 pour 100, ce qui
auroit réalifé, au moins, un
capital de 120 — millions, —
à 5 p. 100 de conftitution; —
reftoit en économie. . . . .   6,000,000.

liv. 115,000,000.

Les finances étoient courtes en
recettes de. . . . . . .   54,000,000.

Il reftoit net dans les coffres
de l'Etat, dans chacune des fix
années. . . . . . . liv. 61,000,000.

d'écononomie, qui auroient fait face à toutes
les dépenfes extraordinaires qui auroient pu fe
préfenter; — de forte que dans fix ans de
temps, fans impofitions onéreufes, fur les peuples, la France fe libéroit folidement, & réalifoit encore 366 millions dans fes recettes.

ST. ALBIN.

Qui auroient pu fervir à racheter, fept à
huit cent millions d'effets royaux de la façon que
vous l'avez dit pour les 50. millions ci-deffus.

VAN MAGDEBOURG.

Certainement, mon cher Cofmopolite, cette
befogne étoit bonne, & je reviens de ma prévention à fon fujet; — fes billets étoient fages, bien réfléchis, fans fervitudes onéreufes
pour les fujets, ... fi ce n'eft, la légère im-

pofition de paffage de leur décompofition ; —
mais qui étoit falutaire au corps politique, par
les encouragemens qu'elle auroit confervé dans
l'agriculture, le commerce, & l'induftrie ; —
au lieu que toutes les opérations de votre
malheureux d'abbé, n'ont produit que le décou-
ragement, la confternation, & la mifère.

S t. A l b i n.

Nous éprouvons journellement, qu'un bon
cuifinier, avec des riens vous prépare un très-
bon diner ; tandis qu'un mauvais cuifinier avec
les meilleures viandes du monde, ne fait que
des ragoûts à y cracher deffus ; — il en eft de
même du Sr. abbé Terray avec Mr. de Pelliffery ; — avec rien Mr. de Pelliffery réabilitoit
la France, & avec toutes les reffources poffi-
bles, le Sr. abbé Terray n'a fait que groffir
fes malheurs. — Telles font le vicilfitudes de
la vie.

L e C o s m o p o l i t e.

Dites plutôt les iniquités des hommes : —
l'abbé Terray favoit auffi-bien ce qu'il faifoit,
que Mr. de Pelliffery ; — mais plus dominé par
l'ambition que de zèle pour le bien public, — il
a fans ceffe rejetté l'opinion des ames honnètes,
pour ne produire dans les affaires, que cette
claffe d'hommes fi analogue à fon caractère, tel
que ceux que vous avez vu employés, au con-
tróle général, au commerce des bleds, aux
recettes des vingtièmes, des domaines en gages &c.

S t. A l b i n.

Si le fyftème des billets de Mr. de Pellifle-
ry, avoit pu avoir lieu, il fe feroit réuni ; —
deux fingulières anecdotes dans les faftes de la
France.

C 3

VAN MAGDEBOURG.

Quelles auroient été ces deux anecdotes notre ami? .... car il faut s'inftruire de tout.

ST. ALBIN.

C'eft que de deux fyftèmes en billets d'état,
l'un auroit ruiné la France, & l'autre l'auroit
enrichie.

LE COSMOPOLITE.

Tel eft le fruit des chofes bien conçues, bien
imaginées, bien analogues à ces règles fonda-
mentales de l'ordre, & de la prudence.

MILORD SPITEAL.

Savez-vous que ce fyftème mettoit une fu-
rieufe impofition fur les peuples!

LE COSMOPOLITE.

Pas fi forte que vous le croyez.

MILORD SPITEAL.

Comment! pas fi forte; — à 10 pour 100
de décompofition? oubliez-vous que cela faifoit
une rentrée de 113 millions toutes les années.

LE COSMOPOLITE.

Pas tout-à-fait.

MILORD SPITEAL.

Comment pas tout-à-fait! — eft-ce que 1130.
millions à 10 pour 100 ne donnent pas 113.
millions?

LE COSMOPOLITE.

Cela eft vrai; — mais comme les 1130. millions n'auroient jamais exifté dans leurs en-
tiers, ... jamais les citoyens n'auroient con-
tribué de 113. millions à la fois. — Pour preuve rappellez-vous que les 1130 millions dont
nous parlons, devoient être créés en 6. époques différentes, que la première des dites époques devoit être de 630. millions, & que les
cinq autres, à un an de diftance l'une de l'au-

tre , ne devoient l'être que de 100 millions. —
Par cet arrangement il s'oppéroit. —

1°. Que les excomptes évalués à 10. pour
cent par année, les 630. millions à la création des 100. millions de la feconde époque,
n'exiftoient plus que pour 567 millions, lefquels joints aux 100. de la feconde création,
mettoient alors 667. millions en circulation.

2°. Que ces 167. millions en circulation, fe
trouvoient réduits par lefdits excomptes à la
troifième création à 600,300,000. de liv. lefquels joints aux cent millions de ladite création , ne vous donnoient que 700,300,000. livres.

3°. Que ces 700,300,000. liv. fe trouvoient
également réduites à la quatrième création , à
630,270,000. liv. ; lefquelles additionnées aux
cent millions de la quatrième création , laiffoient en circulation 730,270,000.

4°. Que ces 730,270,000. liv. par la même
marche que les ci-devant, ne repréfentoient
plus à la cinquième création que 657 , 243 ,
000. liv. lefquelles fe joignant aux cent millions de ladite création ne formoient un total
que de 757,243,000. liv.

5°. Que ces 753,243,000. liv. à la fixième & dernière création, ne fe montoient plus
qu'à 687,518,700. liv. —— Laquelle quantité
liée aux cent millions de ladite dernière création , vous laiffoit à la clôture du fyftème
781,518,700. liv. en circulation ; — ce qui
établiffoit la plus forte année des excomptes à 78,151,870. livres de recettes ; — de
78,151,870. livres —— à 113. millions , Milord , il y a bien trente-cinq millions de différence dans votre objection ; — auffi loin d'ad-

C 4

mettre les 10 pour 100 que vous envifagez, fur l'objet permanent des 1130 millions : je trouve par la marche coupée du fyftème que lefdits 78, 151, 870. liv., de la plus forte année, repréfentant la conftitution, attachée à la circulation d'un effet, (ou de plufieurs effets) repréfentant un engagement pour les fujets de 2,260,000,000 : — au lieu d'admettre le 10 pour 100 que vous y fuppofez : il exifte que la dite conftitution, fe réduit dans l'année la plus chère à 3. & demi pour 100, tandis que les particuliers du commerce, fe la payent, à 5. & à 6. pour 100 dans la circulation publique ; .... d'ailleurs il faut envifager, que la circulation des billets, n'intéreffoit en rien l'agricole, l'artifan, & le journalier ; — qu'elle étoit feule à la charge du commerce, qu'elle favorifoit le citoyen riche à qui elle convenoit comme créancier de l'état, ou à celle des fujets, qui font d'une exiftence plus dangereufe à la fociété, que néceffaire au corps politique.

St. Albin.

Hé ! qu'elle eft cette claffe de citoyens fi dangereufe au corps politique ?

Le Cosmopolite.

Vérité fur l'Etat des financiers C'eft celle de la finance ; .... tous fes individus, fans profeffions, fans talens, fans induftrie, ayant le fecret de dévorer conftamment la profpérité de l'état, celle des fujets, & de fe fouftraire encore à la majeure partie des taxes publiques.

St. Albin.

Je ne vois pas en quoi les financiers font fi onéreux à l'état, à la fociété, & en quoi ils payent moins que les autres ; — au contraire, je croirois que comme plus riches, ils doivent contribuer d'avantage.

LE COSMOPOLITE.

C'eſt ce qui vous abuſe ; — les taxes publiques ſont généralement perçues en France, ſur toutes les propriétés locales : comme terres, maiſons &c., & ſur tous les effets de la circulation intérieure en denrées, en marchandiſes ou en comeſtibles : ... ceux en papier, en contrat, ou en eſpèces ſonnantes ſont exempts d'impoſitions ; — de ſorte que la claſſe financière ayant les 10. douzièmes de leurs fortunes dans leurs porte-feuilles, ou dans leurs coffres forts : (*a*) & étant les citoyens les mieux argentés de l'état, ils ſont les moins contribuables ; — ſon office n'eſt donc, (dans la ſociété politique de la nation,) que celui d'un oiſif, d'un fainéant, d'un homme inutile, qui, à l'exemple du coucou pondroit bien-tôt dans le nid de ſon voiſin, pour ne pas avoir la peine d'élever ſes enfans, & bouffi d'orgueil, de pareſſe, & de crimes, il nourrit ſa cupidité des beſoins preſſans de ſa patrie, s'abreuvant ſans ceſſe de la ſueur des pauvres, de la ſubſtance des pères de familles, du travail des citoyens utiles ; — voilà en quoi conſiſte tout le mérite de la claſſe financière de vos compatriotes.

ST. ALBIN.

Dans pluſieurs occaſions, ils ont cependant rendu de très-grands ſervices à l'état.

(*a*) Depuis la création de la taille & des vingtièmes, cette profeſſion s'eſt ſauvée de ces impoſitions, qui ſont très-onéreuſes pour ceux qui les payent.

LE COSMOPOLITE.

Dans aucune, mon cher ami, dans aucune; — ce font eux qui l'ont toujours ruiné, toujours obéré, toujours dévoré; — lifez l'hiftoire de votre nation, depuis Louis XI. jufques à la mort de Louis XV.; .... arrètez-vous fur les époques de la guerre de la fucceffion, de la paix d'Utrecht, du fyftème de Laws, des fuites de ce fyftème jufques en 1730. & fur-tout réfléchiffez-bien fur celle de la guerre de 1756.;— dans cette méditation, appréciez impartialement toutes les opérations de Colbert depuis 1674., — jufques en 1683.; celles de Mrs. de Chamillard & Defmarefts fous Louis XIV.; toutes celles du temps de la régence après la paix d'Utrecht fous le Cardinal du Bois, fous Mr. le Duc, fous Mr. de Fleury, ... fous Mrs. de Moras, de Sillouhet, de Boulogne, de Laverdy, & de l'abbé Terray fous Louis XV., & vous vous perfuaderez tout comme moi, que ce font les gens de la finance, qui ont toujours ruiné la France.

ST. ALBIN.

Vous ètes prévenus contre ces gens-là, & vous ne prenez votre opinion que fur l'inconféquence publique.

LE COSMOPOLITE.

Point du tout, je l'établis fur des réalités. — Pour vous en convaincre, examinons fi vous voulez, tout ce qui s'eft fait dans la partie des finances de la France, depuis Henri IV. feulement; — cet hiftorique fera auffi amufant qu'inftructif.

ST. ALBIN.

Je le veux bien.

V a n M a g d e b o u r g.

Allons Cosmopolite, voilà une rude beso-
gne, ... voyons comment est-ce que vous
vous en tirerez ?

L e C o s m o p o l i t e.

Très-bien, vous allez le voir; — c'est en
déclinant impartialement toutes les opérations
qui s'y sont faites, ministre, par ministre depuis Mr. de Sully, que nous vérifierons, temps
par temps: époque par époque, que c'est l'engeance financière qui a fait de tous les temps,
tous les malheurs de la France; — en 1599.
Henri IV. rétablit la charge de sur-intendant
des finances en faveur de Mr. de Sully, à qui
il confia la disposition absolue de ce département, afin d'arrêter la contradiction que l'en-
vie, & la cupidité des traitans, ne cessoit d'op-
poser aux dispositions les plus salutaires de la
bonne administration. — Ce ministre en entrant
en exercice trouva le trésor royal épuisé ; la
nation accablée par les suites de ses guerres
civiles; l'état horriblement endetté; les parti-
sans profitoient du désordre des affaires, pour
se faire adjuger à bas prix le droit de lever
des impositions onéreuses sur les peuples ; —
les grands étoient les tyrans de leurs vassaux;
les traitans des citoyens, les fermiers ceux de
l'état; tout étoit subjugué par l'anarchie, &
le désordre. — Mr. de Sully, homme éclairé,
prudent & sage, avant de rien innover, de
rien changer, fit dresser en 1601. un tableau
général de tous les impôts, & droits de toute
nature qui se percevroient en France : les dépenses qui se faisoient sur iceux, dans leurs
perceptions ; & ce qu'il en revenoit au Roi. —
Dans ce dépouillé, il s'apperçut, que les fi-

nances ne s'embrouilloient, & les peuples ne s'arriéroient que par la multiplicité des traitans, des
régiſſeurs & des comptables ; — à cet effet, il
abolit le corps nombreux des ſous-fermiers ; il
écarta une troupe de protégés inutiles, ſalariés par les fermes générales ; — il défendit aux
comptables de reculer leurs payemens ; — dès-
lors les non valeurs, les intérèts uſuraires, les
faux emplois n'eurent plus cours ; & le Roi,
& les peuples proſterent de ces économies. —
Depuis 1601. juſques en 1609., ces réformes
furent ſi ſalutaires, qu'il eſt prouvé par les
comptes de l'adminiſtration de ce miniſtre, qu'il
étoit venu à bout en 8 ans de temps.

1°. De diminuer les tailles de 5. millions.

2°. De réduire à la moitié, tous les droits,
& impoſitions intérieures du royaume.

3°. Qu'il avoit augmenté les revenus du Roi
de 4. millions.

4°. Qu'il avoit acquité pour 100. millions de
capitaux de rentes ſur l'état.

5°. Qu'il avoit racheté pour 35. millions de
domaines en gages.

6°. Qu'il avoit dépenſé 12. millions en fournitures d'armes, & autres objets militaires.

7°. Qu'il avoit employé 6. millions en divers
dons d'abſolue néceſſité.

8°. Qu'il avoit dépenſé 1. million, en faveur
des manufactures.

9°. Qu'il avoit dépenſé 5. millions en réparations des fortifications des villes frontières.

10°. Qu'il avoit dépenſé 4,900,000,000. pour
les turies, & levées.

11°. Qu'il avoit dépenſé 1 million pour rendre pluſieurs riviéres navigables.

12°. Qu'il avoit dépensé 2. millions en meubles pour le Roi ; — finalement.

13°. Qu'il restoit à cette époque de 1609., 41. millions d'effectif en argent ou en crédit dans les coffres de l'épargne. — Tel a été le succès de la sage administration de Mr. de Sully, en dix ans de temps. - Le malheur arrivé à la France en 1610, dans la personne sacrée d'Henri IV. ; & la retraite des affaires, de ce ministre en 1611, mirent fin à cette heureuse prospérité.

St. Albin.

Que le vautour de Promothée, déchire sans cesse le cœur renaissant de l'exécrable mortel qui priva la France d'un si grand Roi, & d'un aussi digne ministre ; — ce souvenir est affreux pour une nation.

Le Cosmopolite.

Il doit l'être en effet, dans dix siècles à peine voit-on naître deux Henri IV., & deux Sully ; — après la retraite de ce ministre, l'Italien Concini, plus connu sous le nom du Maréchal d'Ancre, fut nommé par la régence sur intendant des finances. — Ce favori peu au fait de cette partie, vain, fastueux, & prodigue, renversa bien-tôt tout l'ordre des systèmes de Mr. de Sully ; — en 1613. le trésor royal fut épuisé, & la détresse fut si grande en 1714. que l'on ne demanda plus aux administrateurs, que des expédiens prompts pour avoir de l'argent. — Le Président Jannin, alors contrôleur général, n'étant pas jugé assez fertile en moyens, fut remplacé en 1616. par le Sr. Barbin. — En 1617., six ans après la retraite de Mr. de Sully, les impositions de l'état étoient déja accrues de plus de cinq millions ; & l'in-

quiétude naturelle qu'entraîne toujours le dépériffement des affaires, avoit épuifé toutes
les reffources de la confiance, & du crédit. -
Dans cette confufion le Préfident Jannin fut
rappellé, avec titre de furintendant des finances; .... il ne fit rien de bien avantageux. -
En 1622., il fut remplacé par le Maréchal de
Schomberg; — le défordre où en étoit l'adminiftration; — la néceffité de fournir à des dépenfes abfolues avec des finances fans argent,
& fans crédit, forcerent le Maréchal de Schomberg, d'établir fes reffources fur des édits bur-
feaux; — dès-lors l'adminiftration fut fubju-
guée par les traitans; — on aliéna la plus grande portion des revenus publics; — on créa une
infinité de nouveaux offices, on écrafa les peuples par une multiplicité de nouveaux privilèges : les financiers s'emparerent de tout; ...
la misère étoit des plus grande en 1623., quand
le furintendant fut difgracié. - Mr. de Vieu-
ville lui fuccéda, & fut remplacé en 1624. par
le Sr. de Marillac créature du Maréchal de
Richelieu, alors premier miniftre; — ce premier miniftre d'un génie fupérieur, accrédité,
fit établir une chambre de juftice, pour faire
rendre gorge aux traitans, aux maltôtiers, à
tous les Mrs. de la finance (que vous proté-
gez tant, (*à St. Albin*) ; & cette oppération
fit rentrer 11. millions dans le tréfor royal. —
Il retrancha de l'état des penfions une foule
de protégés inutiles qui dévoroient les peuples;
& il défendit très-expreffément à tous les fécretaires d'état, de ne tirer aucune ordonnance fur le tréfor royal, ce qui produifit une économie confidérable. — En 1626., le Marquis
d'Effiat, fuccéda au Sr. de Marillac. — Le nou-

veau furintendant des finances, établit autant qu'il étoit en fon pouvoir, l'ordre & l'économie dans les affaires ; mais elles étoient fi délabrées depuis 1611., qu'en fus de la diffipation des 41. millions d'économie qu'avoit laiffé Mr. de Sully, & du renchériffement des impofitions de plus de 8. millions en moins de 13. ans, que l'état devoit en 1626., 52. millions ; & ces recettes étoient réduites à 16. millions contre une dépenfe de 40. millions. — Les peuples contribuoient cependant à cette époque de 119. millions ; — les traitans, & les partifans dévoroient par leurs privilèges 103. millions fur les recettes publiques ; — de 1626. jufqu'en 1634, les affaires furent gouvernées avec affez d'économie, malgré les divers changemens qu'il y eût dans la place de furintendant des finances. — Cette année de 1634., fut remarquable, par la remife d'un quart fur les impofitions de la taille ; .... par la fuppreffion de plufieurs autres impofitions ; .... & par la révocation de plus DE CENT MIL OFFICES, ET PRIVILÉGES, de nouvelles créations en faveur des gens de la finance. (a) — De 1634. jufques en 1641. il ne fe fit rien dans cette partie qui mérite d'être rappellé ; le Cardinal de Richelieu, autant dévoré d'ambition, & de jaloufie que de crainte pour fa perfonne, s'attacha plus à l'adminiftration extérieure, qu'à l'économie ; — il fe contenta de gêner les adminiftrateurs en fous ordre ; & ne s'occupa plus dans fon cabinet que des moyens qui pourroient renverfer le crédit des grands ; .... arrêter

_____

(a) Cette reffource a toujours caffé le col à tous nos adminiftrateurs, en ruinant la France.

celui de ſes ennemis , & mettre un frein à
l'ambition démeſurée de la maiſon d'Autriche ; –
de cet abandon de la partie la plus abſolue du
gouvernement , il en réſulta pour la nation
qu'en 33. ans il avoit été aliéné en faveur des
gens de la finance , 40. millions de revenus ,
(*a*) dont l'état n'avoit pas retiré 200. millions
d'effectif par la voye des traitans. – Le Cardinal Mazarin remplaça le Cardinal de Richelieu
en 1643. – Ce premier miniſtre ne fit rien qui
puiſſe être cité juſques en 1646. où il fit nommer ſon favori Michel Particelli , ſurintendant
des finances. – A cette époque les affaires étoient
ſi délabrées , que pour recevoir 1. million effectif , il falloit en abandonner 5 ou 6 aux par-
tiſans ; – alors parut une nuée d'édits pour augmenter le nombre des charges des maîtres des
requètes ; .... pour rendre tous les préſidiaux
ſemeſtres ; .... pour établir des offices de police ſur les ports ; .... pour créer des charges
de ſécrétaires du Roi ; .... pour faire lever les
droits de franc fief ; .... pour augmenter les
droits du ſceau ; .... pour différer pluſieurs
quartiers de payemens des rentes ; .... pour
retrancher quatre années de gages aux compagnies &c ; – ce déſordre fit crier tous les
états , tous les ordres du royaume. – Emerie
contrôleur-général , fut la victime que le Cardinal ſacrifia au mécontentement public ; & le
Maréchal de la Meilleraie remplaça dans la ſur-
intendance des finances , le favori du miniſtre ; –
à cette époque l'état ſe trouvoit devoir 60. millions

———————————————

(*a*) Au 5 pour 100 –– 800 millions de principal.

lions d'affignations non acquittées ; .... les dépenfes fe montoient à 104. millions, & les recettes n'alloient qu'à 92. millions; — dans cette
confufion pour remplir le vuide des recettes,
(*à St. Albin*, l'on fit comme votre abbé Terray), on prit le parti de fufpendre le payement des engagemens les plus abfolus; .... on
refufa les affignations aux créanciers de l'état,
qui firent banqueroute ; & qui écraferent par
leur ruine, un grand nombre de familles qui
leur avoient prêté leur argent. – En 1649.,
le Maréchal de la Meilleraie, voyant le défordre s'accroitre tous les jours, abandonna la
furintendance des finances qui fut donnée au
Préfident des Maifons ; & en 1651. le Cardinal, craignant que ce défordre n'occafionnât une
révolte générale, dont il auroit été la victime,
fortit de la France ; — fon abfence ne fut pas
longue, & quoique fa tète eût été mife à prix
par le parlement, il rentra dans le royaume
plus puiffant que jamais. – En 1653. Mrs. Fouquet, & Servien furent nommés conjointement
furintendans des finances. – En 1654. on eut
encore recours aux édits burfaux, ... aux
créations des nouvelles charges ; .... le tim-
bre fut établi; — il y eut même des taxes fur
les baptêmes & fur les morts : l'expédient le
plus en ufage étoit, de donner beaucoup à gagner aux financiers, pour en retirer quelques
fommes médiocres. – En 1656. Fouquet refta
feul furintendant des finances ; & Mr. de Colbert, intendant de la maifon du premier miniftre, devint l'ame, & le confeil de l'adminiftration ; le Cardinal le confultoit en tout,
il le fit même connoitre à Louis XIV., pré-
venant Sa Majefté de la plus grande eftime pour

fa perfonne ; & c'eft d'après les lumières, de ce bienfaiteur de la France, que le commerce fixa les attentions de ce premier miniftre ; & qu'il devint une des plus grandes reffources de l'état. — Mazarin mourut en 1661. — Peu de temps après Mr. de Colbert, fut appellé à l'adminiftration des finances de l'état; — il trouva ce département à peu près dans la même fituation, que l'avoit trouvé Mr. de Sully; .... c'eft-à-dire, le tréfor royal épuifé, l'état très-endetté, les peuples dévorés par les traitans; ... l'agriculture négligée, le commerce abandonné, l'induftrie fans activité : .... les dépenfes triplant les recettes ; il y avoit alors pour 90. millions d'impofitions, à peine en revenoit-il 35. dans les coffres du Roi; .... toutes les reffources, tous les expédients paroiffoient épuifés ; enfin les finances étoient dans le plus grand des défordres. — Louis XIV. d'un jugement raffis, & jufte, s'étant mis à la tête des affaires, voulut abfolument rétablir l'ordre dans tous les départemens du royaume, & commençant par celui des finances, il fupprima la charge de furintendant qu'avoit Mr. Fouquet, comme onéreufe à l'état ; — il donna l'adminiftration de ce département à Mr. de Colbert, qui fut reçu à la chambre des comptes en qualité de contrôleur-général en 1667. — De tous les abus qui s'étoient introduits dans cette portion privilégiée du gouvernement, aucun n'effraya autant ce miniftre, que l'immenfité des charges, & des privilèges de toutes les efpèces que l'on avoit créés en divers temps, d'une exiftence auffi onéreufe pour les peuples, que ruineufe pour le tréfor royal; .... il réforma cette partie. — De cette opération paffant à l'exa-

men de la dette de l'état, à la marche de l'actif, & du paffif de fes affaires : il trouva une
dette immenfe, groffie par les malverfations
qui fe pratiquent toujours dans les temps d'a-
narchie ; .... dans l'actif des recettes, il aper-
çut des impofitions onéreufes, abufives, toutes
à l'avantage des traitans ; .... dans le paffif,
il découvrit des doubles emplois, des infidélités, des falariés fans occupations. — Pour
faire rentrer l'ordre dans toutes ces parties,
il liquida une grande portion de la dette de l'é-
tat, par les opérations des comptes qui avoient
conftitué cette même dette, & par la rentrée
de très-groffes fommes payées abufivement; —
dans l'actif des recettes, il établit cette jufte
proportion qui doit toujours régner entre les
droits, & la confommation ; à cet effet il etei-
gnit toutes les augmentations établies fur les
droits des fermes générales depuis 1645. ; ...
dans le paffif, il fupprima tous les falariés fans
emplois, & pour arrêter les infidélités & les
doubles emplois, il obligea tous les comptables de fournir tous les trois mois au confeil
des finances, des états au vrai de leurs recettes ; & de faire recevoir leur compte définitif
à la chambre du reffort, dans l'année d'après
fon exercice. — On s'apperçut bientôt du bien
qu'il en réfultoit. — Les fermes générales furent augmentées de 3 millions, nonobftant la
fuppreffion de toutes les augmentations prati-
quées depuis 1645, & les tailles furent dimi-
nuées d'un million ; — les chofes en étoient dans
cet état d'ordre, & de fatisfaction en 1665,
temps où Louis XIV. mit fin aux pourfuites
de la chambre de juftice établie en 1662 pour
vérifier plufieurs parties des engagemens de l'é-

tat, & accorda une abfolution entière aux comptables , & aux gens d'affaire feuls pofleffeurs des
rentes créées en 1656 , à condition à ceux-ci,
de payer fidélement les taxes qui leur feroient
impofées par le Confeil. — Les chofes fe maintinrent dans cet état de profpérité jufques en
1678 ; — mais le Marquis de Louvois ayant
arrêté fon crédit , & ce miniftre , en flattant
l'ambition de Louis XIV , par fes difpofitions
militaires, s'étant emparé de la confiance de ce
monarque , il l'engagea dans des guerres longues
& difpendieufes , qui renverferent le bel ordre
économique , établi par Colbert , dans le cours
réglé des finances ; & le fafte fe joignant à la
profufion des dépenfes extraordinaires , en fon-
cerent conjointement avec violence , la digue
que ce vertueux miniftre ne ceffoit d'élever contre la profufion. — Depuis cette époque tout
ayant été en dépériffant , l'épuifement & le défordre obérerent bientôt la régie la mieux entendue , & la mieux fuivie ; & notre miniftre
dévoré d'ennui & de chagrin , ne put furvivre
à la ruine prochaine de fa patrie... Colbert
mourut le 6 Septembre 1683.

V a n M a g d e b o u r g.

La mort de Colbert a été pour la France ,
l'origine de tous fes malheurs ; aucun de fes
fucceffeurs, jufqu'à Mr. le Cardinal de Fleury ,
n'ayant fçu faifir aucune de fes fpéculations
économiques , & vos rivaux (*à St. Albin*) ayant
eu l'adreffe de mettre à profit tous ces fyftêmes. — Voyez l'Angleterre , elle n'a établi fa
profpérité qu'en adoptant votre économie politique , fi fagement expliquée par Colbert.

S t. A l b i n.

Telle eft notre fatalité : — la France a pro-

duit des grands hommes, dont elle n'a pas fçu
profiter, & nos voifins ont hérité de leurs lumières.

LE COSMOPOLITE.

Le feul malheur de cette fatalité, c'eft que
les affaires ne fe traitent point en France avec
ce zèle patriotique, qui tourne toutes les fpéculations économiques d'un Etat à l'avantage du
bien public ; --- chez vous, (*à St. Albin*) c'eft
la cabale qui choifit les Miniftres ; c'eft l'intérèt
particulier qui conferve les gens en place ; c'eft
le crédit d'un favori ou d'une maîtreffe qui gouverne le fyftème de l'adminiftration ;... de là,
la fource de tous vos malheurs ;... de là, la
véritable caufe de la déprédation continuelle de
vos finances ; --- vous venez d'entendre tous les
défordres excités dans cette partie par l'engeance
financière, avant & après Mr. de Sully, fous
le Cardinal de Richelieu, & fous le Cardinal
Mazarin : ... vous allez appercevoir encore de
plus grands défordres après la mort de Mr. de
Colbert, jufqu'en 1730, & depuis 1748, jufqu'en 1774. --- M. le Pelletier fuccéda à Colbert, en 1683 : --- ce Miniftre rempli de zèle &
d'intégrité, adopta les maximes de fon prédécef-
feur ; mais n'étant point favorifé par la nature
de cette fupériorité de lumière & de talens,
qui expliquent fans peine le bien des affaires,
il ne fit ufage que de petits moyens, tels que
ceux dont-on fit ufage d'abord après la paix de
1763, jufqu'en 1769 ; il crut en attaquant le
luxe & les dépenfes domeftiques, pouvoir remédier aux maux de l'Etat : il s'abufa ; par-tout
où les maux font preffans, il faut des grands
remèdes ; fon opération de la converfion en
monnoye, des meubles en argent des citoyens,

fut auffi défavantageufe à la France, que celle de Mr. de Silhouette en 1759; elle afficha la ruine de l'Etat, fans fatisfaire à fes befoins; il fallut chercher d'autres reffources pour fournir aux fraix d'une guerre couteufe, quand les lumières manquent, les talens fon fans vertus, & les miniftres, comme le refte des hommes, ne font jamais ufage que de ce qui fe préfente le plus facile.... Mr. le Pelletier fit tout comme Mr. l'Abbé Terray en 1770, 1771:... il augmenta tous les droits, toutes les impofitions; — la confommation diminuant, par les renchériffemens des taxes publiques, & les affaires de jour en jour, devenant plus pénibles & plus malheureûfes, Mr. le Pelletier fe retira. — Mr. de Pontchartrain lui fuccéda en 1689; — ce Miniftre d'un génie affez égal à celui de Mr. le Pelletier, (quant à la finance) ne fit ufage que des expédiens, dont fe fervit Mr. de Laverdy en 1765; — il fouilla fcrupuleufement dans les détails des dépenfes de première néceffité, fans réfléchir que c'étoit les extraordinaires qui ruinoient la profpérité de la France, auffi peu avancée en 1699, qu'il l'avoit été en 1689, il abandonna la partie des finances, pour la dignité de Chancelier de France, pour laquelle il étoit plus capable. — Mr. de Chamillard remplaça Mr. de Pontchartrain;... rempli de talens, comme Mr. de Silhouette, il ne fit que des fauffes fpéculations; il inonda la circulation publique d'une quantité innumérable de billets de monnoye!... de billets de fubfiftance,... d'uftancilles,... de promeffes de la caiffe des empruns,... de billets de tous les tréforiers, &c. & ces billets n'étoient point reçus dans les recettes publiques. — Cette imprudence défac-

crédita les effets , comme la fufpenfion des refcriptions, des effets du Canada & des Colonies
en 1759 ; défaccréditerent les autres effets royaux, dans le même moment où l'on en augmentoit le nombre de plus de 110 millions. (a) ---
En 1701 , on donna pour adjoint à Mr. de Chamillard , deux directeurs qui eurent entrée au
Confeil ; les affaires n'en furent pas mieux gouvernées jufqu'en 1708 ; Mr. de Chamillard fe
retira. --- Mr. Defmarefts , neveu du grand
Colbert, prit la place de Mr. de Chamillard ,
dans le temps le plus critique pour lui , & pour
la France ; --- le royaume étoit invefti d'ennemis
victorieux , le deuil étoit dans prefque toutes
les familles , & la guerre de la fucceffion , qui
duroit depuis huit ans, avoit épuifé toutes les
reffources. --- Le cruel hyver de 1709 , fut un
furcroît d'embarras pour notre Miniftre. — Tant
de malheurs, tant d'épuifemens, tant de befoins
ne l'effrayerent point. --- Soutenu par le génie
tutelaire de fon oncle , il ne fit ufage que de fes
maximes; --- l'hyver de 1709 avoit ruiné tous
les agricoles de la France , ce vertueux miniftre;
leur fit abandonner par Louis XIV neuf millions de taille , malgré que l'Etat fût dans la
dernière des néceffités ; ... les dépenfes de cette
année fe monterent à 221 millions , & les recettes
ne produifirent que 49 millions ; --- nonobftant
une difproportion fi confidérable , notre Miniftre fit face à toutes les dépenfes , fans autre mo-
leftation que celles de quelques demeures dans
les payemens les moins abfolus;-- il fçut flatter les

_____

(a) Billets des fermes , & quittances de finances, pour
les meubles en argent , --- convertis en monnoye.

traitans, fans les engraifier; — il fit ufage du
crédit des financiers, fans les enrichir, — c'eſt le
feul exemple en 800 ans, où les traitans & des régiffeurs ont été utiles à la France : fans eux l'Etat
auroit péri : — les chofes fe maintinrent dans cet
état de juſteffe, jufqu'à la paix d'Utrecht en
1714... C'eſt ce que le Miniſtre des finances
défiroit. — Si la paix étoit néceffaire à la France
pour un peu réparer fes affaires, l'ordre étoit
des plus difficile à rétablir ; 14 ans d'une guerre
générale & malheureufe, avoient dévoré toutes
les reffources !... l'Etat devoit 2,300,000,000.
fans deux ou trois cent millions d'arrérages, &
la paix arrachoit encore aux finances de l'Etat des
fommes très-confidérables ; — ces obligations abfolues portexent l'épuifement & le difcrédit à un
tel extréme, que Louis XIV au commencement
de 1715, fut forcé de négocier 32 millions de
billets, pour recevoir huit millions en efpèces ;—
ce digne monarque mourut peu de temps après,
plus accablé par les malheurs d'une ambition
mal raifonnée, que confommé par le poids des
années.

Van Magdebourg.

Ha ! Louis XIV, Louis XIV,... avec moins
d'ambition vous auriez vécu dix ans de plus,
& vous n'auriez pas offenfé dans votre vielleffe,
les lauriers dont vous vous étiez couronné dans
votre jeuneffe.... Rois de la terre prenez exemple fur ce monarque ; — foyez modérés dans
vos projets, connoiffez que c'eſt l'ambition qui
a abrégé les jours de ce héros, & qui a fait fuc-
céder au jours brillans d'Octave Auguſte, les
jours meurtiers d'Attila.

Le Cosmopolite.

Laiffons cette differtation, pour achever cel-

le que je tiens en main ; le Duc d'Orléans s'é-
tant fait nommer par le parlement régent de
France en 1715, fufpendit les fonctions du
contrôleur-général , & s'attacha lui-même aux
foins de cette partie , ne s'en rapportant qu'à
lui-même : il voulut connoître par fols & deniers la vraie fituation des affaires ; à quoi fe
montoit la dette de l'état , & quel étoit l'actif, & le paffif des recettes publiques. — Dans
cette recherche ayant apperçu la négociation
des 32 millions d'effets royaux pour 8 millions
en efpèces ; tous les brocantages de la finance , fous Mrs. le Pelletier , Pontchartrain &
Chamillard ; .... il créa une nouvelle chambre de juftice pour faire rendre gorge aux partifans , & à leurs conforts qui avoient ran-
çonné l'état dans fes befoins ; — cette opération procura des rentrées très-confidérables ; ...
mais les fuites de ces actes de rigueur furent
des plus défavantageufes ; — la crainte , ou la
méfiance s'étant emparée de tous les efprits ,
la circulation publique en fouffrit ; l'argent fe
refferra ou fortit du royaume , & la crife fut
des plus embarraffante en 1718 : — Mr. d'Ar-
genfon , alors garde des fceaux , fut commis à
l'adminiftration des finances ; — l'anarchie régnoit depuis trop long-temps , pour qu'il fût
aifé de rétablir l'ordre dans cette partie , ou
dans la répartition des deniers publics ; —
tout étoit épuifé , & les fources des richeffes
étoient pour ainfi dire anéanties ; — dans cette
détreffe des affaires publiques , un homme har-
di , d'un génie élevé ; .... eftimable , s'il avoit
fçu donner des bornes à fes talens , & ne point
méfufer des lumières que fournit toujours une
heureufe imagination : .... Laws fe préfente ,

on l'écoute, il propofe un fyftème de finance, qui auroit été utile à la France, fi la pruden- ce l'avoit dirigé, & s'il avoit été fondé fur cet- te jufte proportion, de la vraie portée d'un état ; —, Laws fut nommé contrôleur-général en 1720 : — il mit fon fyftème en exécution, comme il n'étoit point fondé fur la fcience pro- fonde de la pofition locale de la France, dans l'actif & le paffif de fa circulation, la confu- fion fubjugua bientôt le fyftème ; en croyant arrèter le défordre, on méfufa du crédit, & les erreurs & les infidélités, inondant la cir- culation publique de faux papiers ; le fyftème devint un gouffre qui engloutit la fortune de tous les citoyens ; — un vifa général fut or- donné ; .... cette feconde imprudence, loin d'arrèter l'épuifement du tréfor royal, formerent un vuide des plus confidérable dans la balance politique ; .... l'état devoit en papier fix fois plus qu'il ne pouvoit racheter avec fes mon- noyes ; — Laws fut obligé de fe cacher, & peu de temps après de fortir de la France. — A la fin de 1720 Mr. Félix le Pelletier fut nommé contrôleur-général. — La befogne étant audeffus de fes forces, on lui donna pour fuc- ceffeur en 1722, Mr. Charles Gafpard Dodun ; il fut auffi difficile à celui-ci, qu'il l'avoit été à Mr. Félix le Pelletier de ramener la confiance publique. — Tous les billets du fyftème étoient en difcrédit ; on ne les recevoit plus nulle part ; — vainement le gouvernement s'attachat- il de les retirer, par la création de plufieurs rentes viagères, de tontines, de loteries &c. ; cela ne remédioit point à l'épuifement ; ... on fut obligé d'impofer le cinquantième fur tous les biens pour pouvoir furvenir aux dépenfes publiques. — Le régent étant mort en 1723, Mr. le Duc de Bourbon remplit les fonctions de régent jufques en 1726 ; .... pendant ces trois années les affaires fe maintinrent fans convulfions, ni fans orages ; — Mr. le Pelletier Desfort fuccéda à Mr. Dodun ; — fon génie fécond & jufte, lui firent faifir des moyens qui ranimerent un peu les affaires ; mais il ne les gouverna pas affez long-temps, pour rétablir ce bon ordre fi néceffaire à toutes les monarchies ; Mr. le Cardinal de Fleury, pourvu de l'autorité de premier miniftre, fit remplacer en 1730 Mr. le Pelletier Desfort, par Mr. Arri ; — le nouveau contrôleur-général, homme de génie, fage, & prudent ; approuva les plans de fon prédeceffeur, & ne s'en écarta point. — Il créa des rentes perpétuelles, & viagères, des loteries, des tontines, & parvint à rétablir ce degré de confiance qui donne de l'activité à l'agriculture, au commerce & à l'induftrie. — La guerre de 1733 l'obligea de créer quelques nouvelles charges, & de rétablir l'impofition du dixième. — Il fut remplacé en 1745 par Mr. de Machaut. — Mr. de Fleury n'étoit plus dans les affaires depuis 1743 ; ce miniftre avoit rétabli par fa prudence, & fa fageffe les défordres de l'adminiftration des finances : & depuis 1730, l'agriculture, le commerce, & l'induftrie, avoient tellement enrichi les fujets, que l'on n'apercevoit plus en France aucune trace des malheurs de la guerre de la fucceffion, des enquêtes de la chambre de juftice en 1716 ; .... des défaftres des billets de Laws, du vifa, en 1721 : — de toutes les révolutions fur les monnoyes ; depuis 1725 jufqu'en 1730, enfin tout fleuriffoit en France,

quand la guerre de 1744 vint altérer cette profpérité. — Le nouveau contrôleur - général,
pourvut aux dépenses extraordinaires de cette
guerre fans onérofité pour les peuples; il fut
mis en 1746 quelques impofitions de misère,
plus nuifibles qu'utiles à nos befoins; (*a*) la
feule un peu moleftante. pour les peuples fut
celle du dixième fur tous les biens fonds qui
fut réduite à la moitié à la paix de 1748. —
La feule chofe que l'on puiffe reprocher à Mr.
de Machaut, pendant tout le temps de fon adminiftration , c'eft d'avoir trop flatté les goûts
de fon maître pour la dépenfe , & de n'avoir
pas arrêté cette profufion de bienfaifance, qui
a toujours entraîné Louis XV.; — Mr. de Machaut le pouvoit auffi aifément que le put
Colbert; le Roi l'aimoit, & avoit confiance en
lui; — cette imprudence de fa part a caufé tous
les malheurs de la France, dans la dernière
guerre. — Mr. Moreau de Sechelles fuccéda à
Mr. de Machaut en 1754. — Ce nouveau contrôleur-général trouva les affaires fur leurs cou-
rans; mais fans aucun fond d'amortiffement; —
la guerre qui furvint en 1755 fut des plus cou-
teufes pour la France: ces malheurs la rendirent
encore plus chère, & les dépenfes fe groffirent
comme un torrent; — les reffources ne fe
préfentant point fuivant la rapidité des befoins,
Mr. Moreau de Sechelles, fut remplacé par Mr.
de Moras: .... Mr. de Moras auffi peu avan-

(*a*) Celle fur les cartes fut mife alors; l'on prétend que
cette impofition n'a jamais produit net au Roi , au-delà de
100,000 liv. & nous a fait perdre le commerce des cartes
& cartons, avec l'Efpagne & le Portugal.

cé que son prédécesseur le fut par Mr. de Boulogne , qui céda sa place en 1759 à Mr. de
Silhouette ; — depuis 1755, jusques en 1759
les affaires roulerent sur des dépenses excessi-
ves , qui ne furent point remplies par des recettes correspondantes ; les divers contrôleurs-
généraux , qui les avoient gouvernées avant
Mr. de Silhouette , n'ayant pas eu assez de
courage , d'établir imperceptiblement ce que
Mr. de Silhouette fut obligé de faire brus-
quement. — Quand on se laisse accabler par les
besoins , & que les vuides d'une administration
s'augmentent tous les jours , par la cherté des
dépenses extraordinaires , alimentées par des
engagemens à termes: il arrive que les dépenses les plus absolues , dévorent toujours tous
les avantages que l'on auroit pu réaliser avec
un peu de prévoyance ; — cette faute grossière de la part de Mrs. Moreau de Sechelles ,
de Moras , & de Boulogne ; à précipité Mr. de
Silhouette ; — celui-ci ayant pris pour ainsi
dire , le timon des affaires avec des finances
sans argent , sans crédit, environnées de par
tout , soit par terre , soit par mer , d'ennemis
victorieux, qu'il falloit autant arrêter , que re-
pousser ; — cette dure nécessité ne permit pas
à Mr. de Silhouette , de faire choix des moyens
que son heureux génie auroient pu lui suggé-
rer ; — semblable à l'homme qui se noye , il
s'accrocha à ce qui se présentoit ; — il crut avoir
sauvé la France , en suspendant le payement des
rescriptions , des effets du Canada , des Colonies : dans le même moment qu'il créoit pour
70 millions de billets des fermes : & qu'il con-
vertissoit en quittance de finance la plus grande partie des meubles en argent des sujets ; —

ces opérations contradictoires augmenterent la
dette de l'état, fans remplir les befoins de fes
dépenfes les plus néceſſaires. — Mr. Bertin
remplaça Mr. de Silhouette; — ce miniſtre ſage, éclairé, ne s'effraya point des befoins ex-
trèmes de l'état, ni de l'épuiſement affreux où
il trouvoit le département des finances; ....
ſon jugement froid, & tranquille, trouva le
moyen de fournir aiſément aux dépenfes les plus
abſolues, & de fubſtanter les plus ordinaires,
ſans aucune nouveauté juſques à la paix de
1763: — à cette époque ce miniſtre, ſe voyant
forcé à des opérations décifives, & le crédit
de la claſſe financière, dominant dans le conſeil d'état de l'adminiſtration, il ne ſe crut pas
aſſez fort pour renverfer tant d'oppofitions: il
demanda à ètre remplacé. Mr. de Laverdy lui
ſuccéda dans le contróle-général; .... ſi les
bonnes intentions devoient décider de la capacité d'un miniſtre des finances, jamais adminiſtrateur n'auroit mérité plus dignement les
éloges publiques; mais il eſt des places où il
faut une doſe beaucoup plus forte de lumières,
que de bonnes intentions; .... c'eſt un certain coup d'œil, c'eſt le tact, c'eſt le courage,
(de réfiſter aux cabales mal intentionnées)
qu'il faut à un contróleur-général, malheureu-
ſement, Mr. de Laverdy, n'avoit aucune de
ces qualités. — Son caractère lent, & litigieux,
(eſprit néceſſaire à ſa profeſſion), lui crut faire appercevoir que c'étoit les dépenfes particulières du château, & de la Famille Royale,
qui étoient la grande cauſe de l'épuiſement
de l'état, tandis qu'il ne devoit l'apercevoir
que dans la ſeule conſtitution extraordinaire de 3 milliards de dettes actives, 1 milliard

environ de dettes conſtitutives, & viagères, &
dans la décadence continuelle de l'agriculture,
du commerce & de l'induſtrie ; — ce défaut de
tact, & de jugement après 3 ans de paix, ren-
dit encore plus pénible la ſituation des affaires ; — on crut ſoulager la dette de l'état en
remontant au 5 pour 100 le principal de tous
les contrats de l'hôtel de ville, qui avoient
changé de main ; — cette opération ne produi-
ſoit rien ; — on dépenſa 9 millions d'effectif,
ſans autre avantage que d'avoir conſolidé les
créances des gens de main morte, (qui n'al-
liénent jamais), en affoibliſſant celles des chefs
de famille ; — tel a été tout le mérite de cette
opération : .... peu de temps après Mr. Mainon
d'Ainveau remplaça Mr. de Laverdy. — Ce nouveau contrôleur-général, connut toute la force
du mal qui dévoroit l'état : il propoſa des moyens qui parurent durs, révoltans à la claſſe
financiére ; mais qui étoient toutefois néceſſaires : .... l'intérêt particulier l'emporta ſur le
bien public, & Mr. Mainon D'ainveau, voyant
qu'il n'étoit pas le maître de ces opérations
demanda de ſe retirer : — Mr. l'abbé Terray
ſuccéda à ce miniſtre à la fin de 1769 ; — vous
connoiſſez ſa beſogne, il eſt inutile de la répéter ; — par l'hiſtorique que je viens de vous
faire des opérations de cette partie de votre
adminiſtration, (*à St. Albin*,) depuis Mr. de
Sully, (preſſurée en grande partie du dictionnaire univerſel de la France, tome II. article
contrôleur-général,) juſqu'à Louis XVI., ...
cherchez, je vous prie, un règne dans ces 284
ans, où la claſſe financière n'ait point abuſé
des affaires de l'état : .... excepté 10 ans ſous
Mr. de Sully, & 13 ans ſous Mr. Arry, vous

apercevrez, pendant près de 261 ans, le département des finances, vendu & livré aux
traitans, aux partifans, aux financiers ; & qu'il
a toujours fallu de règne en règne établir des
chambres de juftice, pour faire rendre gorge
à cette engeance malheureufe de vos citoyens,
au plus au nombre de 80, à 100,000. particuliers ; --- allez, cette vermine, (pefte dans tous
les états) eft d'une exiftence encore plus dangereufe, dans une monarchie auffi agitée, &
auffi peuplée que la France.

Van Magdebourg.

Laiffons des chofes auffi reculées que celles-
là, pour revenir à nos moutons ; .... en quoi
s'il vous plait, les billets de confiance auroient-
favorifé le commerce ?

Le Cosmopoite.

En ce qu'ils lui auroient tenu lieu de lettres
de change ; & la partie que le commerce en
auroit fait circuler auroit été immenfe.

Van Magdebourg.

Il me fembleroit, au contraire, que les billets lui auroient été plus défavantageux que
favorables ; la perte conftante de 1 pour 100
devant renchérir tous les prix des marchandifes.

Le Cosmopolite.

Cela eft vrai, pour certains objets, pour les
objets locaux ; ... mais tout ce qui auroit été
tranfport de fond, de place en place en lettre
de change ; le commerce étoit avantagé par le
fyftème des billets.

Van Magdebourg.

Je ne crois pas cela ; .... la perte de 1 pour
100 eft terrible.

Le Cosmopolite.

Pas fi terrible, ... confidérez la perte que
l'on

l'on fait fur les lettres de change à terme ; —
additionnez-y les rifques que l'on court de. la
part des tireurs , & des accepteurs ; & vous
trouverez celle des billets bien moins confidé-
ble. — N'eſt-il pas vrai , que la moindre lettre de
change , eſt tirée généralement à 2 ou 3 ufances.

VAN MAGDEBOURG.

Oui, & quelquefois à 4 & à 6 ufances. ..,

LE COSMOPOLITE.

N'admettez que deux ufances ; .... à demi
pour 100 par mois , voilà votre 1. pour 100 de
perte compenſé :... à combien appréciez-vous le
rifque du tireur , & l'accepteur ?... cela n'équi-
vaut-il pas à 1 quart pour 100 ?...

VAN MAGDEBOURG.

Vraiment oui ; & même à plus, ſi la lettre
a un long terme.

LE COSMOPOLITE.

Vous voyez donc que les remiſes faites en billets d'état, auroient été plus avantageuſes au
commerce, que les lettres de change ; ... point
de perte de temps , point de demeure , point
de rifque de tireurs , & d'accepteurs, & ſur-
tout point de retraites , ni de fraix de proteſts ,
de change , & de rechange...

VAN MAGDEBOURG.

Vous avez raiſon , je ne faiſois pas toutes
ces réflexions.

MILORD SPITEAL.

L'étendue de cette combinaiſon, contraſtée
par tous les intérèts qu'elle réunit., ne faiſit pas
d'abord l'imagination méfiante des hommes ; ...
il faut être auſſi au fait que vous en ètes, pour
pouvoir l'expliquer auſſi intelligiblement que
vous venez de nous le faire ; — de 100 perſonnes à qui on pourroit en parler ; il ne s'en

trouveroit peut-être pas 10 en état de faifir &
d'expliquer les avantages, d'une telle opération, avec la clarté, & la précifion qui lui eft
néceffaire ; — ce fyftéme étoit bien réfléchi,
bien entendu, bien déduit ; — refte à favoir
fi le miniftère de la France, n'en auroit pas
abufé comme il le fit de celui de Laws ; ....
car vous favez auffi-bien que moi, que tous
les adminiftrateurs de la France, fe font furieufement permis de libre arbitre dans les maniemens des finances, & que généralement ceux-
ci abandonnent l'infpection journalière de leur
adminiftration à leurs premiers commis, qui ne
font pas plus honnètes-gens qu'il le faut ; ...
témoin le raffle que vient d'en faire Mr.
Turgot, & qu'en ont fait Mr. le Comte de Muy
& Mr. de Sartine....

St. Albin.

Il ne me paroit pas qu'il fût poffible que le miniftère eût jamais pu abufer des facilités que lui
offroit ce fyftéme ; — l'opération le tiroit d'embarras & de fervitude, en le faifant jouir de 61
millions d'économie réelle ; — que pouvoit-il dé-
firer de plus ? d'ailleurs les billets auroient tous
été numerotés : créés par des arrèts fucceffifs,
depuis tel nº. jufqu'à tel nº. inclufivement : ce
qui auroit mis un frein au libre arbitre des adminiftrateurs ; — de forte qu'il n'auroit pas pu
en circuler un de plus, fans qu'il ne fût connu,
& pour lors, avec raifon, les Parlemens auroient
fait les diables.

Le Cosmopolite.

Non, il n'étoit pas poffible que le miniftère
eût jamais en idée de vouloir en abufer ; — fes
intérèts étoient trop bien confolidés par l'opération, & trop bien liés avec ceux de fes fujets,

pour fe figurer que l'autorité voulût en affoiblir l'armonie; — il falloit que la machine fe foutint par fon propre mérite, & fe confommât par fon propre mouvement. — Il me refte de vous faire apercevoir avec quelle adreffe la circulation des billets mettoit à contribution toutes les nations, liées d'intérêts avec le commerce de la France; — il eft connu que le commerce fait en France, pour le compte direct des nations étrangères, fe monte toutes les années à plus de 400 millions de liv. — en établiffant feulement que le quart de ce commerce contribuât à la décompofition des billets, fur 100 millions de liv. à 10 pour 100:... ç'auroit été 10 millions de plus en bénéfice toutes les années, qui feroient reftés en France, pendant tout le temps du fyftème; — après cette dernière évidence en addition à toutes celles que je vous ai déja déduit, il vous fera facile d'aprécier lequel des deux étoit le plus avantageux à la France, ou l'exercice du fyftème des billets de Mr. de Pelliffery, ou celui des opérations réitérées du Sr. Abbé Terray.

St. Albin.

Depuis que je vous entends raifonner fur cette matière, j'en fais de la chair de poule, & j'ai toutes les peines du monde à pouvoir diffimuler l'indignation que m'infpire le mal affreux qu'a fait à la nation ce déteftable d'homme; — il eft fi odieux, fi vilainement pratiqué, fi barbare,.... que je defirerois de toute mon ame, que l'on lui faffe rendre gorge.

Van Magdebourg.

Ce feroit, mon ami, un grand bien pour votre nation; — jamais la France n'a été fi bien adminiftrée qu'après le procès du fur intendant Fouquet, & la pendaifon du pauvre Enguer-

rand de Marigni : — ce troisième exemple ne
gâteroit rien dans vos affaires ; — il arrèteroit
pour long-temps le crédit de cette foule de monopoleurs, de traitans & de financiers, qui ne
prospèrent que par l'intrigue, la concussion &
le désordre : bouleversant partout l'ordre des
loix, de l'équité & de la justice ; — de tels
citoyens sont les vrais ennemis d'un corps politique, & les Ministres qui les protégent aussi
fort que les a protégés votre vilain d'Abbé
Terray, sont des tyrans, des monstres, des
objets de haine & d'horreur, dont une nation
devroit se purger ; — quiconque est assez in-
humain, assez barbare pour mettre la vie de ses
citoyens à contribution, quand il doit en être
le père, est un scélérat, un parricide, un parjure, qu'il faut détruire, crainte que son existence ne donne la hardiesse à quelqu'autre de le
devenir aussi.

MILORD SPITEAL.

Un de nos voyageurs politiques à mis en note
dans ses mémoires, tout ce que Van Magdebourg vient de dire au sujet du procès du sur-
intendant des finances, Fouquet, & des avantages qu'il en résulta pour l'administration des
finances de la France ; — mais il ajoute, fort
plaisamment, "pour que la France puisse con-
„ server constamment les avantages : il faut tous
„ les vingt-ans, que l'autorité se détermine de
„ faire pendre un Contrôleur-général, ... tous
„ les quinze ans, un Intendant, ... tous les
„ dix ans, un Fermier-général, ... & tous les
„ cinq ans, un Financier ; avec cette sagesse
„ elle arrètera le monopole, & ses finances se-
„ ront toujours bien administrées. — „ Il est
certain que c'est plus la déprédation subalterne

des adminiftrateurs & de leurs-conforts , depuis
30 ans, qui a ruiné la France, que les malheurs
des temps.

St. Albin.

Ha Milord , que les malheurs des temps nous
ont furieufement arriérés depuis un fiècle ; —
voyez la guerre de la fucceffion , que n'a-t-elle
pas coûté à la France?... Celle de 1744... &
de 1756, furtout;... il fembloit que le guignon
& l'infortune préfidoient à tous nos projets ,
dans cette dernière.

Milord Spiteal.

J'en tombe d'accord pour quelques objets ;—
mais depuis le mois de février 1763, jufqu'au
25 août 1774, qui eft-ce qui a arriéré la France,
dans ce long efpace de 11 années en pleine paix ?...
Qui eft-ce qui l'a obligée de mettre fur fes peuples 90 millions de plus en impofitions que dans
la malheureufe guerre de 1756, — & d'augmenter fa dette nationale de plus de 600 millions ;—
pouvez-vous attribuer cette anarchie , cette déprédation , ce défordre , aux malheurs des
temps,... à des circonftances fâcheufes,... à
des befoins forcés ?... non : — vous avez vécu
en paix , comme l'Angleterre ; — vous avez
fait comme elle , votre même commerce : — vos
fujets ont été également occupés , & cependant
la Grande-Bretagne à rembourfé pendant ces 11
ans de paix, 40 millions de liv. fterlins de fa dette
nationale, & a diminué fucceffivement fes impofitions de 4,600,000 liv. fterlin , tandis que la
France , mieux pourvue de moyens & de reffources que la nation Angloife, a augmenté les
fiennes de 90 millions , & fa dette nationale de
près de 600 millions; — vous m'avouerez que
quand l'on fe conduit avec fi peu d'ordre , &

que l'on souffre tranquillement de pareilles ex-
travagances de la part de ses administrateurs,
qu'il n'est pas étrange que l'on s'écrase, &
que l'on perde tout crédit, toute considération.

LE COSMOPOLITE.

Pour donner encore plus de poids aux observations du Milord, & pour mieux vous faire connoitre combien tout le mal que l'on a fait en
France depuis 1770, n'a été fait que pour le
plaisir d'en faire; — faisons un relevé impartial de la situation où se trouvoient les finances
de la France, quand le Sr. Abbé Terray en a
pris le gouvernement, & balançons cette situation, par la position où il les a laissées le 25 août
1774, quant il a été exilé : — après nous com-
parerons cette dernière position, avec celle où
il auroit pu les laisser par l'exercice du système
de Mr. de Pellissery. (*Voyez les tableaux ci-contre.*)

Ces trois tableaux ne font point hors de vérité ; — seulement, il peut se faire qu'il y ait
quelques infidélités, dans le plus ou le moins
des opérations du Sr. Abbé Terray : tous les
produits de ses parties ne pouvant mètre connus
par sol & denier ; — toutefois il est constant
que les erreurs en pour & en contre ne peuvent-
être bien considérables. — Celui du système,
vous présente la France, conservant en 1774
ses mêmes recettes qu'en 1770. — Liquidée dans
sa dette générale de 960 millions, avec 210
millions d'économie en amortissement : — celui
qui balance le premier, ou celui des opérations
du Sr. Abbé Terray, vous la donne rencherie
de 86 millions en impositions générales, accrue
de 445 millions dans sa dette nationale, avec

444 millions de recettes extraordinaires, dont
on n'aperçoit aucune application utile, & dont
on auroit pu racheter tacitement de 8 à 900,
000,000 d'effets royaux, en fuivant la méthode
de Mr. de Pelliffery. — D'après les parallèles
de fes deux derniers tableaux, prononcez vous-
mêmes, Meffieurs, fi le fyftème des billets n'étoit
pas un de ces projets mâle, nourri, vigoureux,
fondé fur la pofition locale de la France, en
actif & en paffif; — fi les intérêts de l'Etat, n'y
étoient pas balancés par ceux des peuples, ...
ceux des peuples par ceux du commerce, ...
& ceux du commerce par ceux de l'économie
politique. — La France devoit beaucoup & ne
pouvoit payer; — les finances de l'Etat étoient
arriérées dans leurs conftitutions & dans leurs
recettes, — les citoyens étoient écrafés par les
impofitions, — l'agriculture, le commerce &
l'induftrie languiffoient fous l'oppreffion publique, le fyftème des billets ramenoit tout, repa-
roit tout, obvioit à tout. — 1.º. La création des
billets foldoit tous les arrérages & rempliffoit
tous les vuides des conftitutions & des recettes. — 2°. La négociation des nouveaux
effets, augmentoit les repréfentans de la circulation générale, en arrètant le fyftème deftructeur des impôts. — 3°. La décompofition des
billets réalifoit un fecond capital à l'opération,
qui auroit fervi à racheter tous les effets royaux. VAMPIRES DE LA PROSPÉRITÉ
PUBLIQUE. — De forte qu'après 10 ans au
plus, à compter du jour de l'exercice du fyftème,
la France fe feroit trouvée liquidée, fans avoir
touché à un denier de fes recettes, ni fans avoir
rencheri d'une obole aucune de fes impofitions.—
Loin de-là, elle auroit été encore à même de fup-

primer un des deux vingtièmes (*a*), ce qu'elle ne pourra faire de long-temps.

MILORD SPITEAL.

Il me femble, mon cher ami, que j'ai vu ce fyftème imprimé fans nom d'auteur chez Boutard à Paris.

LE COSMOPOLITE.

Non, ce n'eft pas le même ; — mais celui de chez Boutard, eft produit par une perfonne qui doit avoir eu entre fes mains celui de Mr. de Peliffery, duquel il a confervé la forme des billets, celle de fes négociations : (fous quelques foibles changemens) : de même que celle de ces excomptes ; — il le dit lui-même dans la feule note de fon ouvrage *page* 45. — Que feroit-ce s'il y en avoit 1100 mille comme un quelqu'un l'a fuppofé ; — & fe contentant de cette obfervation ; il a morcelé le fyftème de 1130 millions, & la réduit fous une opération de 500 millions, qui ne feroit qu'un palliatif faux, erré, dépourvu de tout fentiment d'utilité, telles que doivent les exprimer ces fortes de fyftèmes. — il en paroit un fecond également calqué fur celui de 1130 millions, fous le nom du Sr. de Marfy, qui produit fes billets fous le nom d'action de commerce, projet auffi erré & auffi infructueux que celui des 500 millions. — rarement les compilateurs, les plagiaires, ont-ils des idées nettes, étendues, analogues aux temps, aux lieux, à tous les intérêts qui fe trouvent unis dans une feule & unique opération.

(*a*) La liquidation des 960 millions par le fyftème ; dont 660 à la conftitution de 5 pour 100, faifoient une économie de 33 millions dans les dépenfes, qui excedent la rentrée d'un vingtième.

V an M agdebourg.

Vous avez raifon, mon ami, & fur-tout dans
des parties auffi abftraites, & auffi compliquées
que celles d'une adminiftration économique; ---
il faut être grand calculateur, grand politique,
vrai homme d'état, parfait négociant, parfait financier, pour bien connoitre tous les hafards, toutes les utilités, tous les avantages & les défavantages de l'arithmétique politique, en fyftème de
gouvernement, quels en font les intérêts ma-
jeurs, & quelles peuvent être leurs dépendances (dans les intérêts actifs des fujets), avec
ceux du commerce & de l'induftrie d'une nation : enfin de favoir unir, & lier ce tout',
dans un feul & unique principe, fans caufer
aucun froiffement, aucun choc, qui puiffe ar-
riérer le but que l'on fe propofe : .... LE BIEN
PUBLIC ; --- beaucoup de perfonnes fe mêlent
aujourd'hui de ces fortes de combinaifons; ---
mais bien peu y réuffiffent; --- de la théorie à
la pratique il y a bien de la différence; le papier eft un fouffre douleur.

S t. A l b i n.

Certainement, ... on voit tous les jours
des perfonnes qui parlent très-bien, qui donnent de la force à ce qu'elles difent, & qui
font pourtant errées dans leurs idées, dans leurs
fpéculations. --- La juftefffe de l'efprit, du jugement, du coup d'œil, eft un don de la nature
que l'art, & la fcience ne procurent jamais,
& qui ne s'acquiert cependant point fans la
combinaifon ; .... tout veut être réfléchi dans
la vie ; --- ce n'eft que par la réflexion que
l'on fe met au fait de l'ordre, & de la marche
qu'il faut obferver, pour bien affeoir un fyftème quelconque; pour éviter tel ou tel défa-

vantage, ou pour fe procurer tel ou tel avantage ; — c'eft le temps, ce font les événemens,
les viciffitudes, les pofitions locales, qui font
dans cette carrière les premiers guides des hommes ; — c'eft la méditation qui perfectionne
leurs idées ; — ce font leurs connoiffances utiles, qui les rendent productives ; — tout cela
n'eft point jeu du hafard ; c'eft le fruit, c'eft
le falaire de la réflexion, du travail, de l'application. — Auffi fans toutes les incertitudes
de la vie, l'homme auroit conftamment vécu
dans cet état d'égalité & d'habitude, qui dif-
fére fi peu de celui des brutes, & la fociété
auroit toujours été privée de cette immenfité
de découvertes utiles qui annoblit notre efpèce,
qui adouciffent nos befoins, nos jouiffances ;
& qui portent l'homme, de fe figurer fans
ceffe, qu'il a tiré fon origine du plus profond
des cieux.

VAN MAGDEBOURG.

Mon cher ami, fans ces idées flatteufes, que
feroient aujourd'hui tant de nations illuftres ?
& que feroient les Hollandois, fi les braves
Flamans, qui fe retranchèrent les premiers
dans des marais pour fe fouftraire au gouvernement tyrannique de l'Efpagne, n'avoient été
des hommes ? .... s'ils n'avoient point eu cette
fagacité, cette bravoure, cette application qui
a fondé leurs gouvernemens, leurs conftitutions, leurs fyftèmes d'état ? — la Hollande
auroit toujours été un pays tributaire de l'Efpagne, & fes habitans auroient toujours été
malheureux.

ST. ALBIN.

Puifque vous connoiffez auffi particuliérement, (que vous venez de nous le démon-

trer), le fyftème des billets de Mr. de Pelliffery ; dites-moi un peu quelle étoit la marche
de fon fyftème terrier, qui en étoit dépen-
dant.

LE COSMOPOLITE.

Le fyftème terrier dont vous parlez, étoit
une addition au fyftème des billets ; — par ce
fyftème l'état devoit racheter de tous les particuliers, corps, & communautés du royaume,
toutes les charges, taxes, impofitions, & fervitudes quelconques fur toutes les terres, &
maifons de la métropole.

MILORD SPITEAL.

De toute la France ?

LE COSMOPOLITE.

Oui, de toute la France.

MILORD SPITEAL.

Songez à la fomme terrible à quoi cela ce
feroit monté !

LE COSMOPOLITE.

Cela eft vrai, ... il ne s'agiffoit pas moins
que de 4,297,219,800. liv. de dépenfe extraordinaire.

ST. ALBIN.

Ce travail me paroit bien impraticable.

LE COSMOPOLITE.

Il le paroit, & il ne l'étoit pas de la façon
dont Mr. de Pelliffery s'y prenoit ; 1°. tous
les intendans des provinces devoient faire faire
dans toute l'étendue de leurs jurifdictions, un
cadaftre général de toutes les charges, taxes,
impofitions, & fervitudes quelconques, qui fe
percevoient annuellement, fur toutes les terres & maifons de leurs dépendances ; — 2°.
avec ce cadaftre, on auroit aprécié le capital
de toutes les charges ci-deffus, en remontant

leurs produits, fur un capital au 5 pour 100; —
en conféquence, tel particulier qui jouiffoit de
mille liv. de revenus en cenfes, péages, lots,
& ventes, &c. l'état lui auroient bonifié 20,000.
de capital en billets du fyftème, qui, placés au
5 pour 100 lui auroient procuré le même revenu, ou la même rente que ci-devant, & les
particuliers foumis à la fervitude defdits 1000
liv., en auroient été affranchis pour toujours,
fans aucun débours; — ce qui auroit verfé
des encouragemens immenfes dans l'agriculture.

MILORD SPITEAL.

Le projet étoit beau, & bien vu, dans l'é-
conomie politique; — mais comment trouver
le moyen de pouvoir fournir à un fi furieux
capital, & quel laps de temps ne demandoit
point une auffi vafte opération!

LE COSMOPOLITE.

Très-peu, en dix ou quinze ans de temps
au plus, l'opération étoit confommée.

ST. ALBIN.

Comment cela, s'il vous plaît? ... car ceci
m'intéreffe, ayant beaucoup de biens fonds écrafés de fervitude.

LE COSMOPOLITE.

Par la continuation du fyftème des billets; —
avec 2,300,000,000. en billets créés en dix
ans de temps; l'état rachetoit la moitié des fervitudes fur toutes les terres & maifons de la
métropole; & par le produit des excomptes fucceffifs on auroit racheté l'autre moitié.

VAN MAGDEBOURG.

Le projet étoit grand, & noble, ... bien
conçu, bien imaginé; — il fait honneur au
zèle patriotique de Mr. de Pelliffery.

LE COSMOPOLITE.

De tous les miniftres de la France qui en ont
eu connoiffance, aucuns n'en ont fi bien faifi
tout le mérite, comme Mrs. les Ducs de Choifeuil, & de Praflin; ils ont fait tout au monde pour l'accréditer; .... mais leur zèle pour
l'état, comme celui du Sgr. évêque d'Orléans,
ont échoué contre les écueils d'une cabale mal
intentionnée pour la nation.

MILORD SPITEAL.

Vous me remettez actuellement, qu'après la
difgrace de Mr. le Duc de Choifeuil, il fut
agité dans le miniftère de la Grande-Bretagne,
fi l'on mettroit en pratique, un fyftème en
billet, propofé dans une cour étrangère.

LE COSMOPOLITE.

Ce ne peut être que celui de Mr. de Pelliffery; — je me fonde (en difant cela), fur ce
qu'il me dit un jour, qu'une perfonne de votre
nation, (quil croyoit Irlandois, parce qu'il
parloit l'Efpagnol), s'étoit portée chez lui par
deux fois, pour lui offrir 12,000. liv. pour fon
voyage, s'il vouloit fe rendre à Londres, où
le gouvernement Anglois, lui feroit un fort
avantageux, & dans une troifième entrevue
fur la terraffe des Thuilleries, ce même homme
lui dit en bon Efpagnol, que le miniftère Anglois s'étoit procuré fon fyftème terrier, &
s'il vouloit paffer en Angleterre pour y donner
fon projet en entier, il y feroit très-bien ré-
compenfé; — fur cette particularité, Mr. de
Pelliffery en fidèle fujet, qui ne veut, ni fe par-
ticularifer, ni fe faire valoir, écrivit de fa propre main au Sr. de Sartine, alors lieutenant-
général de police, la lettre que voici, fans la
figner, afin que ce miniftre fît obferver le

perfonnage qui avoit voulu le débaucher.

Paris le 7 Décembre 1771.

„ Monfieur, une perfonne de cinq pieds &
„ quelques pouces, épaules quarrées, fans être
„ gros, ni gras, bien facé, portant cheveux,
„ vifage long, quarré par le bas, les yeux très-
„ fendus & peu ouverts; la tète en avant &
„ un peu vouté, eft venu, il y a 10 à 12
„ jours, avec un frac à l'angloife caffé, me faire
„ une offre pécuniaire, pour m'expatrier en An-
„ gleterre, où je devois favoir pourquoi; —
„ le peu de fatisfaction qu'il reçut de ma part,
„ (l'ayant pris pour un croc) abrégerent fa féan-
„ ce; — le cinqme. courant il eft revenu chez moi,
„ entre 11 heures & midi, avec une bourfe en
„ or contenant, m'a-t-il dit, la fomme qu'il
„ m'avoit propofé la première fois, fon peu de
„ fuccès le firent retirer affez promptement; —
„ enfin le lendemain l'ayant rencontré aux Thuil-
„ leries à une heure après midi fur la terraffe
„ de la rivière, il me dit dans une langue
„ étrangère, (que j'entends quelque peu),
„ que les hommes étoient tous fréres, & qu'un
„ homme d'efprit acceptoit ce que la fortune
„ lui offroit. — Comme je ne defire rien de
„ ce perfonnage, ni de la nation Angloife, je
„ le dépeins à votre vigilance, cet homme m'é-
„ tant fufpect. — Vous priant d'approuver, que
„ je joue l'anonime, connoiffant que bien d'hon-
„ nètes gens ont été en compromis pour des
„ pareilles dénonciations. „

J'ai l'honneur d'être &c.

MILORD SPITEAL.

Mr. de Pelliffery, fit très-mal; .... il pouvoit compromettre ce particulier, & lui attirer

de très-fâcheufes affaires pour une chofe très-
innocente.

Van Magdebourg.

Point du tout, il fit très-bien; — un vrai
citoyen ne doit jamais propofer des moyens
qui puiffent favorifer une nation rivale, & les
tourner au défavantage de fa patrie; — le fyftème des billets infructueux pour la France,
devoit l'être pour toutes les nations, dès que
c'étoit un François qui l'avoit imaginé.

Le Cosmopolite.

Sans la fermeté de Mr. de Pelliffery; fon
fyftème l'auroit été également; — ce dit Sr.
ayant toujours réglé fes combinaifons, de façon
qu'elles ne pouvoient jamais être utilifées par
les nations rivales de la France.

Van Magdebourg.

Il me paroît un peu impoffible, de pouvoir
empêcher une nation de copier, ce qu'une
autre nation aura fait; par tout ce ne font que
des hommes, & ce qu'un homme a fait, un
autre homme peut le faire auffi.

Le Cosmopolite.

Il eft des inconvéniens locaux, & ce font
ces inconvéniens qu'un habile calculateur met
à profit; — jamais l'Angleterre, ni la Hollande, ne pourront faire ufage du fyftème dont
nous parlons, fon auteur l'ayant calqué, fur
les avantages de la France, & fur les impuif-
fances de fes rivaux.

Van Magdebourg.

Faites-nous un peu l'amitié de nous dire quels
font les grands avantages de la France, (en
fait de commerce), fur l'Angleterre & la Hollande, & pourquoi ces deux nations ne pour-

roient point mettre en exécution le même fyſ.
tème des billets.

LE COSMOPOLITE.

Les avantages de la France, ſur l'Angleter.
re, & la Hollande pour le fyſtème dont nous
parlons, ſont; .... que pour mettre en exer.
cice ce fyſtème, il faut une grande circula.
tion intérieure; & point d'établiſſement créa.
teur d'effet public; — La France, jouit de
ces deux avantages; ſa grande population lui
aſſure ſa circulation intérieure, ſon commerce
politique les extérieures; privée de toute eſpè.
ce d'établiſſement créateur, d'effet public, elle
n'en craint point la concurrence; tandis que
le contraire exiſte en Angleterre, & en Hollande; — les banques de Londres, & d'Amſterdam inondent le commerce d'effets publics; &
leur circulation intérieure étant des plus bor-
née, (en comparaiſon de celle de la France),
rend impraticable pour elles, l'exercice. du
fyſtème de Mr. de Pelliſſery.

VAN MAGDEBOURG.

Je commencerois preſque de croire, qu'il a
quelque raiſon.

LE COSMOPOLITE.

Cette conſidération doit être une des grandes prévoyances de tous les calculateurs politiques, & la grande ſcience de tout ce qui eſt
combinaiſons économiques, eſt de ne rien innover, de ne rien imaginer qui puiſſe être imité par
les riveaux d'une nation; — Mr. de Pelliſſery
dans tous ſes projets a eu cette attention.

ST. ALBIN.

Il me ſemble qu'actuellement que nous n'a-
vons plus notre Catilina François, que Mr.
Turgot devroit ſe faire repréſenter ce fyſtème.

LE

LE COSMOPOLITE.

Mr. de Pelliſſery, n'eſt plus de ce ſentiment, parce qu'il faudroit refondre tout ce que votre Catilina François a fait, & tous ces boulever-ſemens conſécutifs, ne font jamais honneur à un miniſtère; — il eſt des maux qui une fois arrivés, il faut les laiſſer ſe conſommer d'eux-mèmes; — ceux de l'Abbé Terray, ſont de cette nature, pour mettre aujourd'hui en exer-cice le ſyſtème des billets : il faudroit remonter la partie des finances dans la ſituation où les avoit laiſſées Mr. de Laverdy; annuller le bail des fermes générales, l'édit des réductions des intérèts : celui des retenues des dixièmes & qua-torzièmes ſur les rentes, gages & penſions :... ſupprimer les ſols pour liv. : les augmentations ſur la gabelle, ſur la taille, toutes les impoſi-tions nouvelles ſur le papier, l'amidon, les eaux-de-vies, les octrois, &c.... de forte que cela feroit un remue-ménage des plus convulſif, qui ne feroit aucun honneur à la mémoire du feu Roi; — pour écarter cet acte de légèreté dans votre hiſtoire; (à St. Albin) il faut que votre miniſtère ſe remédie par d'autres moyens, d'au-tres opérations, ſur un tout autre ſyſtème;... laiſſer dormir celui des billets, qui aura ſon exécution dans un temps plus opportun; — aujourd'hui ce ſont des reſſources de tout autre eſpèce qu'il faut à la France; la nature de ſes maux ne demandant plus des adouciſſans de paſ-ſage, ce ſont des ſecours phyſiques qui lui ſont néceſſaires, afin que les mauvaiſes opérations du temps paſſé n'obérent plus les richeſſes du temps préſent (& que les richeſſes du temps préſent, aſſurent celles des temps futurs; —

Confidé-ration de-puis 1763, qui n'eſt entrée dans la tê-te d'aucun adminiſ-trateur.

pour cela ; il faut à la France un tout autre
fyftème que celui des billets.

ST. ALBIN.

Hé où le prendre ! la France étant plus écra-
fée aujourd'hui d'impofitions & de dettes que
dans la malheureufe guerre de 1756.

LE COSMOPOLITE.

Dans la propre caufe de vos malheurs ;...
connoître que c'eft par le défaut des vrais principes économiques, que la France s'eft arriérée,
Conféqu- & faire fervir les êtres malheureux de votre def-
ence fans truction & de votre épuifement, à la création
réplique. de votre nouveau fyftème ; lifez l'éloge de Colbert de Mr. de Pelliffery.

ST. ALBIN.

Eft-ce qu'il a donné un éloge de ce miniftre ?

LE COSMOPOLITE.

Oui vraiment, & elle eft très-intéreffante pour
des adminiftrateurs.

ST. ALBIN.

L'auriez-vous par hafard ?

LE COSMOPOLITE.

Oui je l'ai ici.

ST. ALBIN.

Faites-moi le plaifir de me la prêter ?

LE COSMOPOLITE.

Très-volontiers :... la voilà ;... vous verrez
dans cet éloge, que Mr. de Pelliffery y traite
de toutes les richeffes productives, & qu'il les
fuit pas à pas, par la marche de toutes les opérations de Colbert, par celles de fes fpéculations
politiques, fans y oublier aucune des caufes qui
y ont donné lieu, aucune de celles qui les ont
affurées ; — il y détaille tous les avantages de la
France, pour le commerce utile des fujets,
& pour le commerce politique de l'Etat.... Les

progrès que firent l'un & l'autre fous fon adminiftration, la décadence, où ils tomberent après
fa mort, après la guerre de la fucceffion, jufqu'en 1730; — le luftre qu'ils reprirent fous Mr.
de Fleury jufqu'en 1755; — enfin les erreurs,
les préjudices & les pertes que la nation y a
éprouvée depuis 1763 : — le tout commenté par
des notes très-inftructives pour votre miniftère. (*à St. Albin*)

St. Albin.

Quelqu'intéreffante que puiffe être cette éloge,
elle ne remédiera pas aux malheurs de la
France.

Le Cosmopolite.

Pardonnez-moi, en ce qu'elle en explique
très-conféquemment tous les intérèts préfens &
avenir :... qu'elle démontre que la France ne
s'eft arriérée, que par fes négligences & par fes
fautes ; c'eft d'après ces principes qu'il faut partir ; — principes avoués par les propres omiff-
fions de Colbert, (*à St. Albin*) citées dans l'é-
loge de Colbert, que vous tenez en main, *page*
138, & par les engorgemens affreux, où font
tombés tous les canaux productifs de l'adminiftration de vos finances.

St. Albin.

Si Mr. de Pelliffery, trouve des omiffions
dans l'adminiftration de Colbert, après tout,
ce qu'il a fait de grand ;... que doit-il dire de
tout ceux qui lui ont fuccédé ?

Le Cosmopolite.

Que tous, exceptés Mr. de Fleury, ou de
Mr. Horry, ont été des ignorans, des infenfés,
des vifionnaires, qui ont cru poffeder la pierre
philofophale dans le meme moment qu'ils ruinoient toutes vos affaires ; témoin votre Abbé

Terray, qui voyoit toujour le clocher de la défirade, quand vos pauvres citoyens ne voyoient jamais, que celui de l'indigence & de la mifère.

ST. ALBIN.

Ne me parlez plus de ce vilain homme, il me fait horreur.

LE COSMOPOLITE.

Il doit la faire à tout bon citoyen ; cet homme n'ayant jamais fait cas dans fon adminiftration, que des gens perdus, de débauche & de crimes : livrés à toute forte d'ambition, d'iniquités, fans attachement, fans zèle pour le bien public : — n'ayant jamais envifagé dans toutes fes opérations, que les aifances domeftiques des gens riches, fans approfondir, un feul inftant, celles des pauvres, des chef de famille, des gens utiles, qui font ceux des citoyens, fur qui fe repétent toutes les charges publiques, toutes les impofitions, comme le dit très-bien, Mr. de Vauban, dans fon traité de la dîme royale, *page* 4. " par toutes les recherches que j'ai pu faire
„ depuis plufieurs années que je m'y applique,
„ j'ai fort bien remarqué dans ces derniers
„ temps (a) près de la *DIXIEME* partie du peuple
„ eft réduite à la mendicité, & mendie effective-
„ ment, . . . que des neuf autres parties il y en
„ a *CINQ*, qui ne font pas en état de faire l'au-
„ mône à celle-là, parce qu'eux-mêmes font ré-
„ duits à très-peu de chofe près à cette malheu-
„ reufe condition ; que des *QUATRES autres par-
„ ties* qui reftent, les *TROIS*, font fort mal-aifées
„ & embarraffées des dettes & des procès, &
„ que dans la *DIXIEME*, où je mets tous les

***

(a) 1699.

„ gens d'épée, de robe, eccléfiaftiques & laï-
„ ques, toute la nobleffe haute, la nobleffe dif-
„ tinguée, & les gens en charge, militaire &
„ civile, les bons marchands, les bourgeois
„ rentés & les plus accommodés ; on ne peut
„ pas compter fur 100 mille familles, & je ne
„ crois pas mentir, quand je dirois qu'il n'y
„ en a pas dix mille, petites ou grandes, qu'on
„ puiffe être fort à leur aife ; & qui en ôte-
„ roit les gens d'affaires, leurs alliés & adhé-
„ rens couverts & découverts, & ceux que le
„ roi foutient par fes bienfaits, quelques mar-
„ chands, &c. „ Je m'affure que le refte feroit en
petit nombre, — fi du temps de Mr. de
Vauban les peuples étoient fi malheureux
en France, en ne contribuant aux taxes de
l'Etat, que pour 200 millions : que doivent-
ils être aujourd'hui depuis 1763, où les taxes
publiques ont été fucceffivement portées jufqu'à 450 millions, avec une dette affreufe fur
le corps, & une décadence générale dans toutes
les propriétés du commerce & de l'induftric. —
L'artifan, le journalier & l'agricole doivent-être
très-malheureux aujourd'hui en France ; l'augmentation des impofitions eft la ruine des peuples ; elle épaule les riches, en écrafant l'exiftence des citoyens, les plus utiles.

St. Albin.

Mr. de Vauban me paroît un peu outré dans
ce paffage, & je crois que vous & lui, aurez
beaucoup de la peine de pouvoir me prouver
que je paye moins au fifc royal avec 40,000 liv.
de revenus, que le pauvre artifan, qui ne vit
qu'avec fa journée.

Le Cosmopolite.

Non certainement, nous n'aurons pas beau-

coup de la peine ;... avez-vous befoin de 40,
000 liv. de revenus pour vivre ?

S T.　A L B I N.

Non certainement ;... mais j'ai un état à foutenir que ce journalier n'a pas.

L E　C O S M O P O L I T E.

Qu'importe votre état à la fociété ;... fait-
il la richeffe d'un corps politique ? que feriez-
vous dans ce ton d'oifiveté & d'oppulence, fi
vous n'aviez pas des journaliers pour faire valoir
vos fermes, vos propriétés, vos récoltes ? ——
qui eft-ce qui confommeroit vos denrées, celles
de tout le royaume, s'il n'y avoit pas cette
grande abondance d'artifans, de journaliers, de
citoyens, occupés aux arts utiles.... Voyez ce
que dit encore de ces gens-là, ce même Mr.
de Vauban, *page* 21 de fa préface. " C'eft
„ encore la partie baffe du peuple, qui par fon
„ travail & fon commerce, & parce qu'elle paye
„ au roi, l'enrichit, & tout fon royaume ; ——
„ c'eft elle qui fournit tout les foldats & mate-
„ lots de fes armées, de terre & de mer, &
„ grand nombre d'officiers, tous les petits mar-
„ chands & les petits officiers de judicature. ——
„ C'eft elle qui exerce & qui remplit tous les arts
„ & métiers ; c'eft elle qui fait tout le commerce
„ & les manufactures de ce royaume, —— qui
„ fournit tout les laboureurs, vignerons & ma-
„ noüvriers de la campagne, qui garde &
„ nourrit les beftiaux, qui feme les bleds & les
„ recueille, qui façonne les vignes & fait le vin,
„ & pour achever de le dire en peu de mots,
„ c'eft elle qui fait tout les gros & menus ou-
„ vrages de la campagne & des villes. „

S T.　A L B I N.

Je conviens que je ferois fort à plaindre, &

fort embarraffé , fi pour foutenir mon état , le ton d'aifance dont je jouis , j'étois obligé de faire valoir moi-même , mes fermes , mes ré-coltes , enfemencer mes terres , &c. — mais cela ne dénature pas que les citoyens les plus riches , ne foient toujours les plus fort contri-buables dans les taxes publiques.

LE COSMOPOLITE.

La preuve du contraire , c'eft que vous avez des fuperflus , & que le journalier , mal nourri , mal logé , mal vêtu , ne buvant que de l'eau les trois quarts de l'année , a toutes les peines du monde de lier les deux bouts de chaque faifon ;... tandis que vous , bien nourri , bien logé , bien vêtu , couché dans l'aigleton & fur de la plume , buvez le meilleur vin du monde , & faites encore des économies.

ST. ALBIN.

Mes économies & ma confommation font le bien de la fociété , c'eft ce qui fait la richeffe du pauvre :... ce font elles qui lui fournifient du travail ;... ce font elles qui font aller le commerce.

LE COSMOPOLITE.

Mais fi ce font elles qui font aller le com-merce , pourquoi votre miniftère s'eft-il écarté de ces principes économiques de Colbert & du Card. de Fleury , & pourquoi ne fe met-il point en devoir d'arrêter la décadence de tous vos commerces : fi bien déduite dans cette note , *page* 172 , de l'éloge de Colbert. " Par les caufes ,, on peut expliquer les effets ; c'eft-à-dire , que ,, par la connoiffance de la fource des richeffes , ,, on fe met au fait de celles du travail , & l'on ,, parvient à en apprécier par fol & denier , les ,, avantantages & les défavantages.

„ Avant la guerre de 1744, la nation jouiſ-
„ ſoit d'un commerce politique des plus étendus
„ avec l'Europe, l'Aſie, l'Afrique & l'Améri-
„ que ; — notre commerce utile étoit des plus
„ floriſſant : les nations conſommatrices de nos
„ ſuperflus, n'ayant jamais pu égaler, dans
„ leurs imitations, le bon marché de nos di-
„ vers articles d'induſtrie.

„ A la paix de 1748, notre commerce utile
„ avoit reſſenti quelques déſavantages ;... 500
„ à 600 vaiſſeaux marchands, & 6 à 700 mil-
„ lions enlevés par les Anglois, à notre com-
„ merce politique, firent un vuide dans la cir-
„ culation générale, qui ſe trouva aggravé par
„ l'exiſtence continuelle des impoſitions extra-
„ ordinaires, miſes dans le cours de cette
„ guerre ; — toute fois ces déſavantages ne fu-
„ rent pas d'un grand préjudice pour la nation ;
„ le commerce politique ayant conſervé tous les
„ lieux de ſa fréquentation, les ayant même
„ multipliés en Afrique & en Amérique, &
„ s'en étant ouvert de nouvelles, dans la Bal-
„ tique, la mer noire & la Pologne ;... de
„ ſorte que la décadence qu'éprouva notre induſ-
„ trie, dans la débite de nos ſuperflus, en Italie,
„ en Eſpagne & en Portugal, ſe trouva réparée
„ avec uſure, par l'augmentation de notre navi-
„ gation & de nos commerces avec l'Afrique,
„ l'Amérique, la baltique, &c. juſqu'en 1756.

„ La guerre de 1756, des plus malheureuſes
„ & des plus ruineuſes pour la France, arrêta
„ ſec, la majeure partie de nos fréquentations
„ avec l'Europe, l'Aſie, l'Afrique & l'Améri-
„ que. — Les Anglois maîtres de la mer, inter-
„ ceptèrent par tout, toutes les opérations de
„ nos commerces politiques, nous ayant enle-

,, vé 7 à 800 vaiſſeaux marchands, riches à plus
,, de 8 à 900 millions, la majeure partie de nos
,, colonies en Amérique occidentale & ſepten-
,, trionale, tous nos comptoirs des Indes &
,, de l'Afrique. --- Le gouvernement qui avoit
,, commencé cette guerre avec des finances
,, épuiſées, fut bientôt aux expédiens pour ſes
,, dépenſes extraordinaires: --- ces expédiens fu-
,, rent ſi mal réfléchis par nos adminiſtrateurs
,, qu'ils achevèrent d'écraſer la nation: les im-
,, poſitions extraordinaires des deux nouvaux
,, vingtièmes, du dixième ſur le premier ving-
,, tième, de la ſuſpenſion des effets du Canada,
,, des colonies, des reſcriptions, &c. ayant
,, toutes portés ſur le commerce utile des ſu-
,, jets. --- De ſorte qu'à la paix de 1763, le
,, commerce politique de la France s'eſt trouvé
,, ruiné par les ennemis de l'Etat, & le com-
,, merce utile des ſujets abimé par les opérations
,, en finances du miniſtère.

,, Si le commerce eſt la ſource des richeſſes;
,, il eſt prouvé auſſi que les richeſſes ne ſont
,, produites que par le travail; par conſéquent
,, en ruinant les ſources du travail, on perd
,, celles des richeſſes. --- Nos opérations des
,, finances dans la guerre de 1756, & le traité
,, de paix de 1763, nous entraînent dans cette
,, vérité. ,,

,, Par le traité de paix de 1763, la France
,, a été forcée de céder à l'Angleterre, toutes
,, ſes colonies du Canada, du Miſſiſipi, les
,, iſles de Grenade & Grenadilles, ſes comptoirs
,, du Senegal, & le commerce des iſles neutres
,, des Antilles; --- du depuis nous avons perdu
,, la majeure partie de notre navigation aux
,, Indes orientales, & ſouffert une réduction

,, aſſez ſenſible dans celle de nos colonies aux
,, Antilles , dans celle de nos capotages en car-
,, ravane dans la Turquie , régence d'Afrique ,
,, & dans celle de nos côte-à-côte, avec l'Italie,
,, l'Eſpagne , le Portugal & le golfe Adria-
,, tique ;... de ſorte qu'il eſt connu aujour-
,, d'hui , que notre commerce politique a perdu
,, depuis 1756 l'occupation de plus de 2000
,, vaiſſeaux en long cours, & celle de 1000 bati-
,, mens au moins, rats de côte, ou capoteurs
,, dans la Méditerranée.

,, Le commerce utile des ſujets, n'eſt pas
,, moins malheureux que le politique de l'Etat ;
,, les impoſitions extraordinaires de la guerre de
,, 1756, ayant continué après la paix de 1763 ,
,, & le gouvernement n'ayant donné aucune
,, diſpoſition favorable à la liquidation des effets
,, ſuſpendus , & à l'énorme dette de l'Etat...,.
,, Les conſtitutions de cette dite dette ont conſ-
,, tamment renchéri la main-d'œuvre du com-
,, merce utile des ſujets, & loin de voir finir
,, la néceſſité des impoſitions extraordinaires ,
,, nous en voyons tous les jours établir des
,, nouvelles ;... de ſorte que la dette de l'Etat,
,, loin d'avoir pu entrer en liquidation , (com-
,, me celle de l'Angleterre,) depuis la paix de
,, 1763 , s'eſt accrue par nos arrérages & par
,, toutes nos opérations , depuis 1770 , de plus
,, de 600 millions ; — en conſéquence les conſ-
,, titutions ſur nos finances, loin d'avoir dimi-
,, nué depuis ladite paix , elles ont renchéri
,, nos impoſitions de plus de 40 millions,...
,, ce qui eſt cauſe que la nation après dix ans
,, de paix , ſe trouve plus écraſée de conſtitu-
,, tions & de dettes, que dans la malheureuſe
,, guerre de 1756.

„ Tous ces défavantages n'affiégeant que les
„ mécaniques du commerce utile des fujets , &
„ le commerce étant la fource phyfique des
„ richeffes ;... il n'eft pas furprenant que notre
„ fituation devienne tous les jours plus malheu-
„ reufe , les opérations de nos adminiftrateurs
„ depuis 1763 , ayant fans ceffe opprimé les
„ fources du travail.

P R E U V E.

„ Le commerce politique de l'Etat , dans la
„ non-valeur de l'occupation de fes 2000 vaif-
„ feaux en long cours , à 50,000 liv. feulement
„ d'exportation , [les uns dans les autres] des
„ articles de nos fabriques , ont laiffé en non-
„ valeur pour 100 millions de liv. de nos effets
„ d'induftrie. „

„ Le travail de ces 100 millions de liv. pour
„ les fujets , eft reconnu produire , tout com-
„ penfé , 75 pour 100 de bénéfice , en feule
„ main-d'œuvre ; — de forte que 100 millions
„ de vuide dans notre commerce politique , ont
„ privé le commerce utile de la nation depuis
„ 1763 du bénéfice de . . . . . l. 75,000,000.

„ Ce préjudice pour le royaume
„ ne fe borne point à cette feule
„ perte ; — celle de la non-va-
„ leur d'occupation de nos 2000
„ vaiffeaux en long cours , étant
„ encore plus confidérable , pri-
„ vant nos ports de mer d'une
„ circulation immenfe , dans la
„ conftruction carenne , arme-
„ ment & défarmement defd. vaif-
„ feaux :.... falaires & nourri-
„ ture de leurs équipages , béné-

l. 75,000,000.

„ fices de fret & de cargaifon,
„ avitaillement, & tranfport des
„ matières premières, pour nos
„ corderies, forges, fabriques
„ de toiles à voiles, &c.

P R E U V E.

„ Les 2000 vaiffeaux en long
„ cours, du port, les uns dans
„ dans les autres de 250 ton-
„ neaux, devoient falarier au
„ moins, 16 matelots & mouffes,
„ un capitaine, un fecond capi-
„ taine, un écrivain & un no-
„ cher ; ce qui donne par vaif-
„ feau 20 perfonnes, officiers
„ ou matelots, & fur les 2000
„ vaiffeaux, 40,000 hommes. —
„ que les uns comportant les
„ autres, ces 40,000 officiers
„ ou matelots ne fuffent falariés
„ par le commerce politique de
„ l'Etat, que de 25 l. par mois,...
„ nous aurons une dépenfe, en
„ réalifation, chaque année de .

. . . . l. 12,000,000.

„ Nourriture de
„ ces 40,000, &c.
„ à raifon de trois
„ rations par jour,
„ & la ration à 7
„ f. — 21 f. par tê-
„ te, 42,000 par
„ jour, & l'an-
„ née . . . . . .   15,372,000.

l. 75,000,000.

„ La dépenfe de
„ carenne , d'avi-
„ taillement & fa-
„ laire de l'arme-
„ ment des vaif-
„ feaux, font fu-
„ putées fe mon-
„ ter de 36 à 40 l.
„ par tonneau ; —
„ pour ne point
„ faire de calcul
„ empoulé, nous
„ ne la pafferons
„ que pour 30 l.
„ par tonneau , ce
„ qui nous donne-
„ ra 2,500 l. par
„ vaiffeau, & pour
„ les 2000 : . . .   15,000,000.

„ Le défarme-
„ ment de ces
„ 2000 vaiffeaux,
„ à 6 l. par ton-
„ neau . . . . . .   3,000,000.

„ Bénéfice libre
„ du frêt à 100 f.
„ feulement par
„ quintal , pour
„ toute l'année ,
„ fur 250 ton-
„ neaux   5000
„ quint. de port,
„ & par vaiffeau
„ 25,000l. & pour
„ les 2000 . . .   50,000,000.

l. 75,000,000.

„ Bénéfice fur
„ les 50,000 liv.
„ de cargaifon de
„ nos articles d'in-
„ duftrie à 20 p.
„ 100 feulement
„ net, fur 100
„ millions (*a*). . .   20,000,000.

„ Bénéfice fur
„ les retours def-
„ dits 100 mill.
„ & de leurs 20
„ p. 100 de bé-
„ néfice, à 10 p.
„ 100 . . . .   12,000,000.

Pour la marine
en long cours. . . l. 117,372,000.

(*a*) Ces bénéfices feroient trop forts fi le commerce de
la Compagnie des Indes ne faifoit point caufe commune
avec celui de l'Etat.

l.117,372,000. l. 75,000,000.

„ La perte du
„ travail de nos
„ mil. rats de côtes
„ & capoteurs, eft
„ eftimée de 3 à
„ 400 l. par mois
„ & par bâtiment,
„ pour faire un
„ culcul sûr, nous
„ ne l'évaluerons
„ qu'à 200 liv. —
„ ce qui nous don-
„ nera libres de
„ dépenfes 2,400   130,972,000.
„ l. par bâtiment
„ toutes les années
„ & pour les 1000.   2,400,000.
„ Carennes, ar-
„ memiens & dé-
„ farmemens à 24
„ l. par tonneau
„ & les uns dans
„ les autres de 50
„ tonneaux, en
„ tout 50,000 ton-
„ neaux, ... 50,
„ 000 louis, &
„ pour les 1000. .   1,200,000.

Enfemble perte. . . . . 1.205,972,000.

„ De forte que
„ depuis la paix
„ de 1763, le tra-
„ vail & les béné-
„ fices du com-

,, merce politique
,, de l'Etat, font
,, diminués an-
,, nuellement de
,, ceux que nous
,, y faifions avant
,, la guerre de
,, 1756, de. . . L.130,972,000.⎤
　,, Et ceux du　　　　　　　　　⎬ 205,972,000.
,, commerce utile　　　　　　　　 ⎥
,, des fujets de . . 75,000,000. ⎦

　　,, Les loix économiques de nos confomma-
,, teurs, & les progrès de leur induftrie de-
,, puis 1755, ayant reftreint de plus d'un
,, tiers, tous nos commerces politiques avec
,, l'Italie, l'Efpagne, le Portugal, & l'Améri-
,, que, l'Allemagne, la Pologne & tout le
,, Nord ;... les 205,972,000 ci-devant, fe mon-
,, tent dans ce moment à plus de 300 millions
,, de déficit.

　　,, Ces 300 millions enlevés dans la circula-
,, tion générale de l'Etat par la non-valeur
,, des dépenfes particulières des citoyens qui
,, en étoient falariés, double le déficit de celle
,, de la circulation politique : — tout étant lié
,, chez les fujets, ce que Pierre ne dépenfe
,, plus en faveur de Jean, ... Jean ne peut
,, plus le dépenfer en faveur de Jaque : ....
,, de-là . la perte du travail, de-là, la caufe de la
,, diminution des rentes majeures de nos fi-
,, nances.

　　,, Cette non-valeur & ces défavantages,
,, comparés avec l'état rigoureux de nos im-
,, pofitions préfentes, expliquent légiflative-
　　　　　　　　　　　　　　　　　　　 ,, ment,

,, ment, les caufes qui ont enfanté notre prof-
,, périté fous Mr. de Fleury, & dévoilant cel-
,, les qui minent notre décadence depuis la
,, paix de 1763 : --- tout y traçant à l'autori-
,, té que la France avec 12 à 1500 millions
,, perdus de fonds actifs dans fon induftrie :
,, un tiers moins de commerce utile & politi-
,, que qu'en 1744, fupporte dans ce moment
,, 50 pour 100 d'impofitions qu'à cette dite
,, époque.

PREUVE.

,, A l'ouverture de la guerre de 1744, la
,, France n'avoit de revenus fixes que 290
,, millions : .... en 1773 elle a eu au delà
,, de 420 millions : par conféquent elle a
,, augmenté fes revenus en 30 ans, de 130
,, millions ; --- 130 millions vis-à-vis de 290
,, vous donnent 45 pour 100 d'augmenta-
,, tion : à quoi joignant la régie, & la comp-
,, tabilité de nombre de nouvelles impofi-
,, tions, on trouvera les 50 pour 100 que
,, je mets en avant.

,, Par mon état général des depenfes pu-
,, bliques note *page* 49, il eft démontré que
,, la France n'a de revenus fonciels que 1,
,, 936,000,000 liv., & qu'il lui faut de dé-
,, penfes générales 4,425,650,000 liv. : par
,, conféquent qu'elle doit faire produire au
,, commerce utile & politique de fes fujets,
,, 2,489,650,000 liv. de bénéfice, pour rem-
,, plir le déficit de fes rentes foncières.

,, Si pour remplir ce déficit, la France a
,, eu befoin des encouragemens conftans, in-
,, novés par Mrs. de Colbert & de Fleury,
,, de la propriété fertile de toutes fes colo-
,, nies cédées à l'Angleterre par le traité de

„ 1763 :.... de l'étendue de nos fréquenta-
„ tions en 1744 & 1756, avec l'Europe, l'A-
„ fie, l'Afrique & l'Amérique, comment eſt-
„ il poſſible qu'elle puiſſe les réaliſer aujour-
„ d'hui, avec la chûte & la réduction de tous
„ nos commerces. — Egalement, comment eſt-
„ il poſſible, après cet état phyſique de notre
„ décadence, que la nation puiſſe ſupporter
„ aujourd'hui 50 pour 100 de plus d'impoſi-
„ tions qu'en 1744 ?

„ C'eſt du ſein de cet aveuglement que
„ ſe perpétuent les cauſes qui nous arrierent
„ journellement ; — prédiſant avec douleur à
„ la légiſlation, que ſi l'autorité ne change
„ promptement l'exercice de ſes ſyſtèmes des
„ finances, je ne donne pas dix ans à la
„ France, pour être plongée dans une anar-
„ chie plus malheureuſe & plus deſtructive ,
„ que celle qui a dévoré l'Eſpagne, ſous les
„ derniers régnes de la maiſon d'Autriche : —
„ anarchie plus mortelle pour la monarchie
„ françoiſe, qu'elle ne peut l'avoir été à l'Eſ-
„ pagne; la France n'ayant pas par devers el-
„ le la fertilité locale de celle-ci ; la proprié-
„ té & l'abondance des matières premières ,
„ qui font les alimens du travail , du com-
„ merce & de l'induſtrie. "

. Avant de porter aucune opinion ſur l'examen de cette note, achevez de vous mettre
au fait des déſavantages de votre adminiſtration, par la lecture des fautes de Colbert , ſi
bien déduites dans ce même éloge, *page* 138 :
& ſi généralement perpétuées par ſes ſuccef-
feurs juſqu'au temps préſent; Mr. de Pelliſſery dit : — „ il ſeroit téméraire de dire que
„ Colbert ait toujours bien vu , & que ſon

,, adminiſtration ne ſe reſſente point de quel-
,, que mal-adreſſe , & même de quelque faute
,, grave en matière d'Etat; — mais quel eſt
,, l'adminiſtrateur à qui ces choſes n'arrivent
,, point ? & quel eſt celui qui dans l'immen-
,, ſité des détails où eſt entré Colbert, avec
,, l'affreux déſordre qui régnoit dans les finan-
,, ces de l'Etat, qui n'auroit pas laiſſé des
,, parties en ſouffrance : — il ſeroit à ſouhai-
,, ter pour le bonheur de la nation, que tous
,, les ſucceſſeurs de notre miniſtre euſſent con-
,, tinuellement fait le même bien , & le même
,, mal ! le déſordre ne ſeroit pas ſi grand au-
,, jourd'hui, & notre ruine ſi publique. — Ce
,, que l'on peut le plus reprocher à Colbert,
,, c'eſt de ne pas avoir aſſez favoriſé nos agri-
,, coles , & que ſes encouragemens dans le
,, travail des fabriques, ont fait tort à la po-
,, pulation de cette claſſe majeure de nos ci-
,, toyens : beaucoup de ſes élèves ayant quit-
,, té la charrue, pour prendre la navette, d'u-
,, ne vie plus douce & moins pénible que celle
,, du travail de la terre.

,, On peut dire encore qu'il n'a pas aſſez
,, connu toute l'étendue & tous les avantages
,, d'un crédit public : .... les croupiers de po-
,, litique que les gouvernemens aviſés doivent
,, y attacher, la raiſon d'état qui les exige ,
,, & l'intimité qu'ils ont avec les intérèts oc-
,, cultes de la légiſlation.

,, Egalement qu'il a été très-mal adroit dans
,, le choix de la ville maritime où devoient
,, ſe tenir les ancres du commerce de l'In-
,, de , &c.

,, Une des grandes fautes de notre miniſtre,
,, c'eſt de ne s'être pas oppoſé à la continua-

„ tion de la fameuse chartre de Cromwel &c.

„ On est en droit encore de blâmer notre
„ ministre de n'avoir pas contrarié la prospé-
„ rité de la banque de la Hollande, & d'a-
„ voir souffert paisiblement que cet établisse-
„ ment devint le caissier général de l'Europe,
„ & par les bénéfices journaliers de ses a-
„ gios, convertît en actif, le commerce passif
„ de la nation.

„ Egalement d'avoir constamment tenu en
„ France, les intérèts factices du commerce à
„ 5 & 6 pour 100, tandis qu'en Hollande,
„ & en Angleterre ils n'étoient qu'à 2 & de-
„ mi ou 3 pour 100 : — la bonne politique
„ prescrit de balancer en tout ses rivaux, &
„ de ne jamais faire leurs avantages par une
„ disproportion des rapports personnels ; —
„ C'est les favoriser que de leur laisser les usu-
„ fruits du commerce à 2 & 3 pour 100 meil-
„ leur marché que celui de nos opérations. —
„ Cette faute grossière de notre part, depuis
„ un siècle, a versé au maniement de ces
„ deux nations un gros tiers de nos commer-
„ ces politiques.

„ On peut lui savoir mauvais gré aussi d'a-
„ voir laissé subsister constamment dans le sys-
„ tème de nos finances, une inégalité, & une
„ monotonie dans les impositions majeures,
„ désavantageuse à l'Etat, & au bien géné-
„ ral de la société ; toutes les provinces de
„ la monarchie, n'y étant pas également trai-
„ tées.

„ Même reproche au sujet des aydes & ga-
„ belles dans les diverses provinces du roy-
„ aume ; étant absurde, que l'on gène dans
„ les unes le boire d'une partie de nos citoy-

„ens, & que l'on les force dans les autres,
„ de confommer plus que leurs befoins ne
„ peuvent l'exiger.

   „ Il auroit été de la gloire de Colbert,
„ d'entreprendre ces redreffemens ; — de fon-
„ dre les aydes dans les gabelles ; de
„ même que les impofitions de la taille &
„ de la capitation ; & en rendant la gabelle
„ générale dans tout le royaume, par fon é-
„ galité de prix, faire retrouver à nos finan-
„ ces dans cette feule impofition ; la fup-
„ preffion des trois autres ; — cette opéra-
„ tion quoique vafte & compliquée, n'eft du-
„ tout point difficile ; de même que celle qui
„ établiroit dans toute l'étendue du royaume,
„ l'exercice d'un feul code, d'une feule cou-
„ tume, d'un feul poids & d'une feule mefu-
„ re. — Ces fimplifications feroient très-favora-
„ bles à l'autorité, & feroient le bien-être de
„ tous les citoyens : étant prouvé que les di-
„ verfes coutumes du royaume, perpétuent
„ entr'elles ; des chocs continuels dans le ca-
„ binet de l'Etat, qui gènent fans ceffe les
„ difpofitions générales de la bonne légifla-
„ tion ; & que la multiplicité des impofitions,
„ par leurs régies & leurs dépenfes de comp-
„ tabilités, renchériffent de plus d'un tiers
„ , la taxe de chacune desdites impofitions.

   „ Il feroit à fouhaiter cependant, que les
„ fautes des fucceffeurs de Colbert, n'euffent
„ pas été de plus grave conféquence, que cel-
„ les de notre miniftre.... La France refpire-
„ roit encore dans le bien-être où il l'avoit
„ laiffée à fa mort, & auquel l'avoit remon-
„ tée Mr. de Fleury : mais depuis la mort de
„ ces miniftres, & fur-tout depuis la paix

G 3

102 FRANCE.

„ de 1748 , nous avons conſtamment creuſé
„ notre ruine, par nos mauvaiſes diſpoſitions :
„ & j'oſe craindre que nous ne reprendrons
„ jamais notre grandeur paſſée , ſi le miniſtè-
„ re n'arrête pas par quelque coup déciſif, la
„ décadence de nos intérêts politiques. L'hiſ-
„ toire de la guerre de 1756 , &c.

C'eſt avec la connoiſſance de toutes ces obſervations , que vous conviendrez avec Mr.
de Pelliſſery , que ſans renverſer l'ordre établi dans l'adminiſtration ,... ſans affoiblir les
revenus de l'Etat ,... ſans rendre pire le ſort
des citoyens , qu'il faut que le miniſtére ſe
détermine à des redreſſemens , à des innova-
tions dans cette partie , qui y rétabliſſent la
confiance , le crédit , la conſidération ; — plus
votre miniſtère tarde de s'exécuter (*à St. Albin*) plus il élargit ſon précipice.

ST. ALBIN.
Comment ! pouvoir s'exécuter ! qu'entendez-
vous par-là ?

LE COSMOPOLITE.
J'entends, prendre un parti ſage & ſtable pro-
portionné aux beſoins de l'Etat , & à ceux des
peuples : — j'entends , donner un ordre avantageux à la manutention des finances , en ſimplifier les régies par les économies des dépenſes , — déduire les impoſitions ſans affoiblir les
recettes , — donner une fin déciſive à l'énorme dette de l'Etat , — établir des croupiers au
commerce , à l'induſtrie ,.... ranger toutes les
conſtitutions arbitraires des ſujets , au denier
de celles de ſes rivaux :.... voilà ce que j'entends que doit faire la France.

ST. ALBIN.
Hé ! où eſt l'heureux mortel en état de fai-

re opérer d'auffi grands biens, un auffi grand
bonheur !

LE COSMOPOLITE.

Mr. Turgot, s'il veut fe dédier ;.... s'il
veut abandonner fes dictions, fes alentours,
les opinions économiques, qui ne font que des
raifonneurs, ou des raifonnemens outrés au
défavantage de fa partie. --- Il ne faut à la France qu'un honnète homme, un homme de bien,
qui foit affez dépourvu d'amour propre pour
écouter tout avec confiance ;. & qui ne rougiffe
point de faire exécuter les idées d'un autre....
La fcience infufe n'eft plus chez les hommes :... c'eft dans la communication des opinions, que les rois, que les miniftres, que
les citoyens doivent y chercher leur gloire,
leur devoir, leur félicité.

MILORD SPITEAL.

En fait d'adminiftration, il faut un homme
qui agiffe d'après lui-même comme Colbert ;
fans quoi, il eft fujet à fe laiffer égarer. ---
Confidérez l'immenfité de gens avides qui ont
à faire à un contrôleur-général des finances,
on ne l'aborde que pour lui demander :... que
de pièges, que de rufes, que de fauffetés ne
mettent-elles pas en pratique, pour arracher
de lui ce qu'elles en defirent ?

LE COSMOPOLITE.

L'homme fage ne s'égare jamais dans cette
partie s'il a toujours fous les yeux, le bien public, & s'il ne facrifie jamais l'intérêt général à l'intérêt particulier. --- Comment eft-il poffible qu'un Contrôleur-général des finances
puiffe tout voir, tout entendre, tout calculer ?
la chofe eft impoffible ; il eft forcé de s'en rapporter à l'opinion fubalterne :.... mais en s'y

G 4

rapportant, il ne doit jamais abandonner fon coup-d'œil :.... LE BIEN PUBLIC.

St. Albin.

D'accord, pour les exécutions, les rapports, les difpofitions particulières ; — mais tout ce qui eft plan, innovation, fyftème d'adminiftration, il faut qu'il l'enfante lui-même. (a)

Le Cosmopolite.

Comment un adminiftrateur auroit-il eu le temps de calculer le fyftème des billets de Mr. de Pelliffery:... fon fyftème terrier ?... celui de l'établiffement de fa caiffe nationale, ... tous ceux de divers intérêts qui en font dépendans, avec l'immenfité des détails journaliers de fon infpection ; — non, jamais un contrôleur général des finances ne pourra fe jetter dans ces océans de combinaifons.... Je dirai plus, il eft auffi rare qu'unique, de trouver un homme qui ait auffi fonciellement connu les intérêts d'une nation, fes avantages & fes défavantages, fon bien & fon mal, fa confervation ou fa ruine ; comme Mr. de Pelliffery a connu tout ce qui en touchoit à la France ;... qui ait plus heureufement combiné ce tout, pour les temps préfens & pour les temps futurs, & qui ait le mieux réuni dans un feul principe, toutes les utilités de la France, & tous les défavantages de fes rivaux (b) ;... jugez-en par la te-

(a) Ce feroit un grand bien, que cela pût être, mais cela ne fera jamais : la faveur donnant les premières places de l'adminiftration, & non la capacité, fi néceffaire à cette première portion du gouvernement.

(b) Rien de plus avantageux à la France, que l'établiffement de la caiffe nationale ; rien de plus défavantageux à fes rivaux, que cet établiffement.

neur de la note 6, *page* 144; l'éloge de Colbert, que je vais vous citer, telle & qu'elle,
dans tout ʃon contenu. " L'intérêt particulier a
,, conʃtamment égaré la légiʃlation ʃur les vrais
,, intérêts du commerce de l'Etat, lui ayant
,, ʃans ceʃʃe donné à entendre que la richeʃʃe de
,, ʃes productions, de ʃon induʃtrie & des d'en-
,, rées de ʃes colonies, exigeoient que les in-
,, térêts des fonds pécuniaires de la nation pro-
,, duiʃiʃʃent ʃ & 6 pour 100, malgré que nos
,, plus rédoutables concurrens ne les ayent qu'à
,, 2 & demi ou 3 pour 100; --- cette adreʃʃe
,, vicieuʃe ʃeroit indifférente pour le gouverne-
,, ment, ʃi la nation étoit ʃans commerce poli-
,, tique, & ʃi le commerce utile des ʃujets ne
,, rouloit que dans leur ʃeule & perʃonnelle
,, conʃommation : ... pour lors, le ʃentiment
,, de l'opinion particulière, (quoique toujours
,, vicieux en lui-même,) ʃeroit très-indifférent
,, au gouvernement, parce qu'il ne changeroit
,, rien dans la balance politique de la légiʃla-
,, tion : les conʃtitutions des intérêts roulant
,, également & alternativement en faveur de
,, tous ʃes ʃujets ; --- mais, dès-auʃʃitôt que
,, ceux-ci ʃont forcés à des liaiʃons extérieures
,, pour trouver la débite des ʃuperflus de leurs
,, commerces utiles : que ces ʃuperflus ʃont la
,, baʃe fondamentale du commerce politique de
,, l'Etat, que les opérations de ce commerce
,, ont à lutter dans les pays de conʃommation,
,, avec la concurrence de celles de nos rivaux,
,, qui n'ont leurs conʃtitutions qu'à 2 & demi
,, ou 3 pour 100. ... Le gouvernement erre ʃon
,, ʃyʃtème, en laiʃʃant conʃtamment à ceux-ci,
,, les uʃufruits du commerce politique à 2 & 3
,, pour 100, meilleur marché que celui que

„ peuvent y faire ſes ſujets. — Cet aveugle-
„ ment de notre part, a enrichi l'Angleterre &
„ la Hollande : ces deux nations ayant conſ-
„ tamment eu ſur nous 3 pour 100 d'avantages,
„ qui lui ont fait entreprendre avec avidité, ce
„ que nous avons été forcés d'abandonner ; la
„ cherté de nos intérêts conſtitutifs, dévorant
„ par leurs mauvaiſes diſpoſitions, ce qui fait,
„ en temps de paix, les profits phyſiques du
„ commerce, après ſes intérêts déduits.

P R E U V E.

„ Le commerce politique de la France a tou-
„ jours roulé année commune, de 12 à 1300 mil-
„ lions ; — la conſtitution de ſes intérêts à 5
„ pour 100 ſeulement, ſur 1200, millions ſe-
„ roit de 60 millions de produit ; — ſi ce pro-
„ duit n'étoit que de 3 pour 100, au lieu de
„ 5, les 60 millions auroient fait circuler un
„ fonds capital de deux milliards ;... ce qui au-
„ roit mis en circulation de 7 à 800 millions
„ de plus à l'avantage de la France, & au dé-
„ ſavantage de ſes rivaux.

„ Ces déſavantages depuis un ſiècle ſeule-
„ ment à 2 pour 100 par année, ſur les 1200
„ millions ci-devant, auroient procuré annuel-
„ lement au commerce politique de la nation
„ 24 millions de réaliſation, & à l'Etat dans
„ le courant de ce ſiècle, 2,400,000,000 ; laiſ-
„ ſant en perte les intérêts annuels & les bé-
„ néfices de la circulation de ce capital ; pour
„ les réductions de dépenſes où auroient été
„ forcé de ſe ranger, la claſſe financière de
„ nos citoyens ; — ce calcul prouve à la légiſla-
„ tion qu'il n'eſt point de petite faute en matière
„ d'Etat pour les intérêts politiques.

„ Le deſtructif des déſavantages dont nous
„ venons de parler, ne ſe borne pas à ce ſeul
„ préjudice, — il aſſiege encore la proſpérité
„ des finances de l'Etat, & le ſuccès des opéra-
„ tions du ſyſtème politique du cabinet.....
„ L'évidence en eſt ſenſible : nous payons 5 de
„ ce que nos rivaux ne payent que 3, par con-
„ ſéquent à égale dépenſe en conſtitution, les
„ opérations du ſyſtème politique de l'Angle-
„ terre & de la Hollande, peuvent s'étendre à
„ trois cinquièmes au moins, de plus en dé-
„ bours que ceux de la France.

P R E U V E.

„ 100,000 liv. de conſtitution à 5 pour 100
„ ne procurent un capital que de 2,000,000 l. —
„ Poſition de la France.

„ 100,000 liv. de conſtitution à 3 pour 100
„ procurent un capital de 3,333,333 liv. 6 ſ.
„ 8 den. — Poſition de l'Angleterre & de la
„ Hollande ; de-là, la ſource des forts avantages
„ ſur nous de l'Angleterre, dans toutes nos
„ guerres ; de-là, ceux en faveur de ſa dette
„ nationale, qui font cauſe qu'en temps de
„ paix, cette nation entre tout de ſuite en li-
„ quidation, & que nous, ce n'eſt qu'avec beau-
„ coup de peine que nous pouvons l'entre-
„ prendre.

„ Par les deux calculs ci-après, on apper-
„ cevra plus facilement le phyſique de nos déſa-
„ vantages avec l'Angleterre & la Hollande.

„ A la paix de 1748, la dette active de la
„ France étoit de 1400 millions, — cette dette
„ à 5 pour 100 d'intérêts annuels, conſtituoit
„ à 70 millons de débours, les dépenſes de
„ l'Etat ; — ſi ladite conſtitution n'avoit été

„ qu'à 3 pour 100, nos finances n'auroient
„ plus déboursé annuellement que 42 millions,
„ ce qui auroit laissé en amortissement 28 mil-
„ lions toutes les années.

„ 28 millions d'amortissement depuis 1748,
„ jusques en 1763, (15 ans de terme), au-
„ roient éteint de la dette de 1400 millions,
„ sans les intérêts . . . . . . l. 420,000,000.

„ A la paix de 1763, la dette
„ active de la France étoit de
„ 2,900,000,000 — à 5 pour
„ 100 de constitution annuelle,
„ elle causoit à l'Etat 145 mil-
„ lons de dépense extraordi-
„ naire, si elle n'avoit été qu'à
„ 3 pour 100 de constitution,
„ nos dépenses n'auroient plus
„ été chargées que de 87 mil-
„ lions, ce qui laissoit en amor-
„ tissement 58 millions toutes
„ les années.

„ 58 millions depuis 1763,
„ jusqu'en 1773, (11 ans)
„ auroient liquidé de la dette
„ de l'Etat de 2,900,000,000. .   638,000,000.
                                ─────────────
En tout . . . . . l. 1,058,000,000.
                                ─────────────

„ Laquelle somme, avec l'économie des in-
„ térêts annuels, seroit aujourd'hui de plus de
„ 1500 millions; & auroit réduit notre dette
„ nationale de 2,900,000,000 à 1400 millions; —
„ de sorte que si nos intérêts étoient au pair
„ de ceux de l'Angleterre & de la Hollande;
„ depuis la paix de 1763 nous aurions rem-

„ bourfé 1500 millions , au lieu que nous
„ avons augmenté notre dette active de plus de
„ 600 millions , par nos appels de finances fur
„ toutes les charges de l'Etat , par la liquida-
„ tion en contrat de plufieurs d'elles , & par la
„ conftitution de nos arrérages de cinq ans dans
„ nos dépenfes extraordinaires. — Ce calcul eft
„ jufte & fenfible ; — appellons à fon fecours
„ les opérations du fyftème des finances de
„ l'Angleterre depuis 1763.

„ A la paix de 1763 , l'Angleterre avoit de
„ revenus annuels 15,600,000 liv. fterl. & elle
„ devoit en engagemens contractés , ci . . . . .
. . . . l. ft. 149,000,000.⎫
„ en arrérages   ⎪
„ de la marine,   ⎪
„ en Europe ,   ⎬ 160,000,000.
„ en Afie & en   ⎪
„ Amérique...   11,000,000.⎭

„ Depuis 1763, jufqu'en 1769 ,
„ les revenus de l'Angleterre
„ n'ont plus roulé que fur 13
„ millions de l. ft. — dont 4 ont
„ été affectés au remboursement
„ de la dette nationale , — ce
„ qui a procuré à la nation An-
„ gloife une diminution pendant
„ 7 ans dans les taxes de l'Etat ,
„ de 2,600,000 l. ft. & une liqui-
„ dation de . . . . 28,000,000.

„ En 1769 elle ne devoit plus
„ que . . . . l.ft.132,000,000.

ci-devent . . . . l.ft.132,000,000.
„ Depuis 1769, jufqu'en 1773,
„ les liquidations ont continué à
„ 4 millions de l. ft. par année ,
„ & les fujets n'ont plus été taxés
„ que pour 11,800,000 l. ft. . . .
„ ce qui a encore procuré une
„ jouiffance de 1,200,000 l. ft.
„ & une liquidation de . . . . . 20,000,000.

La dette nationale n'exiftoit
plus en 1773, que pour . . . . l.ft.112,000,000.

„ Ce qui met l'Angleterre dans le cas de pou-
„ voir dire : . . . dans la dernière guerre , j'ai
„ pouffé mon crédit à 160 millions de l. ft. (a)
„ & mes revenus jufqu'à 15,600,000 l. ft. . . .
„ aujourd'hui je ne dois plus que 112 millions,
„ & je n'ai plus en recette publique que 11,
„ 800,000 l. ft. . . . donc , à la première guerre
„ je fuis sûre de trouver 3,800,000 l. ft. d'aug-
„ mentation dans mes recettes , & 48 millions
„ de l. ft. dans mon crédit ; . . . au lieu que mes
„ rivaux ne pourront aucun de ces avantages ;—
„ cette obfervation doit faire frémir la France. „
Cette vérité fanglante , s'apperçoit vivement
dans le vafte, profond & fage fyftème des billets,
dont je vous ai parlé, & elle parle encore avec
plus de véhémence & de force dans celui de

(a) 3,600,000,000 de liv. tourn., l'Angleterre n'ayant
que la petite demi, de la population de la France ; la dette
auroit pu être pouffée à 7,200,000 en France , avec un
tout autre fyftème d'adminiftration , fans que les fujets
euffent fupporté plus d'impofitions.

l'établiſſement de la caiſſe nationale, que ce dit Sr. à propoſé a votre miniſtère, en octobre 1772.

St. Albin.

Je n'ai aucune connoiſſance de cet établiſſement.

L'e Cosmopolite.

Je le crois bien, votre Sr. d'Abbé Terray, ayant toujours rejetté tout ce que l'on lui à propoſé d'utile à la France, & ſon auteur avoit l'ame trop honnète pour s'en entretenir dans ſes ſociétés. --- Je ſuis, peut-être, la quatrième perſonne à qui il a communiqué tous ſes projets, (aprés vos miniſtres.)

Milord Spiteal.

Quel étoit cet établiſſement qui mérite ſi fort votre éloge?

Le Cosmopolite.

C'eſt une combinaiſon unique;... c'eſt un établiſſement qui doit liquider par ſols & denier, toutes les dettes, quelconques de la France, qui doit ſimplifier la régie de ſes finances;... qui doit ſupprimer nombre de ſes impoſitions;... ranger les conſtitutions actives & viagères de l'Etat, au denier d'intérèts de celles de ſes rivaux;... diminuer les dépenſes & les fraix de comptabilités;... liquider la finance & cautionnement de toutes les charges, offices ou recettes particulières de l'adminiſtration générale du royaume; --- enfin, fonder une caiſſe publique, qui excomptèra au 3 pour 100 tous les bons effets actifs de l'Etat & du commerce; --- voilà quel eſt cet établiſſement.

Van Magdebourg.

Il eſt ſi merveilleux, que l'on pourroit preſque le comparer au palais enchanté d'Armide. --- comment eſt-il poſſible de pouvoir mettre en

vigueur une caiſſe publique, qui puiſſe aſſiſter
à tous ſes intérêts?

LE COSMOPOLITE.

Sa marche naturelle;... le propre poids de
ſa conſtitution;... la ſimplicité de ſes moyens.

VAN MAGDEBOURG.

Je ne me perſuade pas que ces moyens puiſſent être ſi ſimples avec un ſi prodigieux en-
laſſement d'opération; — quel capital immenſe
ne faudroit-il pas réunir pour pouvoir opérer
ſolidement la liquidation complette de la France,
& pour pouvoir encore prêter des fonds au
commerce, ſous 3 pour 100 d'intérêts!...

LE COSMOPOLITE.

Tout cela ſe fait, & s'opére par le ſeul mérite
de l'établiſſement, nommé à juſte titre, caiſſe
nationale; parce que tous ſes bénéfices, tous
ſes avantages, tous ſes bienfaits, doivent reſter
conſtamment au profit de la nation, ſans autre
intérêt particulier que celui du bien public.

VAN MAGDEBOURG.

Hé! de combien de milliards ſera le fonds capital de cette caiſſe nationale?

LE COSMOPOLITE.

D'aucun millard:... de rien, & d'une très-
groſſe ſomme.

VAN MAGDEBOURG.

Mais encore, faut-il bien qu'il ait une exiſtence fondamentale?... de combien ſera-t-elle
en comptant?

LE COSMOPOLITE.

Il n'eſt queſtion d'aucun comptant, d'aucun
appel de finance, ni par action, ni par billet.

VAN MAGDEBOURG.

Ma foi, mon ami, débrouillez vous-même
cette énigme; — pour moi je n'y entends rien,

&

& je ne crois pas qu'aucun de ces Meſſieurs, puiſſent concevoir auſſi, qu'il puiſſe exiſter des moyens chez une nation où l'argent produit 5 pour 100, qui en faſſe fournir à 3 pour 100, par un établiſſement qui n'en poſſéde pas, & qui n'en emprunte pas; --- cette énigme eſt plus obſcure pour moi, que celle que devina le fils de Jocaſte.

LE COSMOPOLITE.

C'eſt pourtant la pure vérité : --- liſez ce proſpectus de finance, pour l'établiſſement de la caiſſe nationale dont nous parlons, avec le formulaire (des lettres patentes dudit établiſſement,) qui y eſt au revers, & vous trouverez cette énigme toute ſimple, en ſuivant la marche & les opérations de ce proſpectus....

(*On déplie le proſpectus.*)

VAN MAGDEBOURG.

Mon ami, je vois dans ce proſpectus, de très-grandes vérités, (*en montrant de la main, l'Etat des deux poſitions de la France, en* 1744 *&* 1773;) de bien bonnes intentions; --- mais, le diable m'emporte, ſi j'en ſuis plus ſavant.

MILORD SPITEAL.

Je ſuis aſſez dans le même embarras.

ST. ALBIN.

Hé moi, je ne ſuis guère plus avancé; --- je ſaiſis bien les obſervations de Mr. de Pelliſſery, dans l'écuſſon d'en haut, ſous le proſpectus, & dans l'écrit qui eſt au bas de ſa maiſon; --- mais quant aux opérations, je n'y devine rien.

LE COSMOPOLITE.

Je le crois bien; --- ſi les opérations vont vous paroître des plus ſimples par l'explication de ce prospectus ; ... il ne s'ensuit pas que la combinaison ne soit toujours aussi abstraite que profonde, dans son imagination, & qu'elle ne soit d'une exécution aussi heureuse qu'essentielle pour la France ; — dans cette combinaison, tout gît de pouvoir établir une caisse publique, sans appel de finance quelconque, qui excomptera au 3 pour 100, ce qui l'a toujours été au 5 pour 100, & qui liquidera par sols & deniers la dette de l'Etat, sans toucher à ses recettes, en rangeant toutes ses constitutions au denier de celles de ses rivaux, sans que ceux-ci puissent améliorer leurs situations, par la même opération que la France.

MILORD SPITEAL.

Votre Mr. de Pellissery, est un homme unique, il a des secrets merveilleux ; — il a imaginé des billets qui peuvent procurer de l'argent sans charge de remboursement, & sans que l'Angleterre & la Hollande puissent s'en remédier ; — actuellement, il veut établir une caisse publique, qui liquidera la France sans débours des finances, & sans que ses voisins puissent s'en assister ; — de quoi ne sera pas capable un homme de cette espèce ? ...

LE COSMOPOLITE.

De tout faire, excepté le mal. — Quand Mr. de Pellissery vit l'essor destructeur que prenoit l'administration du Sr. Abbé Terray ; ... il sentit plus que jamais, que l'on précipitoit la France dans une ruine certaine ; & il pensa bien que l'épuisement & le désordre, se joignant à l'insuffisance des moyens, ... il falloit, tôt ou tard, que la France prit un parti, une résolution, ou de se liquider par un système, ou d'éclater par une banqueroute générale ; — perſuadé de cette obſervation, il s'appliqua plus que jamais de connoitre à fond les cauſes fonda‑ mentales, qui occaſionnoient journellement, l'épuiſement des recettes, & celles qui obſ‑ truoient encore toutes les ſources du travail; — au fait de toutes ces cauſes, de leurs vices, de leurs déſavantages & de leurs froiſſemens conti‑ nuels, avec l'économie politique, ſi néceſſaire aux beſoins de la France; ... il prévit que ſon ſyſtème des billets devenoient tous les jours plus in‑ fructueux pour ſa patrie, & qu'il falloit lui imaginer des nouveaux moyens; — en conſé‑ quence il enfanta ſon établiſſement de la caiſſe nationale, & il s'appliqua de le calquer ſur les avantages particuliers de l'Angleterre & de la Hollande; afin que ces deux nations ne puiſ‑ ſent point ſe remédier pour leurs dettes natio‑ nales, par la même opération que la France: — dans cette idée, il a calculé une création de rentes viagères, en forme de loterie, où tous les effets royaux y ſeront reçus forcément au pair;... ceux garantis par des hypotéques, avec 10 pour 100 d'accroiſſemens, de même que toutes les rentes viagères & tous les arré‑ rages quelconques, ſur les finances de l'Etat; afin que cette partie eſſentielle de l'adminiſtra‑ tion, reſtàt à l'avenir, libre dans ſes recettes, purgée & dégagée de la ſervitude onéreuſe, où la tenoient aſſujettie tant d'engagemens divers, & qu'elle pût porter tranquillement ce coup d'œil attentif de l'économie politique, qui ſim‑ plifie les impôts, leurs régies & leurs dépenſes, & qui conſerve cette abondance conſtante des moyens, dans tous les gouvernemens bien adminiſtrés; — à cet effet, il commence le mé‑ moire de ſon opération en ces termes.

Vérité des plus ſages & des plus abſolues, que l'on a toujours négligée.

H 2

„ Trois caufes capitales obérent conftamment
„ les finances de la France , & dévorent par
„ leurs extraordinares, des fommes très-confi_
„ dérables.

„ La Ire. exifte dans le fyftème de régie def_
„ dites finances , celui-ci divifant & fous-divi_
„ fant, une immenfité de bureaux en recettes
„ & en dépenfes , qui par leurs gages & compta-
„ bilités , abforbent le plus liquide defdites
„ recettes.

„ La IIde. fe perpétue dans la confervation
„ de nos dépenfes extraordinaires ; — celles-ci
„ s'accumulant tous les jours par nos arrérages
„ & par le peu de mefure que l'on prend pour
„ leurs liquidations.

„ La IIIme. fe trouve dans la conftitution,
„ où tiennent affujettie les finances de l'Etat,
„ la finance de toutes les charges quelconques
„ du royaume ; — que l'on libère ces deux
„ dernières caufes , l'on trouvera dans leurs
„ liquidations , celles des faux fraix de nos
„ régies , & l'Etat fortira riche & opulent de
„ l'opération, de fec & d'obéré où il fe per-
„ pétue.

„ Mais, comment dira-t-on peut-être, eft-il
„ poffible dans ce moment-ci d'entreprendre un
„ fi vafte travail ? — l'Etat aujourd'hui fe trou-
„ vant dans l'impuiffance de fuffire à fon cou-
„ rant , & toutes fes liquidations exigeant
„ l'exorbitante finance , de près de quatre mil-
„ lards ; c'eft cette même exorbitante finance ,
„ répondrai-je , qui doit encore plus engager le
„ miniftère de le faire; ... parce que plus par
„ fon exiftence l'Etat aura de la peine à lier les
„ deux bouts,... plus les conftitutions qui y
„ font attachées deviendront onéreufes , & plus

,, l'on aura de la peine à s'en débarrasser. — or
,, étant exiftant que ce font lefdites conftitutions
,, qui ont conftamment arriéré nos finances ,
,, & que c'eft de leurs arrérages , que s'accroît
,, journellement l'océan de nos dettes , de nos
,, engagemens & de nos impofitions ; ... il im-
,, porte à la fupériorité de les faire finir , le
,, plutôt poffible , parce que leur continuité
,, nous plongera dans l'anarchie des règnes de
,, Philippe III , Philippe IV , & Charles II ,
,, rois d'Efpagne. . . .

St. Albin.

Monfieur , cette opération me paroît un peu
violente ; — vouloir forcer tous les créanciers
de l'Etat , de convertir en rente viagère tout ce
que l'Etat peut leur devoir : ... c'eft renverfer
l'ordre des propriétés ; ... c'eft attaquer les
droits des citoyens ; ... Paris feroit écrafé. . . .

Le Cosmopolite.

Pas fi écrafé que vous le penfez ; — j'ai
toujours ouï-dire que de deux maux, il falloit
éviter le pire ; — le pire pour les créanciers de l'Etat , feroit de tout perdre. —
Quel eft leur efpoir aujourd'hui ? ... que le
royaume refte en paix, pour pouvoir jouir fûrement des revenus de leurs créances ; car s'il
furvient une guerre ces revenus font bien avan-
turés ; à moins que l'on ne mette de nouveau,
deux ou trois vingtièmes de plus , & alors ,
quel feroit l'avantage des créanciers de l'Etat ?...
ne perdroient-ils pas dans les renchériffemens
des impôts & des dépenfes publiques , ce qu'ils
imaginent pouvoir conferver dans les ufufruits
de leurs créances?

Si les créanciers de l'Etat font des gens prudens , ils feront des vœux pour que cette opération fe faffe , plutôt que de tout perdre.

St. Albin.

Enfin , par des économies on peut venir

H 3

à bout de diminuer la dette & les impôts.

LE COSMOPOLITE.

Je vous accorde le premier (*St. Albin.*) mais je vous nie le fecond ; — dans l'un & dans l'autre cas, votre fituation devient toujours plus malheureufe ; Mr. de Pelliffery l'a très-bien prouvé à votre miniftère.

ST. ALBIN.

Je ne conçois pas, comment il peut être impoffible, avec des économies, de ne pouvoir point liquider l'Etat, & d'alléger la dofe des impofitions.

LE COSMOPOLITE.

Pour liquider la France, par des économies, il faut que votre miniftère laiffe conftamment exifter toute la rigueur de vos impofitions actuelles, parce qu'elles vous font toutes nécef-faires, & s'il vous furvient une guerre, il fera forcé d'en mettre des nouvelles ; — or, il eft reconnu que vos taxes publiques font déja trop difproportionnées avec la maffe générale de vos commerces, que ce font elles qui ont arrêté l'activité de vos revenus, de votre circulation, celle du travail, des occupations utiles ; — que fera-ce, fi vous en augmentez la charge ?

Vérité qui doit faire trembler les créanciers de l'Etat, par lequel tôt ou tard le gouvernement fera forcé de les facrifier à la confervation publique.

ST. ALBIN.

Eft-ce que vous imaginez que notre nouveau Roi Louis XVI, qui a pris une toute autre façon de vivre & de régner que fon aïeul ; qui n'aime pas le fafte, l'éclat, les folles dé-penfes,... qui ne voit fa gloire que dans le bonheur de fes fujets,... que dans la profpé-rité de fes peuples, que dans la juftice & la religion ;... & vous imaginez, dis-je, qu'un tel Monarque par fes économies ne pourra point entreprendre de liquider l'Etat, de diminuer

les impôts, & de rétablir cette économie politique qui a fait le bonheur de la France, fous
François I & fous Henri IV ?

LE COSMOPOLITE.

Non, mon ami, il ne le pourra jamais : ...
la France n'étant plus aujourd'hui ce qu'elle
étoit fous ces deux règnes; & fes rivaux aujour-
d'hui, étant ce qu'elle étoit devenue fous Louis
XIV; — depuis ces époques, tout eft changé
en France; toutes fes reflources fe font déna-
turées, & toutes fes richeffes ont paffé chez
fes ennemis; — ce qui a réuffi à Sully, très-
difficilement, réuffira-t-il à Turgot ? — ce que
Colbert a fait, aucun autre adminiftrateur ne le
fera plus; — ce que Fleury a eu le bonheur d'élever au plus haut période de la profpérité, eft au
deux tiers perdu aujourd'hui pour la France;
de forte que tout ce qui a fait le falut de votre
monarchie fous Henri IV, fous Louis XIV &
fous Louis XV, eft, ou foulé ou perdu, ou au
pouvoir de vos rivaux; — ce qui dérrange furieufement toute la bonne volonté de votre Louis
XVI, & pour preuve; ... combien voulez-
vous que la France puiffe encore exifter de
temps, fans entrer en guerre avec quelqu'un
de fes voifins ?

ST. ALBIN.

Mais, le plus qu'il fe pourra.

LE COSMOPOLITE.

Encore.

ST. ALBIN.

Suppofons dix années.

LE COSMOPOLITE.

C'eft beaucoup, en ayant déja paffé douze
fans altercation; toutefois, je vous les accorde. — Combien voulez-vous fuppofer encore,

II 4

que Louis XVI puiſſe rembourſer, (par ſes
économies,) de votre dette nationale, dans
chacune de ces 10 années ?

ST. ALBIN.

Je veux que le miniſtère parvienne à pouvoir
liquider pour 40 millions toutes les années.

LE COSMOPOLITE.

C'eſt beaucoup trop, mon cher ami, en conſidérant que le Sr. Abbé Terray, après tout le
mal qu'il a fait, avoit laiſſé vos finances courtes
encore de douze millions en recettes, ce qui
feroit 52 millions d'économie,... toutefois je
veux vous accorder cette quantité.

ST. ALBIN.

Hé bien, à la dixième année l'Etat ſe fera
libéré de 400 millions, & avec les économies
des intérêts de près de 500 millions.

LE COSMOPOLITE.

Très-bien ; — mais dans le contentement que
paroît vous donner le plaiſir de voir la France
s'être liquidée de 500 millions en 10 ans de
temps, ne perdez jamais de vue, (pour que
votre miniſtère puiſſe toujours continuer cette
même liquidation,) qu'il faut qu'il vous conſerve conſtamment la cherté horrible de vos
impoſitions, & qu'avec quatre milliards de
dettes, comme vous avez aujourd'hui, il vous
faudroit 100 ans, au moins, toujours en paix,
pour ſortir d'embarras ; — après ces 10 ans, il
doit vous ſurvenir une guerre, ni ayant rien
de bien extraordinaire, ou'après avoir paſſé 22
ans en paix, on ne puiſſe avoir quelque diſpute
avec quelqu'un de ſes voiſins.

Vérité bien triſte pour les entêtés. & bien affligeante pour les amis de la nation.

ST. ALBIN.

J'en tombe d'accord.

LE COSMOPOLITE.

Combien voulez-vous que dure cette guerre?

ST. ALBIN.

Suppofons fix ans.

LE COSMOPOLITE.

Soit; — à combien fixez-vous les extraordinaires de cette guerre ?

ST. ALBIN.

C'eft felon.

VAN MAGDEBOURG.

Ma foi, les extraordinaires d'une guerre, pour une puiffance auffi répandue que la France, doivent être très-chers;— voyez ceux de la guerre de 1701, ils fe font montés, en 14 ans, à 2,500, 000,000, --- pour la guerre de 1744, en 4 ans, à 800,000,000, & pour la guerre de 1756, en 6 ans, à 1,29,000,000.

LE COSMOPOLITE.

Toutes ces guerres ne doivent point faire thèfe avec celles que nous fuppofons, y ayant eu bien des motifs de dépenfes en 1701, & en 1756 qui n'exiftent plus aujourd'hui, de même que des déprédations de la part des traitans, que la fageffe du miniftère actuel, femble prévenir : — de forte qu'il ne faut faire compte que fur une dépenfe fidele & abfolue : — à combien l'appréciez-vous ? (*à St. Albin.*)

ST. ALBIN.

Ma foi, mettez-la à 60 millions par année.

LE COSMOPOLITE.

Bien..... J'accorde tout ce qui eft raifonnable.... 60 millions, foit !... dans les fix ans, nous aurons donc en dépenfes extraordinaires 360 millions.

ST. ALBIN.

Oui.

LE COSMOPOLITE.

Pour remplir ces 360 millions, la France
fe fera remédiée des 40 millions qu'elle rem-
bourfoit toutes les années, (& qu'elle n'aura
plus rembourfé) ce qui lui aura procuré dans
les fix ans, 240 millions d'économie : — pour
aller aux 360 millions ; refte 120 millions de
déficit, qu'il faut trouver, ou par emprunt
ou par impofitions.

MILORD SPITEAL.

La chofe eft très-certaine.

ST. ALBIN.

La fomme eft fi médiocre, que le miniftère
pourra s'en remédier fans aucune nouveauté.

LE COSMOPOLITE.

Vous le croyez, St. Albin, parce que nous
avons fuppofé la France liquidée de 50 millions, vous êtes dans l'erreur : — toutes les
nouveautés font onéreufes quand on fe trouve dans la fituation où en font nos affaires,
& pour preuve .... c'eft que fi la France veut
fe remédier pour ces 120 millions de déficit par
la voie des impofitions ; .... cette partie étant
déja trop rigoureufe pour fes fujets, elle deviendra infoutenable par l'opération : — Si c'eft par
emprunt, ladite opération fera moins onéreufe ;
mais elle fera toujours deftructive par la néceffité où elle met votre miniftère, d'augmenter de
nouveau la dette nationale, & de renchérir une
autre fois fes impofitions de plus de fix millions,
pour remplir la conftitution des 120 millions : —
ce qui vous donne l'évidence que la France,
foit qu'elle veuille fe liquider par des économies, foit qu'elle entre en guerre avec quelqu'un de fes voifins, qu'elle s'arrière conftamment par l'une ou l'autre opération : — la cher-

Cette fo-
lution doit
guérir
l'entête-
ment par-
ticulier,
& faire
rentrer la
nation en
elle - mê-
me ; l'Etat
doit l'exé-
cuter, plus
il tarde,
plus il ar-
rière fes
peuples.

té de ses impositions causant seul tous ses désavantages.

Van Magdebourg.

Entendez-vous, mon cher de St. Albin, ce
beau raisonnement ? . . . . est-il juste ?

St. Albin.

Malheureusement je ne l'apperçois que trop.

Le Cosmopolite.

Mr. de Pellissery l'a bien fait appercevoir à
Mr. Turgot, & c'est d'après cette vérité, si sa-
gement démontrée, qu'il a marqué au Sr. Turgot, que puisque c'étoit la dette nationale, (en
propriété au plus de 2 à 300 mille particuliers)
qui étoit la cause de la cherté de toutes les impositions & de la ruine des peuples ; . . . . qu'il
falloit donner une fin déterminée à cette énorme dette : — à quel effet, il lui renouvelloit la
proposition faite au Sr. abbé Terray, pour l'é-
tablissement de sa caisse nationale ; (*a*) ladite
caisse par le secours d'une loterie en viager,
s'appropriant la dette de l'Etat pour 3 milliards,
à 3,500,000,000 sous la constitution annuelle
pendant 40 ans de la part des finances de 75
à 80 millions de rentes, ... & cette même caisse se chargeoit de payer à tous les créanciers de
l'Etat, leur vie durant, la rente des lots que
leurs billets auront gagnés, avec demi pour
100 d'accroissement annuel sur le capital de ladite rente, tout le temps qu'ils en jouiront. . . .
Ce qui procureroit dans l'espace de 40 ans, un
accroissement viager de 19 & demi pour 100 : . .
& sur 1000 liv. de pension viagère 192 liv.
10 s. d'augmentation.

(*a*) Développement de ce système.

VAN MAGDEBOURG.

Pourriez-vous me montrer le plan de cette loterie :.... elle me paroît très - bien entendue.

LE COSMOPOLITE.

Des mieux raisonnée, & d'une égale utilité : vous l'avez en note dans l'éloge de Colbert : — toutefois le voilà, avec le formulaire de ses lettres patentes au dos (*voyez le plan ci-contre.*)

VAN MAGDEBOURG.

Ha ! comment, avec 80 millions de constitution annuelle, Mr. de Pellissery pouvoit-il trouver les intérêts de 31 milliards, à 3 milliards & demi ?

LE COSMOPOLITE.

Doucement.... Les intérêts que vous voyez calculés dans ce tableau, ne sont pas ceux que le sort donnera à chaque particulier : — ceux-ci ne sont que pour éclairer la combinaison.

VAN MAGDEBOURG.

Hé ! quels seront ceux en faveur des numeros ?....

LE COSMOPOLITE.

Ceux que le sort leur attachera : — par exemple, si le numero 2595 rencontre dans le tirage le gros lot, & que le lot en intérêts, ne porte que 10 pour 100,.... le propriétaire du numero 2595, ne jouira sa vie durant, que de 200,000 liv. de rente avec demi pour 100 d'accroissement annuel sur lesd. 200,000 liv.

VAN MAGDEBOURG.

J'entends actuellement. — C'est par la cabale de ces hasards, que Mr. de Pellissery a combiné n'avoir besoin annuellement dans sa lote-

PLAN
DE LA LOTERIE VIAGÈRE
DES EFFETS ROYAUX,
Arrérages & Constitutions des Finances actives ou viagères.

Pour la somme de 3 milliards, à 500 L. le Billet.

Numeros des Billets & Lots.	Primes des Lots.	Montant général des Primes des Lots.	Lots en intérêt annuel.	Supputation générale des intérêts annuels.
1	de 2,000,000	L. 2,000,000	100 pr. 100.	2,000,000
1	de 1,000,000	1,000,000	75 idem	750,000
8	de 500,000	4,000,000	50 idem	2,000,000
16	de 300,000	4,800,000	40 idem	1,920,000
50	de 200,000	10,000,000	30 idem	3,000,000
100	de 100,000	10,000,000	25 idem	2,500,000
200	de 50,000	10,000,000	20 idem	2,000,000
400	de 25,000	10,000,000	18 idem	1,800,000
800	de 15,000	12,000,000	16 idem	1,920,000
1,600	de 10,000	16,000,000	14 idem	2,240,000
2,400	de 5,000	12,000,000	12 idem	1,440,000
4,800	de 3,000	14,400,000	10 idem	1,440,000
8,000	de 2,000	16,000,000	9 idem	1,440,000
16,000	de 1,000	16,000,000	8 idem	1,280,000
30,000	de 800	24,000,000	7 idem	1,680,000
50,000	de 700	35,000,000	6 idem	2,100,000
100,000	de 600	60,000,000	5 idem	3,000,000
200,000	de 500	100,000,000	4 idem	4,000,000
400,000	de 490	196,000,000	3 idem	5,880,000
600,000	de 480	288,000,000	3 idem	8,640,000
800,000	de 470	376,000,000	3 idem	11,280,000
1,000,000	de 460	460,000,000	3 idem	13,800,000

La cabale de cette Loterie présente à ses numeros de 450 liv. & . . de 2 & demi pour 100 de constitution, ce qui donn[e] de 2 & demi pour 100 de constitution, ce qui donn[e]

geux, contre 1,585,624 à 450 liv. ou à 2 & demi pour 10

Lesquels 2 & demi pour 100 donnent autant d'int[érêts] lots de 450 liv. s'ils y échéoient, que celui qu'ils reti[rent] du commerce, s'ils y réalisoient leurs billets pour 5[00]

Preuve.

500 liv. en effets royaux à 50 pour 100 de perte

250 liv. placées solidement dans le commerce, procure[nt] d'intérêts, ce qui feroit toutes les années un usufruit Le pire de la Loterie étant les lots de 450 liv. à 2 pour 100 l'on retire également . . . .

Mais comme ce pire ne peut que difficilement fe r 3,214,376 lots au-dessus de 450 en principal & . . . 3,214,376 idem, en intérêts, ce qui fait 4 pour un vi[s] à 2 & demi pour 100, & 250 pour 100 vis-à-vis d[?] Loterie est de trois milliards), l'on peut dire hardimen[t]

PLAN

DE LA LOTERIE VIAGÈRE

DES EFFETS ROYAUX,

Arrérages & Constitutions des Finances actives ou viagères.

Pour la somme de 3 milliards, à 500 L. le Billet.

Primes des Lots.	Montant général des Primes des Lots.	Lots en intérêt annuel.	Supputation générale des intérêts annuels.
de	L. 2,000,000	100 pr. 100.	2,000,000
de 1,000 . . .	1,000,000	75 idem	750,000
de 500,00 . .	4,000,000	50 idem	2,000,000
de 300,000 . .	4,800,000	40 idem	1,920,000
de 300,000 . .	10,000,000	30 idem	3,000,000
de 200,000 . .	10,000,000	25 idem	2,500,000
de 100,000 . .	10,000,000	20 idem	2,000,000
de 50,00 . .	10,000,000	18 idem	1,800,000
de 25,000 . .	12,000,000	16 idem	1,920,000
de 15,000 . .	16,000,000	14 idem	2,240,000
de 5000 . .	12,000,000	12 idem	1,440,000
de 3000 . .	14,400,000	10 idem	1,440,000
de 2000 . .	16,000,000	9 idem	1,440,000
de 1000 . .	16,000,000	8 idem	1,280,000
de 800 . .	24,000,000	7 idem	1,680,000
de 700 . .	35,000,000	6 idem	2,100,000
de 600 . .	60,000,000	5 idem	3,000,000
de 500 . .	100,000,000	4 idem	4,000,000
de 490 . .	196,000,000	3 idem	5,880,000
de 480 . .	288,000,000	3 idem	8,640,000
de 470 . .	376,000,000	3 idem	11,280,000
de 460 . .	376,000,000	3 idem	13,800,000
de 450 . .	713,530,800	2 & demi	17,837,270

La cabale de cette Loterie présente à ses numeros 3,214,376 lots au-dessus de 450 liv. & . . . . 3,214,376 lots au-dessus de 2 & demi pour 100 de constitution, ce qui donne 6,428,752 lots avantageux, contre 1,585,624 à 450 liv. ou à 2 & demi pour 100.

Lesquels 2 & demi pour 100 donnent autant d'intérêts aux possesseurs des lots de 450 liv. s'ils y échéoient, que celui qu'ils retireroient dans le courant du commerce, s'ils y réalisoient leurs billets pour 50 pour 100 de perte.

Preuve.

500 liv. en effets royaux à 50 pour 100 de perte . . . . . liv. 250

250 liv. placées solidement dans le commerce, procureront 4 & demi pour 100 d'intérêts, ce qui feroit toutes les années un usufruit de liv. 11. **5** sols.

Le pire de la Loterie étant les lots de 450 liv. à 2 & demi pour 100 l'on retire également . . . . 11. 5.

Mais comme ce pire ne peut que difficilement se rencontrer, vu qu'il y a 3,214,376 lots au-dessus de 450 en principal & . . . . 3,214,376 idem, en intérêts, ce qui fait 4 pour un vis-à-vis de 1,585,624 lots à 2 & demi pour 100, & 250 pour 100 vis-à-vis de 2,785,624 dits, (si la Loterie est de trois milliards), l'on peut dire hardiment que les lots de 450 liv.

La cabale de cette Loterie préfente à fes numeros 3,214,37.
de 450 liv. & . . . . 3,214,37.
de 2 & demi pour 100 de conftitution, ce qui donne 6428,75.

geux, contre 1,585,624 à 450 liv. ou à 2 & demi pour 100.

Lefquels 2 & demi pour 100 donnent autant d'intérêts aux lots de 450 liv. s'ils y échéoient, que celui qu'ils retireroient d... du commerce, s'ils y réalifoient leurs billets pour 50 pour 10...

Preuve.

500 liv. en effets royaux à 50 pour 100 de perte . . . : : :

250 liv. placées folidement dans le commerce, procureront 4 & ... d'intérêts, ce qui feroit toutes les années un ufufruit de liv. 1

Le pire de la Loterie étant les lots de 450 liv. à 2 & demi pour 100 l'on retire également I

Mais comme ce pire ne peut que difficilement fe rencontrer 3,214,376 lots au-deffus de 450 en principal & . . . . 3,214,376 idem, en intérêts, ce qui fait 4 pour un vis-à-vis de à 2 & demi pour 100, & 250 pour 100 vis-à-vis de 2,785,6... Loterie eft de trois milliards), l'on peut dire hardiment que les doivent rapporter 3 pour 100, ce qui procureroit annuellemen...

Partant de ce principe, ... en mettant à part toutes les am... excédant des 11 liv. 5 fols ; — & tous les accroiffemens annu... 100 fur les intérêts ; — dans 60 ans on aura réalifé 252 liv. r... mie ; — ce qui feroit 2 liv. 12 fols de plus que les 250 liv. qu... avoir retiré des 500 liv. du jour, en effets royaux.

D'où il eft aifé de conclure que la cabale de cette Loterie, of... à tous les intéreffés, ou d'acquérir un fort lot à la prime de 100, ou un lot de 450 liv. à la prime d'un fort intérêt. — Op... tera une perte confidérable à des millions de citoyens ; étant capital avanturé de 500 liv. dont avec peine trouveroit-on g... jourd'hui 250 liv., fe réalife en viagé pour 450 liv. au moins , plus avantageufe que celle d'aucune création viagère , exiftant fera renté de 500 liv. par ladite loterie, en vivant 40 ans , I à cette époque. — Opération qui fixera l'attention de tous les ... & qui accréditera la négociation des billets de ladite Loterie ; ... ceux qui s'en trouveront trop chargés.

Numéros des Billets & Lots.	Primes des Lots.	Montant général des Primes des Lots.	Lots en intérêt annuel.	Suppuration générale des intérêts annuels.
1	de 2,000,000	L. 2,000,000	100 pr. 100.	2,000,000
1	de 1,000,000	1,000,000	75 idem	750,000
8	de 500,000	4,000,000	50 idem	2,000,000
16	de 300,000	4,800,000	40 idem	1,920,000
50	de 200,000	10,000,000	30 idem	3,000,000
100	de 100,000	10,000,000	25 idem	2,500,000
200	de 50,000	10,000,000	20 idem	2,000,000
400	de 25,000	10,000,000	18 idem	1,800,000
800	de 15,000	12,000,000	16 idem	1,920,000
3,600	de 10,000	16,000,000	14 idem	2,240,000
2,400	de 5,000	12,000,000	12 idem	1,440,000
4,800	de 3,000	14,400,000	10 idem	1,440,000
8,000	de 2,000	16,000,000	9 idem	1,440,000
16,000	de 1,000	16,000,000	8 idem	1,280,000
30,000	de 800	24,000,000	7 idem	1,680,000
50,000	de 700	35,000,000	6 idem	2,100,000
100,000	de 600	60,000,000	5 idem	3,000,000
200,000	de 500	100,000,000	4 idem	4,000,000
400,000	de 490	196,000,000	3 idem	5,880,000
600,000	de 480	288,000,000	3 idem	8,640,000
800,000	de 470	376,000,000	3 idem	11,280,000
1,000,000	de 460	460,000,000	3 idem	13,800,000
1,585,624	de 450	713,530,800	2 & demi	17,837,270
Billets 4,800,000	Si l'opération étoit de 3 milliards 3 m. deux ou 3000 millions.	L. 2,390,730,800	. . . . . .	93,947,270
de plus 1,200,000	Pour 3 milliards de 450.	540,000,000	2 & demi	13,500,000
Billets 6,000,000		2,930,730,800	. . . . . .	107,447,270

Les 69,270,200 de déficit des 3 milliards tombe au profit de l'Etat.

Primes des Lots.	Montant général des Primes des Lots.	Lots en intérêt annuel.	Supputation générale des intérêts annuels.
de · · · · · ·	L. 2,000,000	100 pr. 100.	2,000,000
de · · · · · ·	1,000,000	75 idem	750,000
de 500,000 · ·	4,000,000	50 idem	2,000,000
de 300,000 · ·	4,800,000	40 idem	1,920,000
de 300,000 · ·	10,000,000	30 idem	3,000,000
de 200,000 · ·	10,000,000	25 idem	2,500,000
de 100,000 · ·	10,000,000	20 idem	2,000,000
de 50,000 · ·	10,000,000	18 idem	1,800,000
de 25,000 · ·	12,000,000	16 idem	1,920,000
de 15,000 · ·	16,000,000	14 idem	2,240,000
de 10,000 · ·	12,000,000	12 idem	1,440,000
de 5000 · ·	14,400,000	10 idem	1,440,000
de 3000 · ·	16,000,000	9 idem	1,440,000
de 2000 · ·	16,000,000	8 idem	1,280,000
de 1000 · ·	24,000,000	7 idem	1,680,000
de 800 · ·	35,000,000	6 idem	2,100,000
de 700 · ·	60,000,000	5 idem	3,000,000
de 600 · ·	100,000,000	4 idem	4,000,000
de 500 · ·	196,000,000	3 idem	5,880,000
de 490 · ·	288,000,000	3 idem	8,640,000
de 480 · ·	376,000,000	3 idem	11,280,000
de 470 · ·	460,000,000	3 idem	13,800,000
de 450 · ·	713,530,800	2 & demi	17,817,270
· · · · · ·	L. 2,390,730,800		93,947,270
Si l'opération feroit de 3 milliards à 3 millions ou 3000 millions. Pour 3 milliards de 450.	540,000,000	2 & demi	13,500,000
· · · · · ·	2,930,730,800	· · · · · ·	107,447,270

de déficit des 3 milliards tombe au profit de l'État.

La cabale de cette Loterie présente à ses numeros 3,214,376 lots au-dessus de 450 liv. & · · · · · · · · · · · 3,214,376 lots au-dessus de 2 & demi pour 100 de constitution, ce qui donne 6,428,752 lots avantageux, contre 1,585,624 à 450 liv. ou à 2 & demi pour 100.

Lesquels 2 & demi pour 100 donnent autant d'intérêts aux possesseurs des lots de 450 liv. s'ils y échéoient, que celui qu'ils retireroient dans le courant du commerce, s'ils y réalisoient leurs billets pour 50 pour 100 de perte.

Preuve.

500 liv. en effets royaux à 50 pour 100 de perte · · · · · · · liv. 250

250 liv. placées solidement dans le commerce, procureront 4 & demi pour 100 d'intérêts, ce qui feroit toutes les années un usufruit de liv. 11. 5 fols.

Le pire de la Loterie étant les lots de 450 liv. à 2 & demi pour 100 l'on retire également · · · · · · · · · 11. 5.

Mais comme ce pire ne peut que difficilement se rencontrer, vu qu'il y a 3,214,376 lots au-dessus de 450 en principal & · · · · · · · · · · 3,214,376 idem, en intérêts, ce qui fait 4 pour un vis-à-vis de 1,585,624 lots à 2 & demi pour 100, & 250 pour 100 vis-à-vis de 2,785,624 dits, (si la Loterie est de trois milliards), l'on peut dire hardiment que les lots de 450 liv. doivent rapporter 3 pour 100, ce qui procureroit annuellement 13 liv. 10 fols.

Partant de ce principe, · · · · en mettant à part toutes les années 2 liv. 5 fols excédant des 11 liv. 5 fols ; — & tous les accroissemens annuels de demi pour 100 sur les intérêts ; — dans 60 ans on aura réalisé 252 liv. 12 fols d'économie ; — ce qui feroit 2 liv. 12 fols de plus que les 250 liv. que l'on pourroit avoir retiré des 500 liv. du jour, en effets royaux.

D'où il est aisé de conclure que la cabale de cette Loterie, offre l'alternative à tous les intéressés, ou d'acquérir un fort lot à la prime de 2 & demi pour 100, ou un lot de 450 liv. à la prime d'un fort intérêt. — Opération qui évitera une perte considérable à des millions de citoyens, étant exsistant qu'un capital avanturé de 500 liv. dont avec peine trouveroit-on généralement aujourd'hui 250 liv., se réalise en viagé pour 450 liv. au moins, sous une rente plus avantageuse que celle d'aucune création viagère ; exsistant, que celui qui fera renté de 500 liv. par ladite loterie, en vivant 40 ans, retirera 600 liv. à cette époque. — Opération qui fixera l'attention de tous les chefs de famille ; & qui accréditera la négociation des billets de ladite Loterie, à l'avantage de ceux qui s'en trouveront trop chargés.

LOUIS &c. SALUT, par nos lettres-patentes de ce jour, portant établissement d'une caisse nationale, nous avons participé à nos fidèles sujets, les justes raisons qui nous ont porté aujourd'hui à convertir en une seule constitution viagère, la dette entière de nos finances; — cette nécessité indispensable de notre part, mettant fin à tous les monopoles qui se font prix de l'argent s'établissant plus à l'avenir dans nos créanciers des rentes perpétuelles, les vampires de la propriété publique, la nation doit s'attendre à des économies sans nombre dans les dépenses générales, qui mettront bientôt en situation le ministère, de diminuer la charge horrible des impositions, & de verser les encouragemens & les récompenses, qui avant de Louis XIV, & de Louis XV, sous les règnes de France, ont également enrichi la France, sous les règnes de Louis XIV, & de Louis XV, & de Louis XV. — ... ...

IV. Tous les 4,800,000 ou ⅜ de billets gagneront des lots, dont le moindre fera de 450 liv., & ceux-ci des lots en primes d'intérêts depuis 100 pour 100 jusqu'à 2 & demi pour 100 avec accroissement annuel de demi pour 100 sur les intérêts.

V. Pour éviter toute équivoque dans les accroissemens annuels, on en donnera le tableau ci-après.

VI. Le tirage de la loterie se fera par trois roues de fortune dans la première, il y aura les 6,000,000 de numéros, dans la seconde, les 6,000,000 de lots en principal, & dans la troisième, les 6,000,000 de lots en intérêts; (dont le plan est au dos.)

VII. Ces trois roues de fortune joueront au-hazard conjointement l'une de l'autre; & au tirage de chaque billet, il sera pratiqué, 1°. de tirer le n°; — 2°. le lot qui échoira à ce billet; — 3°. le lot de la prime en intérêt à celui lot; — ces trois billets étant sortis, le premier dépliera fon n°. qu'il lira par deux fois tout haut; le second sort lot idem, de même que celui un prime d'intérêt, & le tout sera enrégistré par les notaires y présent, & lecture faite après l'enrégistrement, de manière que si le n°. 4599 rencontre un lot en principal de 100,000 liv., & que le lot en prime porte 50 pour 100; le propriétaire du n°. 4599 jouira la vie durant de 50,000 liv. de rente avec demi pour 100 d'accroissement annuel, sur les 50,000 liv., ce qui feroit dans une jouissance de 50 ans 11,500 liv., sur les 50,000 liv.

VIII. Pour la commodité du public, & sur-tout des pères de familles, les billets de la loterie feront en quatre coupons, & les particuliers feront maîtres de répartir les pensions qu'ils gagneront sur plusieurs têtes qu'ils différeront; c'est-à-dire, que les personnes qui, par un ou plusieurs billets auront gagné 2 à 3000 liv. de rentes annuelles, & qui voudront les répartir sur plusieurs têtes par somme déterminée, feront libres de le faire, n'y ayant que sur deux têtes où elles ne feront pas reçues.

IX. Tous les effets royaux qui feront reçus au pair dans ladite loterie avec leurs arrérages d'intérêts, & tous ceux qui il sera accordé 10 pour 100 d'accroissement sur leurs précédent capital sont, — fans accroissement, les actions de la Compagnie des Indes, billets de la Compagnie des Indes, promesses au denier 20 dites au denier 25; toutes les loteries royales de l'Etat & de la Compagnie des Indes; — effets du Canada & des Colonies; les 50 millions sur l'Alsace, les 40 fur la Bretagne, les 30 fur Strasbourg &c. — ceux avec accroissement de 10 pour 100; toutes les tontines quelconques, les rescriptions suspendues; tous les contrats de l'Hôtel-de-ville, tant actif que viagé; — tous ceux de la Compagnie des Indes, actifs ou viagers, & tous ceux des secrétaires du Roi du grand collège.

X. Également feront convertis en billets de la loterie avec accroissement de 10 pour 100 le capital, tous les arrérages de nos finances par gages & pensions, & tous ceux par fourniture, entreprise, & autre pour compte de nos dites fournitures, — par comptes arrêtés au contrôle-général de nos dites finances; libres aux possesseurs desdits billets de les négocier avant de les avoir convertis en billets de ladite loterie &c.

XI. Dans la façon de convertir les effets royaux &c. en billets de ladite loterie, & pour l'ordre des payemens qu'il doit en être fait pour remplir la valeur des souscriptions d'une même année, comme il n'est pas juste de frustrer les propriétaires d'intérêt, ni que la caisse nationale qui...

XIII. Pour établir une règle générale à de compte, Sa Majesté dit, que tous le tout à 60 liv. il sera donné un coupon d'intérêt; & ceux-ci y ajouteront en argent fractions de ladite loterie les 45 liv. de chaque billet.

XIV. Tous les particuliers qui n'auron créances avec l'État en billet de la préfer premier pour l'ouverture de son tirage, ce au profit de ladite caisse nationale; f fort tous les billets des rompus fint par la tour de ladite caisse, qui ne feront point l ouverture y, dudit tirage.

XV. Pour établir la façon dont feront r rentes viagères de l'État, Sa Majesté dit, Majesté dit, & établit, que les rentes de rapprochées à celle d'un capital au 10 po 1000 liv. de rente viagère exigeront un c qui fera accordé par ladite avec 10 pour fur lesdits 10,000.

XVI. Pour prévenir tous les inconvénient poser à une opération aussi décisive pour l de l'établissement de la caisse nationale ordonne, que dans le cas où il se trouver ou autres objets fournis & dénommés à la 9 & 10 des présentes; en pouvoir de sommes feront toujours convertis en billets & que les rentes viagères qui en résulteron placées par les gens demeurans-mortes au g fur telle tête qu'ils défineront, fans que les particuliers des provinces puissent s'y oppo refits à les substitutions, que les rentes qui tirage des sommes des substitutions, feront pl bre arbitre du jouissant, & moitié du libre Sa Majesté accordant toute-fois au jouissant pleine fa vie durant, les revenus de la substitutions, & les substitutions en entrant demi, recueilleront les accroissemens annu que le premier usufruitier avoit déjà réal.

XVII. Tous les billets de la loterie fero fuient & d'un directeur, ou par deux di fin président, & de même que pour le tene les délivreront.

XVIII. Les intérêts de la loterie feront e revenue quelconque, libre de toute impo vent, à l'an & un jour de la date des arrêtés chez le notaire affilié, aux aina nationale; — & il ne fera tenu compte d demi pour 100 fur les intérêts, que là où dite du contrat.

XIX. Finalement, Sa Majesté, toujours les peuples, confirme par les présentes, confirme dans les lettres-patentes de la le déclare de nouveau pour elle & pour le toutes les rentes, gages, & pensions, qu caisse, hypothéquant de rechef, toutes ronne.

SALUT, par nos lettres-patentes de ce jour justement d'une caisse nationale, nous avons de ... de nos finances ; —— cette nécessité indif... part, mettant fin à tous les monopoles qui se ... le passé dans les effets royaux, & les créan... s'établissant plus à l'avenir les vampires de la ... la nation doit s'attendre à des économies sans ... les dépenses générales, qui mettront bientôt en fu... ... de diminuer la charge horrible des impo... ... enrichit la France, sous les regnes de Fran... XIV, & de Louis XV ; à cet effet, ayant ... dette de l'Etat étoit la ruine des sujets, & ... ... de constitution extraordinaire qu'elle cou... ... nos finances depuis 20 ans, étoit la cau... gueur des impositions, Sa Majesté s'établi... les besoins de l'Etat, les devoirs des sujets ... la dette publique, elle a trouvé que la dif... inégalités d'intérêt des uns & des autres ... et les avantages, il falloit que l'on autorisé... la partie la plus souffrante de 20 à 22 millions ... ... une portion au plus de 200,000 qui sup... ... désavantages de l'administration actuelle, à ... ... la proportion dans les taxes publiques, vou... ... à chacun, suivant celle de leurs ... ... elle a considéré que la convention pleine ... ... balance du petit nombre des créanciers avec ... des contribuables ; les premiers en aban... ... un capital acquis sur lui & ; pour 100 un ... ... le général des peuples, en se soumettant ... ... institutions, (sans détraction sur le capital,) ... ... plaira à Dieu de conserver les intérêts de ... ... cet arrangement équitable remplissant ... ... n'avons pas trouvé d'expédient plus salu... ... que d'abandonner la propriété de tous nos ... ... même que tous les arrérages & constitutions ... ... par nos lettres-patentes de ce jour, pour par... ... de leurs nouveaux effets, ou de la convention ... ... réalisé sans perte leurs créances avec l'Etat, ... sur la tête de leurs héritiers, avec des avant... ... les faire généralement retirer au pair, ... de s'accroissement & les convertir en billets ... ... de ces peuples, trouvant que cette rétroces... ... établissement de la caisse nationale, évite ... ... une perte tôt-ou-tard inévitable ; & qu'elle ... ... à l'Etat & à la nation un croupier des plus ... ... donner toute la vigueur & tout le crédit ... ... billement, & à ladite opération, ordonne ... ... lettres-patentes, que tous les effets royaux ... ... liation qu'ils soient, actifs ou viager de l'E... ... pagnie des Indes, contrats de l'Hôtel-de-... ... laire, au Roi du grand college ; & géné...

IV. Tous les 44,800,000 ou ⅘ de billets gagneront des lots, dont le moindre sera de 450 liv., & ceux-ci des lots en pri... mes d'intérêts depuis 100 pour 100 jusqu'à 2 & demi pour 100 avec accroissement annuel de demi pour 100 sur les intérêts. V. Pour éviter toute équivoque dans les accroissemens annuels, on en donnera le tableau ci-après.

VI. Le tirage de la loterie se fera par trois roues de fortune dans la première ; il y aura les 6,000,000 de numéros, dans la seconde, les 6,000,000 de lots en principal, & dans la troisième, les 6,000,000 de lots en intérêts ; (dont le plan est au dos.)

VII. Ces trois roues de fortune joueront au hazard conjointement l'une de l'autre ; & au tirage de chaque billet, il sera pratiqué, 1°. le lot de la prime en intérêt à codit lot ; —— ces trois billets étant sortis, le premier déplira en n°. qu'il lira par deux fois tout haut ; le second son lot idem, de même que celui en prime d'intérêt, & le tout sera enregistré par les notaires y présent, & lecture faite après l'enregistrement, de manière que si le n°. 4599 rencontre un lot en principal de 100,000 liv., & que le lot en prime porte 50 pour 100 ; le propriétaire du n°. 4599 jouira la vie durant de 50,000 liv. de rente avec demi pour 100 d'accroissement annuel, sur les 50,000 liv., & qui feroit dans une jouissance de 50 ans 12,500 liv. sur les 50,000 liv.

VIII. Pour la commodité du public, & sûr-tour des pères de familles, les billets de la loterie seront en quatre coupons, & les particuliers feront maîtres par plusieurs pensions qu'acquerront lesdits billets sur tant de têtes qu'ils désireront ; c'est-à-dire, que les personnes qui, par un ou plusieurs billets auront gagnés 2 ou 3000 liv. de rentes annuelles, & qui voudront les répartir sur plusieurs têtes par somme déterminée, feront libres de le faire, n'y ayant que sur deux têtes où elles ne seront pas reçues.

IX. Tous les effets royaux qui seront reçus au pair dans ladite loterie avec leurs arrérages d'intérêts, & tous ceux qui qui il sera accordé 10 pour 100 d'accroissement sur leurs pré... mier capital sont, —— sans accroissement, les actions de la Compagnie des Indes, actions des fermes, billets d'em... prunts, billets de novettes, billets des fermes, les annuités, les coupons, promesses au denier 20 idem au denier 25 ; toutes les loteries royales de l'Etat & de la Compagnie des Indes, 2 fois pour 100, —— effets du Canada & des Colonies ; les 50 millions pour l'Alsace ; —— les rescriptions suspendues ; tous les contrats quelconques, les rescriptions suspendues ; tous les contrats de l'Hôtel-de-ville, tant actif que viagé ; —— tous ceux de la Compagnie des Indes, actifs ou viagers, & tous ceux des secrétaires du Roi du grand college.

X. Également seront convertis en billets de loterie avec accroissement de 10 pour 100 sur le capital, tous les arrérages de nos finances par gages & pensions, & tous ceux par four... niture, entreprise, & autre pour compte de nos dites finan... ces, par comptes arrêtés au contrôle-général de nos dites finances ; libre aux possesseurs desdits billets de les négocier avant de les avoir convertis en billets de ladite loterie.

XI. Dans la façon de ladite loterie, & pour l'ordre des payemens qu'il billets de ladite loterie, & pour l'ordre des payemens de cha... doit en être fait pour remplir la valeur des 500 livres de cha... que billet ; comme il résulte que de soustraire les inté... ... qui en que la caisse nationale qui

XIII. Pour établir une règle générale à l'égard des rompus de compte ; Sa Majesté dit, que tous les rompus qui arrive... ront à 60 liv. il sera donné un coupon de billet à chaque in... téressé, & ceux-ci y ajouteront un argent, (ou en billets des fractions de ladite loterie les 45 liv. de plus qu'il faudra pour chaque billet.

XIV. Tous les particuliers qui n'auront pas converti leurs créances avec l'Etat en billet le jour de la présente loterie, avant le premier jour de l'ouverture de son tirage, perdront leur créan... ... ou au profit de ladite caisse nationale ; —— auront le même fort de leurs billets des rompus fait par le président & direc... teur de ladite caisse, qui ne feront point présentes avant ladite ouverture de ladite caisse, & dudit tirage.

XV. Pour, dudit tirage, rentes viagères de l'Etat dont feront reçus les contrats en Majesté dit, & établit, que les rentes desdits contrats feront rapprochées, & celle d'un capital au 10 pour 100 ; désorte que 1000 liv. de rente viagère exigeront un capital de 10,000 liv. qui fera accordé par ladite avec 10 pour 100 d'accroissement sur lesdites 1000.

XVI. Pour prévoir tous les inconvéniens qui pourroient s'op... poser à une opération aussi décisive pour la nation, que celle de l'établissement de la caisse nationale, Sa Majesté dit & ordonne, que dans le cas où il se trouveroit des effets royaux, ou autres objets fournis & dénommés à la teneur des articles 9 & 10 des présentes ; au pouvoir de main-morte, ou lié ; des substitutions de famille, que lesdits effets ou lesdites sommes feront toujours convertis en billets de la présente loterie, & que les fondamentalis-mortes au gré des possesseurs actuels, sur telle tête qu'ils désireront, sans se rétablir sous à son tirage feront placées par les gens commis-mortes aux gré des possesseurs actuels, particuliers des provinces jouissant que les chapitres généraux & reflits à des substitutions que ladite tête qu'ils oppose intéres... tirage des sommes des substitutions feront placées par les li... bre arbitre du jouissant, & moitié au libre arbitre du substitué ; Sa Majesté accordant toute-fois au jouissant actuel la jouissance pleine & vie durant, des revenus de la somme entière en substitutions, & les substituées en entrant en jouissance de leur demi, recueilleront les accroissemens annuels de demi pour 100 que le premier usufruitier avoit déjà réalisé.

XVII. Tous les billets de la loterie feront signés par le pré... fident & d'un directeur, ou par deux directeurs en absence du président, de même que par le teneur des registres qui les délivreront.

XVIII. Les intérêts de la loterie feront exactement payés fans reveuue quelconque, libre de toute imposition présente & à venir, à l'an & au jour de la date des contrats qui en feront dreffés chez le notaire affilié, aux affaires de ladite caisse nationale ; —— & il ne fera tenu compte de l'accroissement de demi pour 100 fur les intérêts, que la deuxième année de la date du contrat.

XIX. Finalement, Sa Majesté, toujours attentive au bien de ses peuples, confirme par les présentes, les articles 12 & 13 contenus dans les lettres-patentes de la caisse nationale, & le déclare de nouveau pour elle & pour les siens, cautions de toutes les rentes, gages, & pensions, qu'aura à payer ladite caisse, hypothéquant de rechef, toutes les rentes de sa cou... ronne.

XVIII. Les intérêts de la loterie seront exactement remise quelconque, libre de toute imposition présente ou à venir, à l'avenir, & un jour de la date des contrat ...

XIX. Finalement, Sa Majesté, toujours attentive au bien de ses peuples, confirme par les présentes, les arrangemens contenus dans les lettres-patentes de la caisse nationale ...

VIII. Pour la commodité du public, & sur-tout des pères de familles, les billets de la loterie seront en quatre coupons, & les particuliers seront maîtres de repartir les pensions qu'acquerront lesdits billets sur tant de têtes qu'ils désireront : c'est-à-dire, que les personnes qui, par un ou plusieurs billets auront gagnés 2 ou 3000 liv. de rentes annuelles, & qui voudront les répartir sur plusieurs têtes par somme déterminée, feront libres de le faire, n'y ayant que pour deux têtes où elles ne seraient pas reçues.

IX. Tous les effets royaux qui seront reçus au pair dans ladite loterie avec leurs arrérages d'intérêts, & tous ceux à qui il sera accordé 10 pour 100 d'accroissement sur leurs premier capital font, — sans accroissement, les actions de la Compagnie des Indes, — actions des fermes, billets d'emprunts, billets de novettes, billets des fermes, les annuités, les coupons, promesses au denier 20 dites au denier 25 ; toutes les loteries royales de l'Etat & de la Compagnie des Indes ; — 1 fois pour liv. ; — effets du Canada & des Colonies ; les 50 millions sur l'Alsace, les 40 sur la Bretagne, les 30 sur Strasbourg &c. ; — ceux avec accroissement de 10 pour 100 ; toutes les rentes quelconques, les redemptions suspendues ; tous les contrats de l'hôtel-de-ville, tant actif que viager ; — tous ceux de la Compagnie des Indes, actifs ou viagers, & tous ceux des secrétaires du Roi du grand collège.

X. Également feront convertis en billets de loterie avec accroissement de 10 pour 100 sur le capital, tous les arrérages de nos finances par gages & pensions, & tous ceux par fourniture, entreprise, & autre pour compte de nos dites finances, — par comptes arrêtés au contrôle-général de nos dites finances ; tant actif que viager ; — tous dites feront convertis en billets de ladite loterie.

XI. Dans la façon de convertir les effets royaux &c., en billets de ladite loterie, & pour l'ordre des payemens qu'il doit en être fait pour remplir la valeur, des livres de chaque billet, comme il n'est pas juste de frustrer les intérêts d'une année d'intérêt, il sera de souffrir que ... Sa Majesté pour obtempérer les intérêts des uns & des autres, s'établit que, dans tous les effets royaux à convertir en billets de 500 liv., dans la présente loterie, les particuliers ne seront tenus pour chaque billet de ne représenter en contre-valeur que 477 liv. 10 sols en effets royaux ; les 22 liv. 10 sols de marque dans lesdits 500 liv., se trouvant remplis par les intérêts de l'année accordée pour le tirage de ladite loterie à 4 & demi pour cent sur les 500 liv. ; — également que pour tous les effets royaux, où il y aura accroissement de 10 pour 100, les porteurs ne pourront représenter que 427 liv. 10 sols en effets royaux, pour un billet de 500 liv., les accroissemens de 10 pour 100 ou de 50 liv., & les intérêts de l'année comme dessus, remplissant le moins-value de chaque billet de 500 liv. pour chaque billet.

XII. A l'égard des rompus qui pourront se rencontrer dans les arrangemens des comptes, des créanciers de l'État avec la caisse nationale : tous ceux qui feront de fix liv. en-dessous, feront perdus pour les propriétaires au bénéfice de la caisse ; & tous ceux qui feront au-dessus jusqu'à 12 liv., feront payés argent comptant, & pour tous ceux au-dessus de 12 liv. jusqu'à 500 liv., il fera donné des billets imprimés de la valeur, signés par le président de la caisse nationale, par un des directeurs, & par le chargé des régistres, afin que les pourcomptes puissent les négocier sur la place, aux particuliers qui en auront de besoin, pour completter la mise de chaque billet de loterie un mois avant le tirage de ladite loterie, la caisse nationale le chargera pour 50 pour 100 de perte de tous les billets , (des rompus de l'an & un pour les présentes), & se chargera des billets de la loterie qu'ils auroient embrassé.

VII. [...] en présence [...] en pouvoir au main-morte , ou ne [...] des substitutions de famille, que lesdits effets , ou lesdites sommes feront toujours convertis en billets de la présente loterie, & que les rentes viagères qui en résulteront à son tirage feront fur telle tête qu'ils estimeront fortes au gré des possesseurs desdits particuliers des provinces puissent, tant que les chapitres généraux & reflets à des substitutions , feront libres de [...] pour ceux de [...] tirage des substitutions que les rentes qui résulteront au libre arbitre du jouissant, & moitié au libre arbitre du substitué : Sa Majesté accordant toute-fois au jouissant actuel la jouissance pleine sa vie durant, des revenus de la somme entière de substitutions, & les substitués en entrant en jouissance de leur demi , recueilleront les accroissemens annuels de demi pour 100 que le premier usufruitier avoit déjà réalisé.

XVII. Tous les intérêts de la loterie feront signés par le président & d'un directeur , ou par deux directeurs en absence du président, de même que par le teneur des régistres qui les délivreront.

XVIII. Les intérêts de la loterie feront exactement payés sans réjeume quelconque , libre de toute imposition présente & à venir , d'un & un jour de la date des contrats qui en feront dressés chez le notaire affilié , aux affaires de ladite caisse nationale : — & il ne fera tenu compte de l'accroissement de demi pour 100 fur les intérêts , qu'à payer la deuxième année de la date du contrat.

XIX. Finalement , Sa Majesté , toujours attentive au bien de ses peuples , confirme par les présentes , les articles 12 & 23 contenus dans les lettres-patentes de la caisse nationale , & fe déclare de nouveau pour elle & pour les siens , cautions de toutes les rentes , gages , & pensions , qu'aura à payer ladite caisse , hypothéquant de rechef , toutes les rentes de sa couronne.

[Colonne de gauche, suite :]

[...] transmission actuelle [...] la [...] urs plus attentive au bien de ses peuples , voulant juste proportion dans les taxes publiques , qui parution pour un chacun , suivant celle de leurs fortions pour un chacun , suivant celle de leurs [...] elle a considéré une la convertion pleine l'Etat en une seule constitution viagère , ramènerait la balance du petit nombre des créanciers avec diff des contribuables ; les premiers en abandonnant un capital acquis fur lui à 5 pour 100 au-[...] , & le général des peuples , en se soumettant aux constitutions , (sans détraction sur le capital) , il plaira à Dieu de conserver les intérêts de nous [...] — cet arrangement équitable remplissant nous n'avons pas trouvé d'expédient plus salu-[...] même que tous les accroissemens de tous nos finances , au profit de la caisse nationale que par nos lettres-patentes de ce jour ; pour par onale , les faire généralement retirer au pair , 100 d'accroissement & les convertir en billets des présentes : qui laissera le libre arbitre le réaliser sans perte leurs créanciers avec l'État , de leurs nouveaux effets , n'ayant des avantables : en conséquence , que tous les effets royaux il de ses peuples , trouvant que cette opérat° l'établissement de la caisse nationale , évite ts une perte tôt-ou-tard inévitable , & qu'elle fera à l'Etat & à la nation un croupier des plus [...] donner toute la vigueur & tout le crédit sablement , & à ladite opération , ordonne

lettres-patentes , que tous les effets royaux mination qu'ils soient , actifs ou viager de l'E-gtaires au Roi du grand collège , & général-arrérages & frais des finances , par gages , pen-fions loterie viagère , & autres , feront convertis en lettres-patentes de ce jour ; & que le capital [...] tous ces effets , constitutions viagères feront font tous abandonnés & fournidis fuivant le [...] onale jusqu'au tirage de la présente loterie [...] effets pour les contre-valeurs livrés au béné-die nationale ; à cet effet , Sa Majesté séante oui le Sgr. Turgot , maître controlleur-général , sur l'avis de son Conseil , de sa certaine science , & autorité royale , a déclaré & ordonné &c. rie en rente viagère en faveur de la caisse omposée de 6.000.000 ou de 4.800.000

erie il ne fera reçu que des effets royaux au pair , pour 100 de bénéfice , suivant leurs dénominations.

de la loterie auront en tête les armes du Roi , le numero en chiffre à la droite , & la date rivé tout en écrit à la gauche , en-dessous ils la loterie royale en rente viagère , créé par enrégistrées en parlement le [...] caisse nationale , avec accroissement de demi intérêt ; — & dans le rempli le numero année tout en lettres couchées à la main. rie se tirera à l'an & un jour des présentes , fille de Paris , en présence de Mr. le lieute-volice , de Mrs. le prévôt des marchands , pré-rs de la caisse nationale , du notaire affilié à d'un second notaire y appelle.

T A B L E A U des accroissemens annuels de Demi pour cent par an.

Années.	Accroissemens.	Années.	Accroissemens.
1	demi pr. 100.	27	13. & demi.
2	1 pour 100.	28	14.
3	1 & demi pr. 100.	29	14. & demi.
4	2.	30	15.
5	2. & demi.	31	15. & demi.
6	3.	32	16.
7	3. & demi.	33	16. & demi.
8	4.	34	17.
9	4. & demi.	35	17. & demi.
10	5.	36	18.
11	5. & demi.	37	18. & demi.
12	6.	38	19.
13	6. & demi.	39	19.
14	7.	40	20.
15	7. & demi.	41	20. & demi.
16	8.	42	21.
17	8. & demi.	43	21. & demi.
18	9.	44	22.
19	9.	45	22. & demi.
20	10.	46	23.
21	10. & demi.	47	23. & demi.
22	11.	48	24.
23	11. & demi.	49	24. & demi.
24	12.	50	
25	12. & demi.		
26	13.		

rie, que de 80 millions en constitutions....

LE COSMOPOLITE.

Hé ! cette constitution, led. Sr. l'a calculée de façon, qu'elle ne ressortit qu'au denier courant des constitutions de l'Angleterre & de la Hollande.

MILORD SPITEAL.

Mais l'Angleterre & la Hollande peuvent également acquitter leurs dettes nationales de la même façon que la France :... pourquoi nous disiez-vous le contraire ?

LE COSMOPOLITE.

Par la raison que je vais vous dire : — certainement l'Angleterre & la Hollande peuvent mettre à profit, l'opération de Mr. de Pellissery ; mais ces deux nations ne jouiront jamais des avantages qu'en retirera la France.

MILORD SPITEAL.

Je ne vois pas cela..... Si ce qui liquide la France, peut liquider l'Angleterre, l'opération est égale.

LE COSMOPOLITE.

Point du tout. 1° La France établit sa caisse nationale, qui excomptera au 3 pour 100 tous les effets du commerce, qui ne l'étoient auparavant qu'au 5 pour 100.

MILORD SPITEAL.

Bon ! n'avons nous pas notre banque en parité. ?

LE COSMOPOLITE.

Oui ;... mais votre établissement & celui de la Hollande, sont des établissemens usés par les énormes avances qu'ils ont faites à leurs gouvernemens, au lieu que celui de la France commence intact, libre de servitude.

VAN MAGDEBOURG.

Mon ami, la banque de la Hollande ne doit rien; son argent est constamment dans ses coffres, & du matin au soir, elle peut rembourser tous ses viremens de parties.

LE COSMOPOLITE.

N'en croyez rien, Van Magdebourg; — l'argent de votre banque a été englouti dans vos guerres avec la France, sous Louis XIV, & c'est les Etats de la Hollande, qui le doivent aujourd'hui, en sus de ses 1100 millions de florins, ce qui fait pour votre nation, une dette nationale, presque aussi forte que celle de la France & de l'Angleterre.

MILORD SPITEAL.

Quel autre avantage, s'il vous plait?...

LE COSMOPOLITE.

Le second avantage de la France, sur l'Angleterre & la Hollande, par son opération, c'est que la France, comme l'Angleterre & la Hollande, aussi fort endettées les unes que les autres, ont établi par sol & denier, leurs revenus actuels sur l'absolu de leurs dépenses;... de sorte que l'Angleterre & la Hollande, en convertissant leurs dettes nationales en rentes viagères au denier courant des rentes actives, ne profiteroient d'aucune économie dans leurs dépenses;... au lieu que la France réalise deux cinquièmes sur celles qu'elle faisoit avant l'opération.

VAN MAGDEBOURG.

Comment cela?....

LE COSMOPOLITE.

Le voici; — les 3 milliards, ou 3 milliards & demi, dont se charge la caisse nationale (à 4 & demi pour 100 les constitutions actives, & à

9 & demi pour 100 les viagères :) coûtent actuellement à la France, 150 millions au moins toutes les années : — par l'opération de Mr. de Pelliſſery, le miniſtère n'en débourſera plus que 75 à 80 millions, ce qui laiſſera en économie 70 ou 75 millions. — Additionnez à ces 70 ou 75 millions, l'économie que l'on réaliſera encore dans la ſuppreſſion des gages & dépenſes comptables en payeurs & contrôleurs des rentes, en tréſoriers, en chargés, de caiſſes &c. on trouvera que les 70 ou 75 millions ci-deſſus ſe monteront de 85 à 90 millions. — Conſidérations qui ſont entrées dans les obſervations de Mr. de Pelliſſery, quand il dit dans ſon mémoire, „ trois cauſes capitales oberent conſ-„ tamment les finances de la France, & dévo-„ rent par leurs extraordinaires des ſommes „ très-conſidérables. — La Ire &c. " Vous avez vu tout cela....

ST. ALBIN.

Mais croyez-vous qu'un tel arrangement fût poſſible, & que tous les citoyens viſſent d'un œil égal, une ſi rude opération ?.... car enfin c'eſt attaquer l'intérèt particulier.

LE COSMOPOLITE.

L'intérèt pariculier, mon ami, n'eſt qu'un mot vis-à-vis de l'intérèt général d'une nation ;.... parceque l'intérèt général d'une nation eſt toujours inférieur à celui de l'Etat. — Or ; ſi une nation cede de ſes avantages à l'autorité qui la gouverne, qui la défend contre l'ambition de tous ſes voiſins ;.... combien plus doivent être ignorés des intérèts particuliers vis-à-vis d'une nation auſſi nombreuſe que celle de la France ; — quelle eſt la juſtice, l'équité qui peut forcer un gouvernement de per-

pétuer une anarchie deſtructive (qui arriere
toute une nation), pour faire l'avantage d'une
poignée de particuliers. — La dette de l'Etat,
intéreſſe au plus 500,000 citoyens, dit Mr.
de Pelliſſery, & la cherté de nos impoſitions
eſt à la charge de 20 millions de ſujets. — 500,
000 vis-à-vis de 20 millions, ne ſont qu'un
40e de la population de la France : — ſi la France n'avoit point de dette, il exiſte qu'elle reti-
reroit 150 millions de moins de ſes ſujets ; pourquoi perpétuer des impoſitions d'une application auſſi diſproportionnée au nombre des contribuables, ſur-tout en conſidérant que ſi l'on
repartit leſdits 150 millions à tant par tète ſur
les 20 millions de ſujets, l'on trouvera que la
claſſe la plus pauvre, la plus indigente, & la
moins intéreſſée à la dette de l'Etat, ſera celle
qui en ſupportera la plus forte charge.

Adminiſ-
trateurs,
voilà vos
devoirs
expliqués.

St. Albin.

Tout étant lié dans un corps politique, l'arrangement des finances qui exiſte actuellement
en France, eſt indiſpenſable ; & par ce même
arrangement, l'opération que propoſe Mr. de
Pelliſſery me paroit rude.

Le Cosmopolite.

L'opération n'eſt ni rude ni dure ;... elle
n'attaque qu'une poignée de particuliers, gens
riches ou aiſés, pour ſauver l'exiſtence des trois
quarts de vos citoyens qui ne poſſedent rien. —
Liſez les lettres en diſcuſſion de Mr. de Pelliſſery,
citées dans ſon éloge de Colbert note 11....
(*voyez ces lettres à la fin de ce dialogue.*) que pen-
ſez-vous de toutes ces lettres ?

St. Albin.

Je penſe que Mr. de Pelliſſery donne de bien
bonnes

bonnes raiſons ; — mais comment pouvoir empêcher un homme qui ſe verra violenté , de
ne pas ſe plaindre ?

LE COSMOPOLITE.

Si c'eſt un homme ſage il ne ſe plaindra
point , parce qu'il conſidérera que cette opération lui ſauve une infinité d'événemens des
plus deſtructeurs pour lui , & pour ſa famille : — qu'il ne peut être tranquille & heureux
dans ſon ménage , qu'entant que ſes citoyens
le ſeront également ; & que ſes citoyens ne
peuvent l'être , ſi l'Etat ne donne point un
arrangement ſolide à ſes affaires..... Or , comme c'eſt de cette opération que dépend la tranquillité publique , la proſpérité du commerce
& de l'agriculture ; toute ame honnête ſe ré-
ſignera ſans murmurer ; ſur-tout en conſidérant que l'eſpoir d'être payé un jour de leur
créance avec l'Etat , eſt un eſpoir chiméri-
que ; Mr. de Pelliſſery le leur démontrant clairement dans ce paſſage de la note *page* 81 de
ſon éloge de Colbert , quand il dit : „ pour
„ bien ſentir la néceſſité de la converſion plei-
„ ne de la dette de l'Etat active ou viagère ,
„ en une ſeule conſtitution viagère , par l'aſſiſ-
„ tance de la caiſſe nationale citée au proſpec-
„ tus : il faut conſidérer que la régie des
„ caiſſes , & des comptables des diverſes ren-
„ tes en actif ou en viager , coûtent plus de 30
„ millions de dépenſe à nos finances , & qu'il
„ eſt de l'intérêt public de les économiſer :...
„ Que depuis la paix de 1763 la dette natio-
„ nale s'eſt augmentée de plus de 600 millions....
„ Que depuis 1770 nos impoſitions ont ren-
„ cheri de plus de 40 millions en recettes.....
„ Et qu'avec un tiers moins de commerce utile

„ & politique qu'en 1744 , un tiers moins de
„ colonies & de navigation qu'en 1756 , nos
„ citoyens fupportent aujourd'hui 50 pour 100
„ plus d'impofition qu'en 1744 ; d'où il faut
„ conclure , que fi après dix ans de paix , &
„ dans le plus grand extrème des impofitions
„ l'état ne peut entrer utilement en liquidation
„ avec lui-mème ; il eft prouvé qu'il ne le pourra
„ jamais ; — en conféquence , les dépenfes po-
„ litiques l'emportant fur les civiles , & les
„ charges civiles par leurs rigueurs arriérant
„ tous les jours les fources du travail , les in-
„ téréffés à la créance de l'Etat doivent s'atten-
„ dre , fous peu de temps , (fi le fyftème ac-
„ tuel de nos finances continue) à une banque-
„ route feche ; — de forte que pour éviter une
„ femblable cataftrophe , & fouftraire l'hiftoire
„ de la nation , du récit dégoûtant , de deux ban-
„ queroutes ignominieufes fous un même rè-
„ gne ; il faut mettre l'Etat à même de pouvoir
„ faire honneur à fes engagemens , par la con-
„ fervation du travail , du commerce & de l'in-
„ duftrie de fes fujets ; — pour trouver ce nord
„ fixe , tant défiré , il n'eft aucun températif
„ plus heureux pour lui , & plus avantageux à
„ fes citoyens que celui de l'établiffement de la
„ caiffe nationale , — cette caiffe mettant fin à
„ un nombre infini de régies & de comptabilités
„ des plus ruineufes pour nos finances ; ... ou-
„ vrant au commerce & à l'induftrie des fecours
„ phyfiques fous 3 pour 100 d'intérèts , ...
„ procurant à l'Etat une liquidation totale , fous
„ 75 ou 80 millions de conftitution pendant
„ 40 ans , & fourniffant aux créanciers de la
„ dette nationale l'affurance certaine d'ètre payé ,
„ eux ou leurs héritiers , leur vie durant , des

„ ufufruits d'un effet ruiné , fans valeur & fans
„ crédit, plus avantageufement qu'ils ne pour-
„ roient l'être par aucune création viagère, &c.,,

ST. ALBIN.

Malgré tous ces beaux raifonnemens, il y a
telles perfonnes qui en feront écrafées.

LE COSMOPOLITE.

Aucune, mon cher ami, aucune ; .... toutes
celles qui ont aujourd'hui en propriétés les
effets royaux, les ayant achetés fur la place
à 40, 50 & 60 pour 100 de perte, & ayant
joui pendant longues années de très-forts intérêts fur leurs débours, qui ont recomblé à une
partie de leur capital ; — d'ailleurs vous favez
que ces nouvelles rentes viagères font inceſ-
fables, qu'il y a un accroiffement annuel de
demi pour 100 fur le produit de la rente ; par
conféquent que l'opération eft toute à l'avantage
des jeunes gens & des pères de famille.

ST. ALBIN.

Je ne fuis pas de votre avis ; — je vois un
capital immenfe enlevé à la fociété....

VAN MAGDEBOURG.

Mon ami, (*à St. Albin*,) il n'y a point de
père un peu attentif au fort de fes enfans, qui
ne doive bénir une telle opération : affez généralement la plûpart des jeunes gens, diffipant
follement leurs biens de famille, & fe trouvant
après fans pain, fans afyle, fans fecours, dans
l'âge de décrépitude....

MILORD SPITEAL.

Il eft certain qu'en plaçant 2 ou 3000 liv. fur
la tête d'un enfant, (dans une femblable création,) on lui affure du pain pour toute fa vie.

ST. ALBIN.

Hé ! penfez-vous que cette prévoyance des

I 2

pères de famille fût d'un si grand secours à cette opération?

LE COSMOPOLITE.

Certainement.... admettez seulement un million d'enfans dans le royaume, sur la tête desquels l'on plaçât, seulement, 2000 liv.... vous auriez deux milliards dans cette seule partie.

ST. ALBIN.

Ne croyez-vous pas que l'expédient qu'avoit pris le Sr. Abbé Terray, d'ouvrir de temps en temps des emprunts viagèrs, tels que celui de 180 millions en 1770, & de 25 millions en 1771, auroient pu produire le même avantage, sans embrasser, tout à la fois, une si vaste opération?

LE COSMOPOLITE.

Non, certainement;... ces sortes d'emprunts faits à contre temps, étant très-ruineux par eux-mêmes, & les deux, de l'Abbé Terray, ont été plus ruineux qu'aucun qu'ait jamais fait la France, en ce que ceux-ci, loin de n'augmenter la dette de l'Etat, que de la demi reçue en comptant dans les deux emprunts, l'a augmentée des sommes entières de 180 millions, & de 25 millions.

ST. ALBIN.

Vous vous trompez;... n'a-t-il pas retiré de ces 205 millions, 102,500,000 liv. en effets royaux, qui n'auront plus cours?

LE COSMOPOLITE.

— Oui, qui devroient ne plus avoir cours.

ST. ALBIN.

Par conséquent, il n'a augmenté la dette de l'Etat que de 102,500,000 liv.; qui est la demi reçue comptant?

LE COSMOPOLITE.

Mais, fi au lieu de bâtonner les effets royaux reçus dans l'opération, on les remets une feconde fois en négociation, la dette nationale ne s'augmente-t-elle pas de 205 millions de plus ?

ST. ALBIN.

Vous avez raifon.

LE COSMOPOLITE.

Hé ! c'eft précifément ce que l'on a fait.

ST. ALBIN.

Mais, c'eft une concuffion, un péculat ;... c'eft tromper le roi & le public.

LE COSMOPOLITE.

Hé ! a-t-on fait autre chofe depuis 1756, & plus particulièrement depuis 1770 ; — voyez par la lettre imprimée, qui court dans le public, du Sr. Abbé Terray au Sr. Turgot, toutes les horreurs qui fe font commifes pour les refcriptions.... Hé bien, les mêmes horreurs fe font commifes pour tous les effets royaux, liquidés par la caiffe des amortiffemens, depuis 1764 & pour tous ceux reçus dans les deux emprunts viagers de 1770 & 1771.

VAN MAGDEBOURG.

Ces infidélités font très-criminelles en fyftème d'Etat ;... elles méritent châtiment.

LE COSMOPOLITE.

Savez-vous, (*à St. Albin,*) comment les emprunts viagers de 180 millions & de 25 millions, de votre abbé Terray, auroient été bien faits?...

ST. ALBIN.

Comment?

LE COSMOPOLITE.

C'eft, fi votre abbé Terray s'étoit trouvé en fus des dépenfes de l'Etat 10 millions d'écono-

I 3

nomie, — pour lors, que ce miniſtre eût repréſenté au roi : „ Sire, je me trouve 10 mil-
„ lions de plus que je n'ai de beſoin pour toutes
„ les dépenſes générales ; — cette ſomme eſt
„ trop modique pour entamer la liquidation
„ d'une dette auſſi immenſe que celle de la
„ France ; — ſi votre Majeſté veut m'en croire,
„ il ſeroit avantageux à l'Etat d'ouvrir un em-
„ prunt viager de 200 millions, — parce que les
„ 10 millions en économie rempliront, ſans
„ nouveauté, les 5 pour 100 de plus qu'il
„ faudra accorder à la conſtitution viagère deſ-
„ dits 200 millions ; „ — dans cette poſition un
pareil emprunt ſeroit bien fait, parce qu'il
éteindroit réellement 200 millions de la dette,
& que tous les 8 ou 10 ans, par les bénéfices des morts on pourroit renouveller une
ſemblable opération. — Mais dès que l'on n'en
vient à ces expédiens que pour ſe procurer de
l'argent & que pour en remplir les conſtitutions,
on eſt forcé de mettre conſtamment ſur les
peuples des nouvelles impoſitions, comme l'a
toujours pratiqué votre dit abbé Terray ;...
des pareils emprunts ſont iniques, inſolens,
ruineux, parce qu'ils rendent plus malheureux
que ne l'étoit, le fort d'une nation. —

PREUVE.

Si le Sr. abbé Terray n'avoit point imaginé
les emprunts viagers de 180 millions & de 25
millions, faiſant 205 millions, la France n'auroit eu à payer que les intérêts à 4 & demi
pour 100, ſur 102,500,000, (pour la demi,
exiſtente dans ſes effets royaux des 205 millions
en viager,) ce qui conſtituoit à 4 & demi pour
100 un débours annuel de 4,612,500 liv. —
ayant converti cette ſomme en viager avec une

addition du double par l'appel en comptant ; l'Etat a eu à payer 9 & demi pour 100, fur 205,... ce qui a occafionné une dépenfe annuelle de . . . . liv.19,475,000.

Retour dans la circulation publique des 102,500,000 l. en effets royaux à 4 & demi pour 100. . . 4,612,500.

          En tout . . . . liv.24,087,500.

Ce qui a établi un accroiffement de dépenfe de . . . . . . 19,475,000.

contre une , que l'on ne faifoit auparavant que de . . . . liv. 4,612,500.

des pareilles opérations ne peuvent être que ruineufes.

        V A N M A G D E B O U R G.

Tout ce que j'entends eft très-bien vu & très-bien démontré , vous êtes un homme admirable ; — mais au travers de tous ces beaux raifonnemens, je voudrois bien que vous me fiffiez connoitre en quoi confiftent les avantages de la caiffe nationale , dont vous avez commencé de nous entretenir , & quelle doit-être la marche de ces opérations ?

        L E C O S M O P O L I T E.

Les avantages de cet établiffement font immenfes , & d'autant plus flatteurs , qu'ils font fans intérêt particulier ,... qu'ils ne font utiles qu'à la fociété , & qu'ils ne peuvent fe réalifer qu'en faifant le bien de tous les citoyens ; — premièrement, la caiffe nationale réalife d'entrée de jeu 120 millions en fond capital.

Vérité fans répli-que.

        V A N M A G D E B O U R G.

Comment cela ?

                    I 4

LE COSMOPOLITE.

Le voici : Du moment que l'autorité accordera des Lettres-Patentes pour l'établissement de la caisse nationale & pour la constitution de la loterie viagere, l'assignation de 80 millions de l'état pendant quarante ans, en faveur de ladite caisse nationale, court pour l'état. — Comme cette caisse sera chargée de retirer tous les effets royaux, pour être convertis en billets de sa loterie, & qu'elle ne fait point le temps qu'elle pourra y employer pour ne point frustrer les porteurs des effets royaux des intérêts respectifs, — il sera bonifié à un chacun, une année d'intérêts sur chaque mise de 500 livres. En conséquence ; pour un billet de 500 livres de ladite loterie viagère, les porteurs d'effets royaux, sans accroissement, ne donneront que . .

. . . . liv. 477 „ 10 f.
en effets royaux ; & il leur sera
tenu compte de . . . .　　22 „ 10
pour les intérêts d'une année à 4
& demi pour 100, ce qui remplira ——— ———
les . . . . liv. 500

du montant de chaque billet. — Pour les effets royaux où il y aura accroissement de 10 pour cent, de même que pour les rentes viagères & pour tous les arrérages des finances, les intéressés n'auront à débourser que . . liv. 427 „ 10 f.
en effets royaux, & il leur sera
tenu compte de . . . .　　22 „ 10 f.
pour les intérêts d'une année,
à 4 & demi pour 100, & de . . liv. 50
pour l'accroissement de 10 pour
100, accordé à ces sortes de créan- ——— ———
ces, ce qui fait . . . . . . ' . . . liv. 500

du montant des Billets. Avec cette fageffe les porteurs des effets royaux quelconques , ne font point fruftrés de leurs ufufruits , & l'établiffement réalife un capital au profit de la création , les 80 millions de conftitutions de la premiere année.

MILORD SPITEAL.

La tournure eft affez adroite : voilà à la fin l'énigme expliquée. Le cofmopolite nous a toujours dit que Mr. de Pelliffery fondoit fa caiffe nationale avec un très gros capital , & fans appel de finances : nous en voyons actuellement la marche.

LE COSMOPOLITE.

Ce n'eft pas tout .... le temps qui s'écoulera pour le tirage de cette loterie , de même que celui qui fe paffera avant que tous les contrats viagers foient dreffés , embraffera encore au moins cinq ou fix mois de demeure : ces cinq ou fix mois en toute raifon devant être à la charge des intéreffés , n'étant en demeure que pour arrêter leur fort., Mr. de Pelliffery en fait encore réalifer au profit de la caiffe nationale 40 millions au moins , fur la conftitution annuelle des 80 millions , ce qui lui complette bien à cette époque 120 millions de fonds capital ; de forte que fans intéreffés , fans aucun appel de finance , fans le fecours de l'état ni des citoyens , Mr. de Pelliffery fait établir par le miniftère de la France une caiffe nationnale.

1°. Qui liquidera très-rigoureufement la dette entière de l'état.

2°. Qui fimplifiera les régies & les dépenfes des comptables.

3°. Qui rangera les conftitutions générales de

la nation à la parité de celles de ſes rivaux.

4°. Qui laiſſera en économie de 85 à 90 millions dans les coffres de l'Etat.

5. Qui fondera à perpétuité un croupier à la dévotion de l'Etat & des citoyens, ſous un très-modique intérèt.

6°. Qui mettra à même l'autorité de ſe purger de la ſervitude ou conſtituent les dépenſes de l'Etat, la finance de toutes les charges, offices & cautionnemens de l'adminiſtration civile & politique du gouvernement. Enfin :

7°. Qui rétablira tous les établiſſemens de politique, tels que celui de la compagnie des Indes, en en multipliant le nombre dans toutes les villes commerçantes du royaume.

St. Albin.

Voilà un furieux enchaînement d'intérèts enlaſſés avec jugement dans une ſeule & unique opération.

Milord Spiteal.

Il faut que votre Mr. de Pelliſſery ſe ſoit furieuſement tourmenté l'eſprit pour imaginer une opération qui ait pu réunir dans un ſeul point de vue tous les intérèts intérieurs & extérieurs de la France !... Car ſi je ſaiſis bien ſon opération, il me ſemble que Mr. de Pelliſſery a connu que la France s'arriéroit conſtamment par la cherté de ſes conſtitutions & par la cherté de ſes impoſitions ; par la multiplicité de ſes régies & par la multiplicité de ſes comptables ; par la décadence de tous ſes commerces, & par la diſproportion de ſes intérèts, vis-à-vis de ceux de ſes rivaux ; — par la diſette des croupiers argentés, & par le défaut d'établiſſemens de politique ;... & de l'enſemble de tous ces déſavantages votre Mr. de Pelliſſery a enfanté le plan de la caiſſe nationale en queſtion, qui change en un inſtant la face de la ſituation obérée de la France ? qui remédie à tous les abus de ſon adminiſtration, à tous les déſavantages de ſes ſyſtèmes économiques ? & ſans argent, ſans crédit, ſans le ſecours de perſonne, il procure une ſi heureuſe révolution ? La choſe eſt admirable ! Si je ne la touchois pas avec le doigt comme je le fais, je ne le croirois pas.

VAN MAGDEBOURG.

Suivons, s'il vous plaît, la marche de ſon proſpectus de finance, qui eſt repréſenté le plus heureuſement du monde, par l'édifice de ſon *ſervatur imperium.* — C'eſt tout dire, en deux mots, dès que la caiſſe nationale logée dans cette maiſon eſt le centre de ſa combinaiſon. Nous avons vu :

1°. La liquidation pleine de la dette de l'Etat active & viagère.

2°. L'établiſſement de la caiſſe nationale, par le capital de 120 millions qu'elle réaliſe en compoſant ſa loterie. Mais, dites-moi un peu, quand les quarante ans de la conſtitution des 80 millions ſeront expirés de la part de l'Etat, qui eſt-ce qui payera aux intéreſſés de votre loterie qui ſeront encore vivans, ce qui leur reviendra annuellement ?

LE COSMOPOLITE.

La caiſſe nationale.

VAN MAGDEBOURG.

Hé ! ou prendra-t-elle ſes revenus, n'ayant plus la conſtitution de ces 80 millions ?

LE COSMOPOLITE.

De ſes propres fonds, qu'elle fera valoir à 3 pour 100 ſur tous les effets actifs de l'Etat & du commerce.

VAN MAGDEBOURG.

De fes propres fonds ! Eh vous croyez qu'a-vec 120 millions de fonds capital au 3 pour 100, cette caiffe pourra fournir à plus de 40 millions de conftitutions qui lui refteront peut-être encore à payer toutes les années.

LE COSMOPOLITE.

Certainement.

VAN MAGDEBOURG.

Vous vous moquez ?

LE COSMOPOLITE.

Non ; le fait eft très-réel. — Confidérez 1°. ce que réalifera la caiffe nationale dans cet efpace de quarante ans, dans le feul bénéfice des morts ; — 2°. Les profits des intéreffés à 3 pour cent qu'elle additionnera conftamment à fon capital de 120 millions pendant lefdits quarante ans, & vous verrez qu'à cette époque, lors de l'expiration de la conftitution des 80 millions que la caiffe nationale aùra réalifé à fon profit au moins de 11 à 12 millions de fonds capital.

VAN MAGDEBOURG.

Cela ne fe peut pas . . . . Vous ne comptez donc point ce que vous coûteront les accroiffe-mens annuels de demi pour cent. — Songez que ce fera 400 mille livres pour la première année, 800 mille livres pour la feconde, de 11 à 1200 mille livres pour la troifième, &c.

LE COSMOPOLITE.

Pardonnez-moi ? . . . . Mr. de Pelliffery a fait ce compte-là en calculant celui de vie & de mort des intéreffés. — En n'admettant qu'un pour 100 pour ceux-ci, comme il le fuppofe, au lieu de 3 pour 100 que détracte l'arithmétique politique, l'opération réalife à fon avantage, ce que vous venez de citer en débours.

Par les divers relevés que j'ai fait, sur les états de vie & de mort cités dans les divers papiers publics de l'Europe, j'ai trouvé pour tout ce qui est constitution viagère qu'il s'éteignoit,

De 1 an à 7 ans. . . 33 pour 100 dans cette classe, ce qui sur 1000 L. . . feroit . 333 L. 6 s. 8 d.
De 7 ans à 18 ans. . . 25 pour 100. . . idem . . . idem . 666. 13. 4. . . . . 166. 13. 4.
De 18 ans à 40 ans. . . 20 pour 100. . . idem . . . idem . 500. – – . . . . . 100. — –
De 40 ans à 60 ans. . . 15 pour 100. . . idem . . . idem . 400. . . . . 60. — –
De 60 ans à 70 ans. . . 10 pour 100. . . idem . . . idem . 340. – – . . . . . 34. — –
De 70 ans à 80 ans. . . 10 pour 100. . . idem . . . idem . 306. – – . . . . . 30. 6. –

Desorte que sur 1000 L. de constitutions viagères, il peut encore en exister au bout de 80 ans pour L. 275. 14.
Cependant de 70 ans jusques à 90, il n'est pas possible de pouvoir établir de proportion fondamentale.

TABLEAU DES BÉNÉFICES ANNUELS

Qu'acquérera la Caisse nationale dans les 40 ans de la constitution de l'État sur 75 millions.

Années.	Constitution de l'État.	Intérêts annuels de la Loterie.	Bénéfice des morts à 1 pour 100 l'année.	Accroissement annuel de demi pr. 100 sur les intérêts.	Constitution annuelles avec les accroissemens.	Bénéfices en réalisation de capital.
1	75,000,000 . . .	– – – – – –	– – – – – –	– – – – –	– – – – – –	L. 75,000,000.
2	75,000,000 . . .	– – – – – –	– – – – – –	– – – – –	– – – – – –	75,000,000.
3	75,000,000 . . .	79,213,089.	792,130.		78,420,959.	792,130.
4	75,000,000 . . .	78,420,959.	784,209.	392,105.	78,028,854.	392,105.
5	75,000,000 . . .	78,028,854.	780,288.	390,144.	77,638,710.	390,144.
6	75,000,000 . . .	77,638,710.	776,387.	388,193.	77,250,516.	388,194.
7	75,000,000 . . .	77,250,516.	772,505.	386,253.	76,864,263.	386,252.
8	75,000,000 . . .	76,864,263.	768,642.	384,321.	76,479,942.	384,321.
9	75,000,000 . . .	76,479,942.	764,799.	382,399.	76,097,543.	382,399.
10	75,000,000 . . .	76,097,543.	760,975.	380,488.	75,717,055.	380,488.
		7,609,754.	variation sur les morts à 10 pr. 100.			7,609,754.
reste		68,487,789.	Dans ses 10 ans il devroit y avoir par les calculs politiques 10,725,300 en réduction.			L. 161,105,788.
11	75,000,000 . . .	68,487,789.	684,877.	342,439.	68,145,350.	6,854,650.
12	75,000,000 . . .	68,145,350.	681,453.	340,726.	67,804,624.	7,194,376.
13	75,000,000 . . .	67,804,624.	678,046.	339,023.	67,465,601.	7,533,399.
14	75,000,000 . . .	67,465,601.	674,656.	337,328.	67,128,273.	7,870,727.
15	75,000,000 . . .	67,128,273.	671,282.	335,641.	66,799,632.	8,206,368.
16	75,000,000 . . .	66,792,632.	667,926.	333,963.	66,458,669.	8,540,331.
17	75,000,000 . . .	66,458,669.	664,586.	332,293.	66,126,376.	8,208,038.
18	75,000,000 . . .	66,126,376.	661,263.	330,631.	65,795,746.	8,538,669.
19	75,000,000 . . .	65,795,746.	657,957.	328,978.	65,466,767.	8,867,647.
20	75,000,000 . . .	65,466,767.	654,667.	327,332.	65,139,433.	9,194,981.
		6,546,676.	variation de 10 pour 100 sur les morts.			6,546,676.
reste		58,920,091.	Dans ses 20 ans, il devroit y avoir suivant les calculs politiques 20,392,994. en réduction.			L. 248,661,650.
21	75,000,000 . . .	58,920,091.	589,200.	294,600.	58,625,591.	16,376,509.
22	75,000,000 . . .	58,625,491.	586,254.	293,127.	58,332,364.	16,667,636.
23	75,000,000 . . .	58,332,364.	583,323.	291,661.	58,040,702.	16,959,298.
24	75,000,000 . . .	58,040,702.	580,407.	290,204.	57,750,499.	17,249,501.
25	75,000,000 . . .	57,750,499.	577,504.	288,752.	57,461,747.	17,538,253.
26	75,000,000 . . .	57,461,747.	574,617.	287,309.	57,174,439.	17,825,561.
27	75,000,000 . . .	57,174,439.	571,744.	285,872.	56,888,567.	18,111,433.
28	75,000,000 . . .	56,888,567.	568,885.	284,443.	56,604,124.	18,395,876.
29	75,000,000 . . .	56,604,124.	566,041.	233,020.	56,321,104.	18,678,896.
30	75,000,000 . . .	56,321,104.	563,211.	231,606.	56,039,540.	18,960,451.
		4,505,688.	variation des morts à 8 pour 100.			4,505,688.
reste		51,815,416.	Dans ses 30 ans, il devroit y avoir suivant les calculs politiques 27,397,673. en réduction.			L. 429,928,752.
31	75,000,000 . . .	51,815,416.	518,154.	259,077.	51,556,339.	23,443,661.

				jour vis.	77,250,516. . .		383,194.
8	75,000,000 . . .	77,250,516. . .	772,505. .	386,253. . .	76,864,263. . .		386,252.
9	75,000,000 . . .	76,864,263. . .	768,642. .	384,321. . .	76,479,942. . .		384,321.
10	75,000,000 . . .	76,479,942. . .	764,799. .	382,399. . .	76,097,543. . .		382,399.
	75,000,000 . . .	76,097,543. . .	760,975. .	380,488. . .	75,717,055. . .		380,488.
		7,609,754. . .	variation fur les morts à 10 pr. 100. . . .				7,609,754.

reſte	68,487,789.	Dans ſes 10 ans il devroit y avoir par les calculs politiques 10,725,300 en réduction.

L. 161,105,788.

11	75,000,000 . . .	68,487,789. . .	684,877. .	342,439. . .	68,145,350. . .		6,854,650.
12	75,000,000 . . .	68,145,350. . .	681,453. .	340,726. . .	67,804,624. . .		7,194,376.
13	75,000,000 . . .	67,804,624. . .	678,046. .	339,023. . .	67,465,601. . .		7,533,399.
14	75,000,000 . . .	67,465,601. . .	674,656. .	337,328. . .	67,128,273. . .		7,870,727.
15	75,000,000 . . .	67,128,273. . .	671,282. .	335,641. . .	66,799,632. . .		8,206,368.
16	75,000,000 . . .	66,792,632. . .	667,926. .	333,963. . .	66,458,669. . .		8,540,331.
17	75,000,000 . . .	66,458,669. . .	664,586. .	332,293. . .	66,126,376. . .		8,208,038.
18	75,000,000 . . .	66,126,376. . .	661,263. .	330,631. . .	65,795,746. . .		8,538,669.
19	75,000,000 . . .	65,795,746. . .	657,957. .	328,978. . .	65,466,767. . .		8,867,647.
20	75,000,000 . . .	65,466,767. . .	654,667. .	327,332. . .	65,139,433. . .		9,194,981.
		6,546,676. . .	variation de 10 pour 100 sur les morts. . .				6,546,676.

reſte	58,920,091.	Dans ſes 20 ans, il devroit y avoir ſuivant les calculs politiques 20,392,994. en réduction.

L. 248,661,650.

21	75,000,000 . . .	58,920,091. . .	589,200. .	294,600. . .	58,625,591. . .		16,376,509.
22	75,000,000 . . .	58,625,491. . .	586,254. .	293,127. . .	58,332,364. . .		16,667,636.
23	75,000,000 . . .	58,332,364. . .	583,323. .	291,661. . .	58,040,702. . .		16,959,298.
24	75,000,000 . . .	58,040,702. . .	580,407. .	290,204. . .	57,750,499. . .		17,249,501.
25	75,000,000 . . .	57,750,499. . .	577,504. .	288,752. . .	57,461,747. . .		17,538,253.
26	75,000,000 . . .	57,461,747. . .	574,617. .	287,309. . .	57,174,439. . .		17,825,561.
27	75,000,000 . . .	57,174,439. . .	571,744. .	285,872. . .	56,888,567. . .		18,111,433.
28	75,000,000 . . .	56,888,567. . .	568,885. .	284,443. . .	56,604,124. . .		18,395,876.
29	75,000,000 . . .	56,604,124. . .	566,041. .	233,020. . .	56,321,104. . .		18,678,896.
30	75,000,000 . . .	56,321,104. . .	563,211. .	231,606. . .	56,039,549. . .		18,960,451.
		4,505,688. . .	variation des morts à 8 pour 100.				4,505,688.

reſte	51,815,416.	Dans ſes 30 ans, il devroit y avoir ſuivant les calculs politiques 27,397,673. en réduction.

L. 429,928,752.

31	75,000,000 . . .	51,815,416. . .	518,154. .	259,077. . .	51,556,339. . .		23,443,661.
32	75,000,000 . . .	51,556,339. . .	515,563. .	257,782. . .	51,298,558. . .		23,701,442.
33	75,000,000 . . .	51,298,558. . .	512,985. .	261,493. . .	51,041,573. . .		23,958,427.
34	75,000,000 . . .	51,041,573. . .	510,415. .	205,207. . .	50,786,366. . .		24,213,634.
35	75,000,000 . . .	50,786,366. . .	507,863. .	253,931. . .	50,532,385. . .		24,467,615.
36	75,000,000 . . .	50,532,385. . .	505,323. .	252,662. . .	50,279,724. . .		24,720,276.
37	75,000,000 . . .	50,279,724. . .	502,797. .	251,398. . .	50,028,326. . .		24,971,674.
38	75,000,000 . . .	50,028,326. . .	500,283. .	250,142. . .	49,778,184. . .		25,221,816.
39	75,000,000 . . .	49,778,184. . .	497,781. .	248,891. . .	49,529,294. . .		25,470,706.
40	75,000,000 . . .	49,529,294. . .	495,292. .	247,646. . .	49,281,648. . .		25,718,352.
		3,942,531. . .	variation des morts à 8 pour 100.				3,942,531.

à la 41. année reſte	45,586,763.	Bénéfice des morts. . .	L. 679,758,886.

Dans ſes 40 ans, il devroit y avoir ſuivant les calculs politiques, L. 33,626,326. en réduction ; & par celui ci deſſus 3 cinquièmes du capital des 75 millions.

Capital réaliſé par le bénéfice des morts. . . . . L. 679,758,886.

Bénéfices des excomptes dans les 40 ans, pris en blocs par dixaines.

161,105,788. première dixaine, en valeur dans la ſeconde dixaine à 3 pour 100 l'année, dans les 10 ans.		48,331,720.
248,661,650. ſeconde dixaine. . . . . idem per idem		74,598,490.
429,928,752. troiſième dixaine. . . . . idem per idem		128,978,620.

Capital réaliſé par la caiſſe nationale à la quarante-unième année. . . . . L. 931,667,716.

Sans les intérêts des bénéfices annuels de la première dixaine, ni ceux des intérêts des intérêts, que l'on laiſſe en dehors pour les frais de régie ; de même que le ſurfecit de ce calcul, s'il n'arrivoit pas dans l'opération à 3 milliards de principal.

Van Magdebourg.

Cela ne peut pas être ; il se trompe assurément.

Le Cosmopolite.

Non il ne se trompe pas... Pour vous en convaincre, examinez ce tableau de vie & de mort qu'il a dressé lui-même , pour bien asseoir sa combinaison... Confrontez-le après avec celui qui est en dessous , (tiré de son mémoire de la caisse nationale, pour apprécier les bénéfices qu'acquerrera ladite caisse dans les quarante ans de la constitution des 75 ou 80 millions ,) & vous verrez qu'à cette époque , 1°. — que l'obligatif des constitutions alors existantes ne devroit être que de 20 sur 60 , & que Mr. de Pellissery , par son état des revenus , ne le suppose que de 20 à 45. 2°. Que la caisse nationale ne paroît devoir avoir réalisé alors que liv. 931,667,716, —tandis que les bénéfices des morts se monteront à un sixième , & peut-être à un cinquième de plus , sans les intérêts , & intérêts successifs des intérêts ; ce qui vous prouve que la combinaison est des plus avantageuses à l'opération ; toutes les charges y étant prises dans la plus forte dépense , & tous les bénéfices dans la plus basse proportion.

Van Magdebourg.

Je fais dans ce moment une réflexion qui me paroît juste : — Je veux avec vous que le tableau des bénéfices acquits en quarante ans soit fondé , & que cette caisse ait bien réalisé les l. 931,667, 716 qui y sont citées ; par ce tableau Mr. de Pellissery trouve qu'il existera encore de rentes viagères à payer pour liv. 45,586,763..— La constitution des 80 millions expirée , qui est-ce qui payera cette somme ?

LE COSMOPOLITE.

La caiffe nationale , vous ai-je déja dit ; par les bénéfices au 3 pour 100 qu'elle fera fur fon capital.

VAN MAGDEBOURG.

Mais ce produit ne fera pas fuffifant , puifque 3 & demi pour cent fur liv. 931,667,716 , ne fauroient procurer que 27,950,031 , & qu'il vous faut 45,586,763 ; il refte un déficit de liv. 17,636,732. —.

LE COSMOPOLITE.

Cela eft vrai : — mais ce déficit ne peut être ni durable , ni de cette conféquence , par les ob- fervations ci-devant ; — toutefois , s'il pouvoit exifter réellement , il y auroit mille moyens d'y pourvoir par d'autres opérations viagères , égale- ment utiles au corps politique. — Cette quef- tion , eft très indifférente dans ce moment.

VAN MAGDEBOURG.

Mais celle-ci ne l'eft pas. — Comment dans Paris feulement la caiffe nationale pourra-t-elle faire valoir un fi terrible capital ? — Eft-ce que la circulation de Paris pourra occuper toute feule pendant toute l'année une fomme de cette force ?

LE COSMOPOLITE.

Oui , & non ; — Paris étant le grand réfer- voir de la France : — mais les idées de Mr. de Pelliffery ont été plus générales. — Il a prévu votre queftion : — Vous voyez dans fon prof- pectus des finances , à côté du premier étage de fon (*fervatur imperium*) qu'il dit : " Caiffe & „ crédit public à 1 & 3 pour cent, l'année à éta- „ blir dans les principales villes du royaume.

VAN MAGDEBOURG.

Oui ; je le vois bien.

PROSPECTUS DE FINANCE

POSITION DE LA FRANCE en 1744.

COMMERCE, très-étendu en Europe, en Asie, en Afrique, en Amérique & dans l'Inde.

COLONIES puissantes, dans l'Inde, en Terre-Ferme, Isles Maurice & de Bourbon, Gorée & le Sénégal en Afrique; le Canada & Isles adjacentes en Amérique Septentrionale; le Missisipi, le Cap François, la Martinique, les Guadaloupes, Marie Galante, les Désirades, Grenades & Grenadilles, Cayenne & la jouissance des Isles neutres des Antilles.

NAVIGATION, 5000 Vaisseaux au moins en longs cours. 3000 Bâts de côtes, en Europe, en Asie, en Afrique, dans la Méditerranée.

FINANCES; dette de l'Etat 600 millions.
recettes, idem 290 millions.

OBSERVATIONS.

Tout Système qui ne réunira pas dans ses quatre angles la liquidation de la dette de l'Etat; le remboursement réel de la finance de toutes les charges, offices & cautionnement, constituant les finances de l'Etat; la simplification & la réduction des impôts; la suppression d'un nombre inutile de comptabilités en recettes & en dépenses, fera un Système faux & destructeur; l'impôt ruinant toujours l'impôt; & l'impôt plus il est simple, plus il est productif.

POSITION DE [LA FRANCE] en 177[5]

COMMERCE, de la pêche, de l'A[nglois], nouille & presque perdu. Des Isles [...] des Grenades & Grenadilles, perd[u]; Missisipi, perdu; de l'Italie, de l'[...], l'Allemagne & de tout le Nord r[...], douze à quinze cents millions pris a[...] dans nos deux guerres de 1744 & 1[...]

COLONIES, possessions de l'Inde[...] Canada & Isles adjacentes, perdu[...] Grenadilles, perdu; les Isles neutres [...]

NAVIGATION, dans la Pêche & [...] 800 Vaisseaux non navigant. 1000 à 1200 idem, en Amériq[...] 1000 Bâts de côte dans la Médi[...]

FINANCES, { Dette active. . . . [...]
{ Dite confitutive. [...]
{ Recettes générale[...]

MANSARDE.

Simplification dans la régie des finances de l'Etat.

Réduction dans les dépenses de Comptabilités.

SECOND ÉTAGE.

MARCHE DU SYSTÈME. · OPERATION DES FINANCES.

SERVATUR IMPERIUM.
1775.

RÉ[...]

des Impositi[...]
générale de [...]
Royaume, [...]
tuillon, cap[...]
150 milli[...]

É[...]

ROSPECTUS DE FINANCES.

N DE LA FRANCE
en 1744.

ndu en Europe, en Afie, en Afrique,
Inde.

, dans l'Inde, en Terre-Ferme, Ifles
n, Gorée & le Sénégal en Afrique; le
des en Amérique Septentrionale; le Mif-
, la Martinique, les Guadaloupes, Marie
, Grenades & Grenadilles, Cayenne &
utres des Antilles.

Vaiffeaux au moins en longs cours.
Rats de côtes, en Europe, en Afie, en
frique, dans la Méditerranée.

l'Etat 600 millions.
, idem 290 millions.

OBSERVATIONS.

Tout Syftême qui ne réunira pas dans
fes quatre angles la liquidation de la dette
de l'Etat; le rembourfement réel de la finance de toutes les charges, offices & cautionnement, conftituant les finances de l'E-
tat; la fimplification & la réduction des
impôts; la fuppreffion d'un nombre inutile
de comptabilités en recettes & en dépenfes,
fera un Syftême faux & deftructeur; l'impôt ruinant toujours l'impôt; & l'impôt plus
il eft fimple, plus il eft productif.

POSITION DE LA FRANCE
en 1773.

COMMERCE, de la pêche, de l'Afrique & de l'Inde en que
nouille & prefque perdu. Des Ifles neutres des Antilles, perdu
des Grenades & Grenadilles, perdu; du Canada, perdu; du
Miffifipi, perdu; de l'Italie, de l'Efpagne, du Portugal, de
l'Allemagne & de tout le Nord réduit de plus de la moitié;
douze à quinze cents millions pris au commerce par les Anglois
dans nos deux guerres de 1744 & 1756.

COLONIES, poffeffions de l'Inde ruinéer & fans défenfes; le
Canada & Ifles adjacentes, perdu; le Miffifipi, Grenades &
Grenadilles, perdu; les Ifles neutres des Antilles, perdues.

NAVIGATION, dans la Pêche & au Canada.
800 Vaiffeaux non navigant.
1000 à 1200 idem, en Amérique & l'Inde.
1000 Rats de côte dans la Méditerranée.

FINANCES, { Dette active. . . . . L. 2,400,000,000.
{ Dite conftitutive. . . . 800,000,000.
{ Recettes générales au moins 430,000,000.

RDE.

égie des finances
.
dépenfes de
ités.

MARCHE DU SYSTEME. OPERATION DES FINANCES

SERVATUR IMPERIUM 1775.

RÉDUCTION.

des Impofitions de l'Etat, par l'égalité
générale de la Gabelle dans tout le
Royaume; en fuppreffion de la taille,
taillon, capitation & aides. En 40 ans
150 millions au moins d'économie.

TAGE.

ÉGALITÉ
Des intérêts de la France avec ceux

SECOND ÉTAGE.

Remboursement des Annuités sans debours pour l'Etat.
Rétablissement de la Compagnie des Indes.
Création d'un Mont de Piété.

PREMIER ÉTAGE.

Caisse publique à 3 pour 100 l'année.
Crédit public à 1 pour 100 l'année ;
à établir dans les principales Villes de commerce de la France.

ENTRESOL.

Caisse d'excompte à 3 pour 100 l'année.

REZ DE CHAUSSÉE.

Liquidation de la Finance de toutes les Charges, Offices & cautionnement, constituant les Finances de l'Etat.

FONDEMENT.

Liquidation générale des arrérages, dettes & constitutions sur les Finances de l'Etat.

CAISSE NATIONALE.

SUB INVOCATIONE SANCTI LUDOVICI.
Galliæ & Francorum Rex.

ÉG
Des intérêts é
de l'Anglete
Opération tré
po

LIQU
des dettes de
Royaume , co
feille , Bo
Idem pour les l
en 25 ans , u

C
qui payera les
pensions viag
fans dépen

CRÉATIO
au denier 20
remboursemen
millions de plu
ans à des éta
de re

RENTE
infuffifiables ,
demi pour 100
par les hazard
te , où tous le
reçus au pair
conftitutions v
de l'Etat , avec
fement.

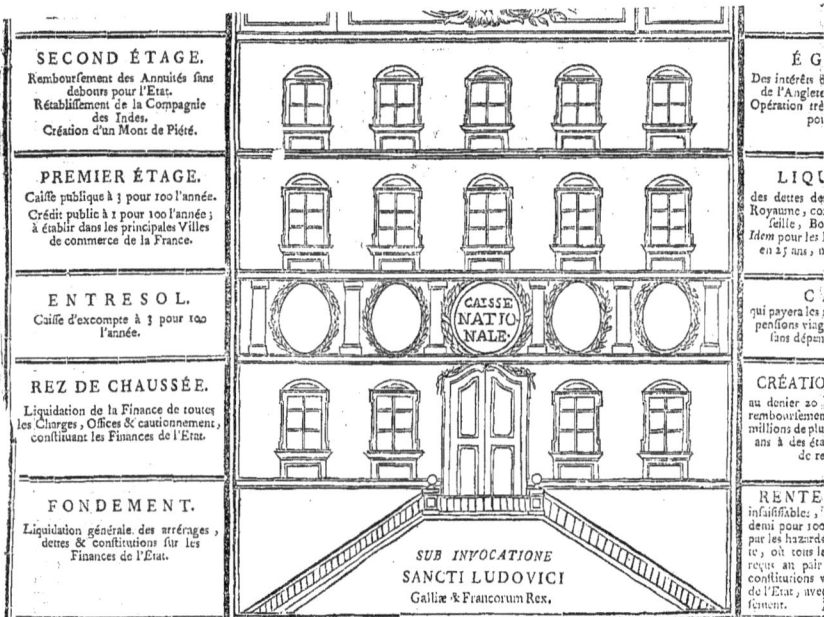

· L'impôt ne produit jamais l'impôt , & l'impôt ruine toujours l'impôt. — L'impôt pour être lucratif veut être fimple , ifolé du prothée de nos fols pour livres ,
qui ne font que des pièges tendus au commerce utile des fujets. — Ces adreffes
vicieufes , (reffources du moment & de l'imméricie ,) multiplient les infirmités d'un
corps politique , & le mettent hors d'état de reprendre jamais fon jufte équilibre. —
Les deux pofitions ci-deffus de la France , l'une avant la guerre de 1744 , &
fe maintenir , de manger toujours à l'avance , une année de l
mité douloureufe , qui éclaire ce que je dis depuis long-tem
des finances eft créé & deftructeur depuis la mort de Mr. d
gouvernement ne trouvera jamais le pair de fes recettes par l
& qu'il ne peut ramener l'ordre & l'abondance , dans les fi
que par la liquidation ftricte de la dette de l'Etat , & pa

TAGE.
Annuités fans
Etat.
Compagnie
de Piété.

TAGE.
ir 100 l'année.
100 l'année;
cipales Villes
la France.

SOL.
3 pour 100

USSÉE.
ance de toutes
cautionnement,
es de l'Etat.

ENT.
des arrérages,
ons fur les
Etat.

CAISSE NATIONALE.

SUB INVOCATIONE
SANCTI LUDOVICI
Galliæ & Francorum Rex.

ÉGALITÉ
Des intérêts de la France avec ceux
de l'Angleterre & de la Hollande.
Opération très-riche & très-décifive
pour la France.

LIQUIDATION
des dettes des principales Villes du
Royaume, comme Paris, Lyon, Marfeille, Bordeaux, Rouen &c.
Idem pour les Provinces en pays d'Etat;
en 25 ans, ni dettes ni impofitions.

CAISSE
qui payera les rentes des annuités & les
penfions viageres, fans retenues &
fans dépenfes de comptabilité.

CRÉATION des ANNUITÉS
au denier 20 fans retenue, pour les
rembourfemens ci-contre; & de 70
millions de plus, applicables dans trois
ans à des établiffemens fans charge
de rembourfement.

RENTES VIAGERES
infaififfables, avec accroiffement de
demi pour 100 annuel fur les intérêts;
par les hazards d'une Loterie fans perte; où tous les Effets Royaux feront
reçus au pair, les arrérages & les
conftitutions viageres fur les finances
de l'Etat, avec 10 pour 100 d'accroiffement.

té jamais l'impôt, & l'impôt ruine toujours l'impôt. — L'impôt veut être fimple, ifolé du prothée de nos fols pour livres, piéges tendus au commerce utile des fujets. — Ces adreffes du moment & de l'impéricie,) multiplient les infirmités d'un el mettent hors d'état de reprendre jamais fon jufte équilibre. — deffus de la France. Long avant la guerre de 1744, &

fe maintenir, de manger toujours à l'avance, une année de fes revenus; — extrémité douloureufe, qui éclaire ce que je dis depuis long-temps que notre fyftême des finances eft erré & deftructeur depuis la mort de Mr. de Fleury, ... que le gouvernement ne trouvera jamais le pair de fes recettes par le fyftême de l'impôt, & qu'il ne peut ramener l'ordre & l'abondance, dans les finances de l'Etat, ... que par la liquidation ftricte de la dette du l'Etat, & par la liquidation réelle

PREMIER ÉTAGE.
Caisse publique à 3 pour 100 l'année.
Crédit public à 1 pour 100 l'année ;
à établir dans les principales Villes
de commerce de la France.

ENTRESOL.
Caisse d'excompte à 3 pour 100
l'année.

REZ DE CHAUSSÉE.
Liquidation de la Finance de toutes
les Charges, Offices & cautionnement,
constituant les Finances de l'Etat.

FONDEMENT.
Liquidation générale des arrérages,
dettes & constitutions sur les
Finances de l'Etat.

CAISSE
NATIO-
NALE.

SUB INVOCATIONE
SANCTI LUDOVICI
Galliæ & Francorum Rex.

LIQUIDA
des dettes des princip
Royaume, comme Pari
ſeille, Bordeaux,
Idem pour les Province
en 25 ans, ni dettes r

CAIS
qui payera les rentes de
penſions viageres, ſa
ſans dépenſes de co

CRÉATION des
au denier 20 ſans rete
rembourſemens ci-con
millions de plus, applic
ans à des établiſſemer
de rembourſe

RENTES VI
infaiſiſſables, avec ac
demi pour 100 annuel
par les hazards d'une L
te, où tous les Effets
roqnt au pair ; les a
constitutions viageres
de l'Etat, avec 10 pou
ſement.

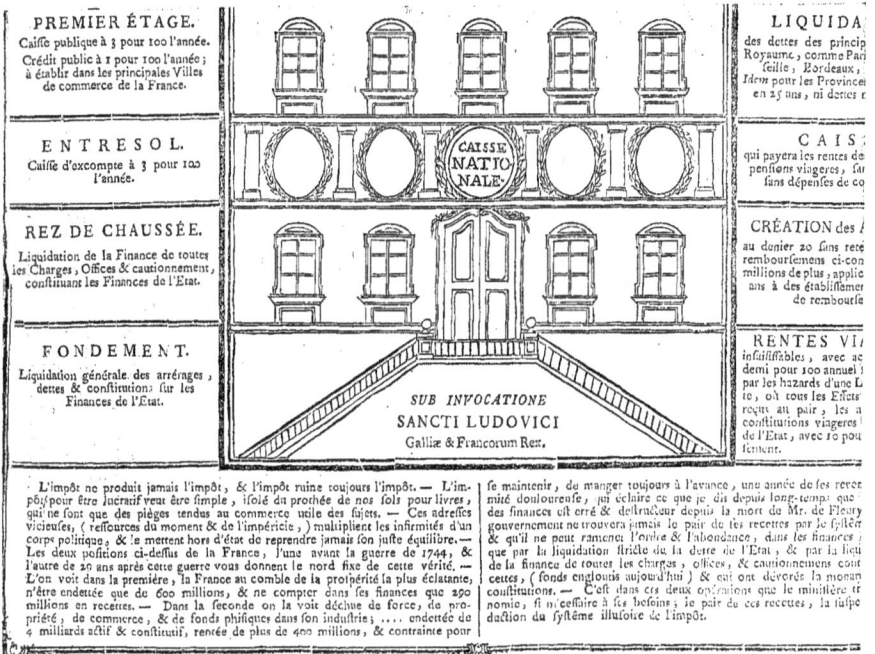

L'impôt ne produit jamais l'impôt, & l'impôt ruine toujours l'impôt. — L'impôt pour être lucratif veut être ſimple, iſolé du prothée de nos ſols pour livres,
qui ne ſont que des pièges tendus au commerce utile des ſujets. — Ces adreſſes
vicieuſes, (reſſources du moment & de l'impéricie,) multiplient les infirmités d'un
corps politique, & le mettent hors d'état de reprendre jamais ſon juſte équilibre. —
Les deux poſitions ci-deſſus de la France, l'une avant la guerre de 1744, &
l'autre 20 ans après cette guerre vous donnent le nord fixe de cette vérité. —
L'on voit dans la première, la France au comble de la proſpérité la plus éclatante,
n'être endettée que de 600 millions, & ne compter dans ſes finances que 290
millions en recettes. — Dans la ſeconde on la voit déchue de force, de propriété, de commerce, & de fonds phiſiques dans ſon induſtrie; .... endettée de
4 milliards actif & conſtitutif, rentée de plus de 400 millions, & contrainte pour

ſe maintenir, de manger toujours à l'avance, une année de ſes rever
mité douloureuſe, j'ai éclaire ce que je dis depuis long-temps que
des finances eſt erré & deſtructeur depuis la mort de Mr. de Fleury
gouvernement ne trouvera jamais le pair de ſes recettes par le ſyſtèm
& qu'il ne peut ramener l'ordre & l'abondance, dans les finances q
que par la liquidation ſtricte de la dette de l'Etat, & par le lieu
de la finance de toutes les charges, offices, & cautionnemens cont
cettes, (fonds englouris aujourd'hui) & qui ont dévorées la monar
constitutions. — C'eſt dans ces deux opérations que le miniſtère tr
nomie, ſi néceſſaire à ſes beſoins; le pair de ces recettes, la ſuppr
duction du ſyſtême illuſoire de l'impôt.

ÉTAGE.

pour 100 l'année.
our 100 l'année ;
principales Villes
de la France.

ESOL.

e à ⅓ pour 100
ée.

HAUSSÉE.

Finance de toutes
& cautionnement,
ances de l'Etat.

MENT.

le des arrérages,
utions sur les
de l'Etat.

CAISSE
NATIO-
NALE.

SUB INVOCATIONE
SANCTI LUDOVICI
Galliæ & Francorum Rex.

LIQUIDATION

des dettes des principales Villes du Royaume, comme Paris, Lyon, Marseille, Bordeaux, Rouen &c. Idem pour les Provinces en pays d'Etat; en 25 ans, ni doutes ni impositions.

CAISSE

qui payera les rentes des annuités & les pensions viagères, sans retenues & sans dépenses de comptabilité.

CRÉATION des ANNUITÉS

au denier 20 sans retenue; pour les remboursemens ci-contre; & de 70 millions de plus, applicables dans trois ans à des établissemens sans charge de remboursement.

RENTES VIAGERES

insaisissables, avec accroissement de demi pour 100 annuel sur les intérêts; par les hazards d'une Loterie sans perte, où tous les Effets Royaux seront reçus au pair, les arrérages & les constitutions viagères sur les finances de l'Etat; avec 10 pour 100 d'accroissement.

oduit jamais l'impôt, & l'impôt ruine toujours l'impôt. — L'imtratif veut être simple, isolé du prothée de nos sols pour livres, des pièges tendus au commerce utile des sujets. — Ces adresses arces du moment & de l'impéricie,) multiplient les infirmités d'un & le mettent hors d'état de reprendre jamais son juste équilibre. — ans ci-dessus de la France, l'une avant la guerre de 1744, & aprés cette guerre vous donnent le nord fixe de cette vérité. — première, la France au comble de la prospérité la plus éclatante, que de 600 millions, & ne compter dans ses finances que 250 ttes. — Dans la seconde on la voit déchue de force, de promerce, & de fonds phisiques dans son industrie; .... endettée de & constitutif, rentée de plus de 400 millions, & contrainte pour

se maintenir, de manger toujours à l'avance, une année de ses revenus ; — extrémié douloureuse, qui éclaire ce que je dis depuis long-temps que notre système des finances est créé & destructeur depuis la mort de Mr. de Fleury, ... que le gouvernement ne trouvera jamais le pair de ses recettes par le système de l'impôt, & qu'il ne peut ramener l'ordre & l'abondance, dans les finances de l'Etat, que par la liquidation stricte de la dette de l'Etat, & par la liquidation réelle de la finance de toutes les charges, offices, & cautionnemens continuant nos recettes, (fonds engloutis aujourd'hui) & qui ont dévorés la monarchie par leurs constitutions. — C'est dans ces deux opérations que le ministère trouvera l'économie, si nécessaire à ses besoins; le pair de ces recettes, la suspension & la réduction du système illusoire de l'impôt.

FORMULAIRE des LETTRES-PATENTES de la Caisse Nationale.

LOUIS &c. SALUT : nos premiers pas vers le trône, ont dû manifester à la nation, que nous voulions être le père de nos sujets, & que nous mettions toute notre ambition & notre gloire, au bonheur de pouvoir rétablir cette grandeur, cette magnificence de la France, qui ont fait de tous les temps la réputation & la sûreté de cette illustre monarchie ; à cet effet, connoissant combien les malheurs de la dernière guerre avoient arriéré la fortune de nos sujets, & combien toutes les sources du travail étoient obstruées par la nécessité du recheriffement de toutes les impositions ; nous n'avons pas voulu rendre plus rigoureuse une situation si fâcheuse, & nous avons abandonné à nos fidèles sujets, le droit de joyeux avénement, & nous nous sommes même fait un devoir de reconnoître la dotte exorbitante de l'Etat ; comme notre intention n'est point de rien changer à cette résolution, & qu'il est de fait que tout le fardeau des impositions, n'est occasionné que par la constitution forcée de cette énorme dette, depuis que la Divine Providence nous a fait monter sur le trône de nos ancêtres, nous n'avons cessé de nous occuper des arrangemens qu'il seroit le plus convenable de prendre pour éteindre cette dite dette, & pour modérer la rigueur des taxes publiques ; le pauvre peuple, les chefs de famille, les artisans, les journaliers, ayant toutes les peines du monde de pouvoir subsister, & de subvenir aux nécessités les plus absolues de leurs existances, pénétré de douleur de cette extrémité, & voulant absolument y apporter du remède ; il nous a fallu prendre une connoissance stricte & profonde, aussi exacte que détaillée, des temps, des besoins, des opérations, qui avoient occasionné l'énorme dette de l'Etat, quel étoit le nombre de nos sujets qu'elle intéressoit aujourd'hui, & quel pouvoir être le fort à venir de cette immensité d'effets royaux qui innondent la circulation générale ; --- dans cet océan terrible de débrouillement, il est affreux pour nous, que nous soyons obligés de dire, que à la nécessité, les besoins absolus du ministaire, ont forcé la main à nombre de nos administrateurs, dans la création des caisses royaux : que la cupidité, la corruption, ou l'avarice, d'un très-petit nombre de citoyens, a plus fait de mal à la France, que le glaive de tous les ennemis. --- Oui, c'est l'insatiable ambition des richesses, qui a porté nombre de nos sujets de renverser le crédit de l'Etat afin d'être plus à même de brusquer aux fortune rapide ; --- à cet aspect, la décadence journalière du crédit public, dans les effets royaux, depuis 10 ans, a plus été le fruit des vicissitudes particulières, du commerce clandestin qu'on ont fait quelques-uns de nos sujets, que celui des opérations réitérées de nos finances ; & ces vicissitudes que le ministaire s'apperçoit aujourd'hui, que plusieurs banquiers de notre bonne ville de Paris, étant informés par leurs amis de Londres, que le feu Roi avoit consenti, (par le traité de paix de 1763), à tous ses fidèles sujets du Canada, le remboursement des fonds qu'ils avoient avancé pour son service, & que ces fonds, de la bonté dudit feu Roi dévoient l'être des premiers rembourssement à faire après ladite paix : en conséquence, lesdits

les encouragemens qu'ont versé dans cette partie précieuse, les banques de Londres & d'Amsterdam ; elle s'est déterminée d'établir dans tous les royaumes, la circulation générale de la caisse nationale proposée en 1772 par notre trèsnoble, & très-fidèle sujet le Sr. Roch Antoine de Pellissery ; ce dit établissement réunissant en lui-même, les trois avantages, de liquider par fol & denier la dette de l'Etat, de diminuer la cherté horrible des impositions, & de fournir au commerce, & à l'industrie, toutes les sommes qui lui seront nécessaires, sous 3 pour 100 d'intérêts : --- ces trois considérations flatteuses, remplissant toute notre ambition, & les créanciers de l'Etat, comme tous les sujets, concourant sans molestation, à la conservation de la cause commune : Sa Majesté se flatte que les intéressés à la dette de l'Etat, verront avec satisfaction, se former par leurs assistance, un établissement national qui, attiré à eux ou à leurs héritiers, (plus avantageusement qu'ils ne l'auroient retiré de l'Etat ;) les usufruits d'un capital avanture, exposé à être suspendu, si la rigueur des circonstances l'exigeoit, & qui fonde à perpétuité à la dévotion de la nation, un croupié des plus argentcés, qui perpétuera la mémoire de ces fondateurs, jusques dans les générations les plus reculées ; pénétré de ces sentimens, & du sein du contentement que nous inspire une opération qui va perpétuer dans les siècles des siècles, le nom François, la noblesse, la générosité, la zèle de nos fidèles sujets ; l'obéissance, l'union, & l'attachement à ces Rois de cette nation illustre : Sa Majesté s'est déterminée de l'avis de son Conseil de sa certaine science, pleine puissance & autorité royale d'établir dans la bonne ville de Paris, une caisse publique à l'honneur de la nation, sous la protection de St. Louis, & sous le nom de caisse nationale, dans laquelle caisse, elle versera pendant 40 ans 80 millions de livres de ses finances hypothéquées sur les revenus annuels, de ces 5 grosses Fermes pour par ladite caisse, être recueilli au pair, ou avec 10 pour 100 d'accroissement ; tous les effets royaux quelconque, arrérages & constitutions actives, ou viagéres, constituant la dette de l'Etat, & convertir le tout en rentes viagéres, par les hazards de la loterie viagère de nos lettres-patente, de ce jour, en faveur de ladite caisse nationale, laquelle dite caisse, par le secours de notre constitution de 80 millions pendant 40 ans, & par le commerce d'escompte qu'elle fera continuellement à 3 pour 100 d'intérêt, suffira aux intérêts & aux accroissemens d'intérêts viagers qui en seront dépendant ; par après résilier à son profit ou à celui de la nation, tous les bénéfices des rentes qui en expireront, & tous ceux en escompte qu'elle pourra acquérir sur les effets actifs de l'Etat, & du commerce ; --- en conséquence, Sa Majesté séante en son Conseil, ayant ouï le Sgr. Turgot, ministre contrôleur-général de ses finances, de l'avis de son Conseil, de sa certaine science, pleine puissance & autorité royale, a dit, statué, & ordonné, disons, statuons, & ordonnons, voulons, & nous plaît.

I.

Qu'elle crée à perpétuité, & du moment de la publication des présentes, une caisse publique, sous le nom de caisse

X.

Du moment de la publication des présentes déclare que les interêts ou constitutions actives des finances de l'Etat, de tous les effets royaux, après, ne la regardent plus, & qu'ils sont caisse nationale jusqu'au tirage de la loterie lettres-patentes de ce jour.

XI.

Tous les effets royaux qui seront reçus à loterie, de même que leurs arrérages d'intérêts des présentes ; & tous ceux qui seront reçus accroissement de 10 pour 100 sur le capital rages d'intérêts, sont fais accroissement ; Compagnie des Indes, les billets d'emprunt te, les actions des fermes, billets des fermes promesses au denier 10, promesses au denier pons, la quatrième loterie royale, les loteries des Indes ; fois pour livres, effets du Canada les 50 millions sur l'Alsace, les 40 millions 30 sur Strasbourg &c. --- Ceux avec accroissement sur le capital, font toutes les tontines Compagnie des Indes, les billets d'emprunt te, tant actif que viager ; tous ceux de Indes actif ou viager, & tous ceux des fermes grand collège.

XII.

Egalement seront converti en billets de loterie foment de 10 pour 100 sur le capital, et des finances, par rentes, gages & pensions fournitures, entreprises, & autres, pour finances, par compte arrêtés au contrôleaux possesseurs desdits billets, & de les négocier le tirage de ladite loterie.

XIII.

Les écritures de la caisse nationale servent ties doubles comme chez les négocians ; terront en un grand livre, un journal, viagéres, un livre de caisse, & le livre du conseil, les uns & les autres paraphés dernière page, par le contrôleur-général de

XIV.

Les bureaux de la caisse nationale seront jours ouvrables, le matin depuis 9 heures l'après midi depuis 4 heures jusqu'à 8.

XV.

Les quatre directeurs serviront par semaine nellement aux bureaux : --- ils entreront après les trois mois & trois après l'heure, ront exactement leurs six mois.

XVI.

Tous les effets ou papiers du compte de la feront déposés dans une caisse ou armoire à ces, sous la clef d'un des directeurs nommé, & il ne pourra jamais en être négocié à

FORMULAIRE des LETTRES-PATENTES de la Caisse Nationale.

UT ; nos premiers pas vers le trône, ont la nation, que nous voulions être le père que nous réunîions toute notre ambition & honneur de pouvoir rétablir cette grandeur, de la France, qui ont fait de tous les temps la gé de cette illustre monarchie ; à cet effet, n les malheurs de la dernière guerre avoient à nos ſujets, & combien toutes les ſources bitruées par la néceſſité du renchériſſement ſitions ; nous n'avons pas voulu rendre plus ation ſi fâcheuſe, & nous avons abandonné , le droit de joyeux avénement, & nous 'fait un devoir de reconnoître la dette exor- comme notre intention n'eſt point de rien ſlution, & qu'il eſt de lui que tout le far- ns , n'eſt occaſionné que par la conſtitution orine dette , depuis que la Divine Provi- monter ſur le trône de nos ancêtres, nous nus occuper des arrangemens qu'il ſeroit le prendra pour éclaircir cette dite dette , à rigueur des taxes publiques : le pauvre famille, les artiſans , les journaliers, ayant ı monde de pouvoir ſubſiſter , & de ſub- les plus abſolues de leurs exiſtances , pe- le cette extrémité, & voulant abſolument ide ; il nous a fallu prendre une conſola- onde , auſſi exacte que détaillée , des temps, pérations , qui avoient occaſionné l'énorme quel étoit le nombre de nos ſujets qu'elle mi , & quel pouvoit être le ſort à venir de ffets royaux qui inondent la circulation ? ı cet océan terrible de méditation & de ı jet affreux pour nous , que nous ſoyons ie ſi la néceſſité , les beſoins abſolus du ı la main à nombre de nos adminiſtrateurs, s effets royaux : que la cupidité , la cor- ce , d'un très-petit nombre de citoyens , à la France , que le glaive de tous les anne- l'inſatiable ambition des richeſſes , qui ı nos ſujets de renverſer le crédit de l'E- à même de bruſquer une fortune rapi- la ſubſiſtance journalière du crédit public, x, depuis 10 ans , a plus été le fruit des ert , du commerce clandeſtin qu'on ont fait ı ſujets , que celui des opérations réitérées ces vicieſſudes ont été ſi monotones , & ſi ıs circonſtances que le miniſtère s'apper- ie plufieurs banquiers de notre bonne ville armée par leurs amis de Londres , que la rré , (par le traité de paix de 1763) , à ı du Canada , le remboursement des fonds ı pour ſon ſervice , & que ſes fonds , de Roi devoient l'être des premiers rembour- ıs ladite paix ; en conſéquence, leſdites er avantage de cette connoiſſance & ne ıir qu'à la réaliſation d'un profit témé-

les encouragemens qu'ont verſé dans cette partie précieuſe, les banques de Londres & d'Amſterdam ; elle s'eſt déter- minée d'établir dans tous ſes royaumes , la circulation géné- rale de la caiſſe nationale propoſée en 1773 par notre très- noble , & très-fidèle ſujet le Sr. Roch Antoine de Pelliſſery ı ce dit établiſſement réuniſſant en lui-même , les trois avanta- ges , de liquider par foi & denier la dette de l'État , de diminuer la cherté horrible des impoſitions , & de fournir au commerce , & à l'induſtrie , toutes les ſommes qui lui ſeront néceſſaires ſſus ; pour 100 d'intérêts ; --- ces trois conſi- dérations ſatreuades , rempliſſant toute notre ambition , & les créanciers de l'État , comme tous les ſujets , concourant ſans moleſtation , à la conſervation de la cauſe commune : Sa Ma- jeſté ſe flatte que les intéreſſés à la dette de l'État , verront avec ſatisfaction , ſe former par leurs aſſiſtances un établiſ- ſement national qui , aſſuré à eux ou à leurs héritiers , (plus avantageuſement qu'ils ne l'auroient retiré de l'État) les uſufruits d'un capital avanturé , expoſé à être ſuſpendu , ſi la rigueur des circonſtances l'exigeoit , & qui fonda & perpé- tuité à la dévotion de la nation , un coupiol des plus argen- eés , qui perpétuera la mémoire de ces fondateurs , juſques dans les générations les plus reculées ; pénétrés de ces ſenti- mens , & du ſein du contentement que nous inſpire une opé- ration qui va perpétuer dans les ſiècles des ſiècles , le nom François , l'obéiſſance , la généroſité , le zèle de nos fidèles ſujets , l'obéiſſance , l'union , & l'attachement à ces Rois de cette nation illuſtre : Sa Majeſté s'eſt déterminée de l'avis de ſon Conſeil de de certaine ſcience , pleine puiſſance & auto- rité royale d'établir dans ſa bonne ville de Paris , une caiſſe publique à l'honneur de la nation , ſous la protection de St. Louis , & ſous le nom de caiſſe nationale , dans laquelle caiſſe, elle verſera pendant 40 ans 80 millions de livres de ſes finances hypothéquées ſur les revenus annuels , de ces ſ groſſes Fermes pour par ladite caiſſe , être recueilli au pair , ou avec 10 pour 100 d'accroiſſement ; tous les effets royaux quelconque , arbi- rages & conſtitutions actives , ou viageres , conſtituant la dette de l'État , & converti ſe tont en rentes viageres , par les ha- zards de la loterie viagere de nos lettres-patente, de ce jour, en faveur de ladite caiſſe nationale , laquelle dite caiſſe , par le ſecours de notre conſtitution de 80 millions pendant 40 ans , & par le commerce d'eſcompte qu'elle fera conſtamment à 3 pour 100 d'intérêts , ſuffira aux intérêts & aux accroiſ- ſemens d'intérêts viageres qui en ſeront dépendans; & par après réaliſer à ſon profit ou à celui de la nation , tous les bénéfices des rentes qui en expireront , & tous ceux en ex- compte qu'elle pourra acquérir de ſes effets actifs du l'État , & du commerce ; --- en conſéquence , du Majeſté ſéante en ſon Conſeil , ayant ouï le Sgr. Turgot , miniſtre contrôleur-général de ſes finances , de l'avis de ſon Conſeil , de de certaine ſcience, pleine puiſſance & autorité royale , a dit , ſtatué , & ordon- né , diſons , ſtatuons , & ordonnons, voulons , & nous plaît.

I.

Qu'elle crée à perpétuité , & du moment de la publication des préſentes , une caiſſe publique , ſous le nom de caiſſe nationale , pour y être verſé annuellement pendant 40 ans, 80 millions de livres de revenus des deniers de ſes finances : ---

X.

Du moment de la publication des préſentes , Sa Majeſté déclare que les intérêts ou conſtitutions actives & viageres ſur les finances de l'État , de tous les effets royaux , & objets ci- après , ne la regardent plus , & qu'ils ſont à la charge de la caiſſe nationale juſqu'au tirage de la loterie viagere de nos lettres-patentes de ce jour.

XI.

Tous les effets royaux qui ſeront reçus au pair dans ladite loterie , de même que leurs arrérages d'intérêts , juſqu'au jour des préſantes ; & tous ceux qui ſeront reçus au pair , avec accroiſſement de 10 pour 100 ſur le capital , avec leur arré- rages d'intérêts , ſont ſans accroiſſement , les actions de la Compagnie des Indes , les billets d'emprunt , billets de nouel- te , les actions des fermes , billets des fermes , les annuités , promeſſes au denier 20 , promeſſes au denier 25 ; --- les con- pons , la quatrième loterie royale , les loteries de la Compagnie des Indes ; ſols pour livre, effets du Canada , & des Colonies, les 50 millions ſur l'Alface , les 40 millions ſur la Bretagne , les 30 ſur Strasbourg &c. --- Ceux avec accroiſſement de 10 pour 100 ſur le capital , ſont toutes les tontines quelconques ; les reſcriptions ſuſpendues , tous les contrats de l'Hôtel-de-ville de Paris , tant actif que viager ; tous ceux de la Compagnie des Indes actif ou viager , tous ceux des ſecrétaires du Roi du grand collège.

XII.

Egalement ſeront convertis en billets de loterie , avec accroiſ- ſement de 10 pour 100 ſur le capital , tous les arrérages de nos finances , par rentes , gages & penſions ; tous ceux par fournitures , entrepriſes , & autres , pour compte de nos dites finances , par compte arrêtés au contrôle-général. --- Libre aux poſſeſſeurs deſdits billets , de les négocier avant ou après le tirage de ladite loterie.

XIII.

Les écritures de la caiſſe nationale ſeront tenues en par- ties doubles comme chez les négocians ; & ces livres conſi- teront ſur un grand livre , un journal ; un livre des rentes viageres , un livre de caiſſe , & un livre pour les délibérés du conſeil ; les uns & les autres paraphés à la première & dernière page, par le contrôleur-général de nos finances.

XIV.

Les bureaux de la caiſſe nationale ſeront ouverts tous les jours ouvrables , le matin depuis 9 heures juſqu'à midi , & l'après midi depuis 3 heures juſqu'à 6.

XV.

Les quatre directeurs ſerviront par ſemeſtre & annuellement jour- nellement aux bureaux ; --- ils exerceront de ſervice les uns après les autres de trois mois en trois mois , & comptabilité ront exactement leurs ſix mois.

XVI.

Tous les effets en papiers du compte de la caiſſe nationale ſeront dépoſés dans une caiſſe en armoire juſqu'à leurs échéan- ces , ſous la clef d'un des directeurs nommé par le conſeil ; & il ne pourra jamais en être négocié aucun de ceux qui auront une échéance déterminée ; en conſéquence , tous les particuliers qui négocieront des effets à ordre à la caiſſe toutes les peines du monde de pouvoir subsister, & de subvenir aux nécessités les plus absolues de leurs existances, pénétré de douleur de cette excrémité, & voulant absolument y apporter du remède, il nous a fallu prendre une connoissance stricte & profonde, aussi exacte que détaillée, des temps, des besoins, des opérations, qui avoient occasionné l'énorme dette de l'État, quel étoit le nombre de nos sujets qu'elle intéressoit aujourd'hui, & quel pouvoir être le fort à venir de cette immensité d'effets royaux qui immuloient la circulation générale : --- dans cet océan terrible de méditation & de débrouillement, il est affreux pour nous, que nous soyons obligés de dire, que si la nécessité, les besoins absolus du ministère, ont forcé la main à nombre de nos administrateurs, dans la création des effets royaux : que la cupidité, la corruption, ou l'avarice, d'un très-petit nombre de citoyens, à plus fait de mal à la France, que la gloire de tous ses ennemis. --- Oui, c'est l'insatiable ambition des richesses, qui a porté nombre de nos sujets de renverser le crédit de l'État afin d'être plus à même de brusquer une fortune rapide : --- à cet effet, la décadence journalière du crédit public, dans les effets royaux, depuis 10 ans, à plus été le fruit des vicissitudes particulières, du commerce d'anarchie qu'en ont fait quelques-uns de nos sujets, que celui des opérations réitérées de nos finances, & ces vicissitudes ont été si monotones, & si peu amenées par les circonstances que le ministère s'apperçoit aujourd'hui, que plusieurs banquiers de notre bonne ville de Paris, étant informés par leurs amis de Londres, que le feu Roi avoit conservé, (par le traité de paix de 1763), à tous les fidèles sujets du Canada, le remboursement des fonds qu'ils avoient avancé pour son service, & de ses fonds, de la bonté dudit feu Roi devoient l'être des premiers remboursemens à faire après ladite paix ; en conséquence, lesdits banquiers voulant tirer avantage de cette connoissance, & ne pouvant la faire servir qu'à la réalisation d'un profit téméraire, pour l'établir dans la plus énorme, & la plus horrible des usures, ils ont constamment vendu, fait racheter & revendu à des prix ruineux, tous ceux dont ils étoient porteurs, afin de les tenir constamment décriés dans le royaume de l'étranger ; & par des usures affidés de temps à autre, ils en ont fait sous main des levées très-confidérables, qu'ils ont envoyé de compte à participation à leurs amis de Londres, pour en faire réclamer le remboursement par le ministère Anglois, comme effets appartenant à ses nouveaux sujets du Canada, & des Antilles : --- tout étant lié dans un gouvernement, & du fort des uns s'établissant celui des autres ; cette malheureuse affreuse sur les effets du Canada & des Colonies, ayant entraîné le désordre de toutes les autres dénominations des effets royaux ; le ministère de la France, s'est vu forcé dans toutes ses opérations, d'en créer une portion plus considérable, qu'il n'y auroit été obligé ; si le cours desdits effets royaux avoit toujours roulé sur le taux modéré, qui doit toujours exister sur ceux de sa constitution ; ou à terme : --- mais tout ayant été bouleversé par la convulsion de l'avarice, l'État a été forcé de payer le double (en effets royaux) la valeur de ces dépenses quelconques ; & ce double emploi doublant toutes les constitutions de ces finances, a également doublé toutes les taxes publiques. --- De cette corruption, & de l'abus des effets royaux, en il résulté que la portion des engagemens de l'État, ayant profité successivement avec la dépréciation des ressources que le gouvernement se trouve écrasé aujourd'hui, par une dette incontestable, & forcé par la constitution ou cette même dette de conspirer malgré lui, contre la prospérité de ses peuples, en perpétuant fans cette la chaque de ses impositions. --- Une anarchie si destructive, ne pouvant se continuer, & notre intention étant de prendre un arrangement solide avec nos fidèles sujets, sur divers objets aussi dépendant l'un de l'autre, & aussi capitaux l'un que l'autre pour la conservation de la nation ; nous nous sommes appliqués

dans les générations les plus reculées ; pénétré de ces sentimens, & du sein du contentement que nous inspire une opération qui va perpétuer dans les siècles des siècles, le nom François ; la noblesse, la générosité, le zèle de nos fidèles sujets, l'obéissance, l'union, & l'attachement à ces Rois de cette nation illustre : Sa Majesté s'est déterminée de l'avis de son Conseil de sa certaine science, pleine puissance & autorité royale d'établir dans sa bonne ville de Paris, une caisse publique & l'honneur de la nation, sous la protection de St. Louis, & sous le nom de caisse nationale, dans laquelle caisse, elle versera pendant 40 ans 80 millions de livres de ses finances hypothéquées, sur les revenus annuels, de cos 5 grosses Fermes pour par ladite caisse, être recueilli au pair, ou avec 10 pour 100 d'accroissement ; tous les effets royaux quelconque, arrérages & constitutions actives, ou viagères, constituant la dette de l'État, & convertir le tout en rentes viagères, par les hazards de la loterie viagère de nos lettres-patente, de ce jour, en faveur de ladite caisse nationale ; laquelle dite caisse, par le secours de notre constitution de 80 millions pendant 40 ans, & par le commerce d'escompte qu'elle fera constamment à 5 pour 100 d'intérêt, suffira aux intérêts & aux accroissemens d'intérêts viagers qui en seront dépendans ; & par après réaliser à son profit ou à celui de la nation, tous les bénéfices des rentes qui en expireront, & tous ceux en escompte qu'elle pourra acquérir sur les effets actifs de l'État, & du commerce : --- en conséquence, Sa Majesté séante en son Conseil, ayant ouï le Sgr. Turgot, ministre contrôleur-général de ses finances, de l'avis de son Conseil, de sa certaine science, pleine puissance & autorité royale, a dit, statué, & ordonné, dilons, statuons, & ordonnons, voulons, & nous plaît.

Qu'elle crée à perpétuité, & du moment de la publication des présentes, une caisse publique, sous le nom de caisse nationale, pour y être versé annuellement pendant 40 ans, 80 millions de livres de revenus des deniers de ses finances : --- lesdits 80 millions de livres hypothéquées sur les revenus annuels de ces cinq grosses fermes, & payables tous les ans à l'an 40 un jour des présentes.

II.

Qu'elle abandonne au profit de ladite caisse nationale la conversion de tous les effets royaux ci-après, en une loterie viagère, suivant la teneur de nos lettres-patentes en faveur de ladice loterie, pour par elle-même, au moyen des 80 millions de livres qui resseront encore existant, & tout les bénéfices qu'elle pourra faire alors & dans l'avenir, comme tous ceux qu'elle acquiera du moment des présentes jusqu'à son extinction, feront constamment masse dans son capital pour y être continuellement administré, pour compte de la nation tous le temps qu'il plaira à Dieu de conserver la monarchie Françoise.

IV.

Ladite caisse excomptera au 5 pour 100 l'année tous les bons papiers actifs de l'État, & du commerce qui en passeront par un titre de vente, pour rapport à ce modique intérêt de Sa Majesté déclare par les présentes, que les créances de ladite caisse, créances privilégiées après les hypothèques, dans les cas de faillites, remboursables fans perte, avant toute autre créance quelconque, après lesdites hypothèques.

Pour donner tout le lustre & toute la confiance que doit être dû à un établissement aussi utile à l'État & à la nation,

100 sur le capital, sont toutes les tontines ou rescriptions suspendues, tous les contrats sur l'Indes actif ou viager ; tous ceux de la Paris, tant actif que viager ; tous ceux de la Indes actif ou viager, & tous ceux des secrets grand collège.

XII.

Également seront convertis en billets de loterie, fument du 10 pour 100 sur le capital, tous le nos finances, par rentes, gages & pensions ; fournitures, entreprises, & autres, pour compt finances, par compte arrêtés au contrôle-géné aux porteurs desdits billets, de les négocier à le tirage de ladite loterie.

XII.

Les écritures de la caisse nationale feront ou ties doubles comme chez les négocians, & ce feront ou un grand livre, un journal, un liv viagères, un livre de caisse, & un livre pour du conseil, les uns & les autres paraphés à la dernière page, par le contrôleur-général de nos

XIV.

Les bureaux de la caisse nationale feront ou jours ouvrables, le matin depuis 9 heures jus l'après midi depuis 4 heures jusqu'à six.

XV.

Les quatre directeurs serviront par fumelle & a nellement aux bureaux ; --- ils entreront de l après les autres de trois mois en trois mois, i ront exactement leurs six mois.

XVI.

Tous les effets en papiers du compte de la ca feront déposés dans une caisse ou armoire jusqu'à ce, fous la clef d'un des directeurs nommés p & il ne pourra jamais en être négocié aucun suront sous échéance déterminée ; --- en consé les particuliers qui négocieront des effets à crédi nationale, mettront, (ou au lieu de l'ordre ancié doivement,) payés à la caisse nationale la f valeur reçue comptant ce jour d'hui &c. ; fans qu les endosseurs feront tenus de malversations fait commettre sur leurs effets, & contraints de leu mens, ou de la valeur reçue par ladite caisse na

XVII.

Sa Majesté donne pour sceau & armes à ladite lican d'or fur un champ d'azur, posé avec fes bouclier à la gauiole, couché par terre, & po fant fon fein pour alimenter fes petits ; --- fu l'écusson fouteau par deux guerriers armés à la q ronné de lauriers portant une couronne fur l'écu

XVIII.

La porte de la maison de la caisse national saument gardée par deux Suisses à la livrée de

XIX.

Toutes les dépenses de maisons, de bureaux de régla, feront à la charge de ladite caisse, i conseil assemblé, & approuvées par le Sgr. contr

XX.

Le préfident seul, avec fa famille fera logé da de la caisse nationale.

XXI.

Il fera préfenté toutes les années à Sa Majest hospice ou Sa Majesté contrôleur-général, un bilan état res de ladite caisse nationale, & le préfident & ne rendront compte de leurs administrations qu'à général des finances.

XXII.

Sa Majesté après avoir reçu un 40 ans 3,20c fes finances dans ladite caisse, fe déclare encore tout les intérêts & charges qu'elle aura à univers

das ufuras; ils ont conftamment vendu, fait racheter & revendu à des prix ruineux, tous ceux dont ils étoient porteurs,
afin de les tenir conftamment décriés dans le royaume & dans
l'étranger, & par des agens affidés de temps à autre, ils
en ont fait fous main des levées très-confidérables, qu'ils ont
pour en faire reclamer le rembourfement par le miniftère Anglois, comme effets appartenans à fes nouveaux fujets du Canada, & des Antilles : --- tout étant lié dans un gouvernement, & du fort des uns s'établiffant celui des autres, cette
malheureuse affirade fur les effets du Canada & des Colonies,
ayant entraîné le difcrédit de toutes les autres dénomination
des effets royaux; le miniftère de la France, s'eft vu forcé
dans toutes fes opérations, d'en créer une portion plus confidérable, qu'il n'y auroit été obligé; fi le cours dufdits effets
royaux avoit toujours roulé fur la perte modérée, qui doit toujours exifter fur les effets à conftitution, ou à terme; --- mais
tout ayant été bouleverfé par la confufion & l'avarice, l'Etat
a été forcé de payer du double (en effets royaux,) la valeur
de ces dépenfes quelconques, & ce double emploi doublant
toutes les conftitutions de ces finances, a également doublé
toutes les taxes publiques. --- De cette corruption, & de l'a-
bus des moyens, il en eft réfulté que la portion des engagemens
de l'Etat, ayant groffit fucceffivement avec la déprédation
des refources que le gouvernement fe trouve écrafé aujourd'hui,
par une dette infoutenable, & forcé pour la conftitution de
cette même dette de conferver malgré lui, contre la profpérité de fes peuples, en perpétuant fans ceffe la rigueur de fes
impofitions. --- Une anarchie fi deftructive, ne pouvant fe
continuer, & notre intention étant de prendre un arrangement folide avec nos fidèles fujets, fi deux objets auffi dé-
pendany l'un de l'autre, & auffi capitaux l'un que l'autre pour
la conservation de la nation; nous nous fommes appliqués,
(avant de rien entreprendre) de pouvoir connoître fcrupuleufement, que pouvoit être le nombre, l'état & la profeffion, des intéreffés à la dette de l'Etat, & qu'elle pouvoit
être la charge des impofitions extraordinaires pour un chacun
de nos fujets; --- après une étude prudente & réfléchie, nous
avons trouvé que la dette de l'Etat indivifoit au plus à un
300,000 citoyens; gens aifés ou riches, qui fe la font appro-
priée à 50,60 & 70 pour 100 de perte, & que la charge des
impofitions extraordinaires, rouloit fur 19 à 21 millions de
fujets; ... que dans cet 21 millions de fujets, les trois cinquièmes au moins étoient des gens au jour, & à la journée,
ayant femmes & enfans; fans fonds, fans biens, fans propriétés, vivant du travail de leurs mains; ..... & que dans
les deux cinquièmes reftant il y en avoit au moins les trois
quarts, qui font très à la gêne par la rigueur des taxes publiques renchérient; pour le feul & perfonnel avantage de 2 à
300,000 particuliers. --- Une pareille inégalité ne pouvant
fubfifter, & fon exiftence jufqu'à ce jour ayant conftamment
arriéré la profpérité des peuples; l'Etat ne pouvoir entrer
de longtemps en liquidation avec lui-même, & étant forcé
dans ce moment de le prévenir contre tous les accidens quelconques, qui pourroient déranger les fages difpofitions du gouvernement; ... Sa Majefté s'eft déterminée d'admettre un
températif entre les créanciers de l'Etat, les befoins & les
obligations des fujets, qui conferva aux premiers avec avantage les ufufruits de leurs créances avec l'Etat, & qui four-
nira aux autres les moyens certains de pouvoir fubvenir à leurs
obligations & à leurs néceffités particulières; --- à cet effet,
comme c'eft le commerce & l'induftrie qui font la fource des
toutes les richeffes, & que c'eft de la conservation de ces
richeffes que fe renouvelle le travail fi néceffaire à une monarchie telle que la France; ..... Sa Majefté connoîffant tous

lefdits 80 millions de livres hypothéquées fur les revenus annuels de ces cinq groffes fermes, & payables tous les mis à
l'un & un jour des préfentes.

II.

Qu'elle abandonne au profit de ladite caiffe nationale la
converfion de tous les effets royaux ci-après, en une loterie
viagère, fuivant la teneur de nos lettres-patentes en faveur
de ladite loterie; pour par elle-même, au moyen des 80
millions de revenus de nos finances, pendant 40 ans, pourvoir aux intérêts annuels de ladite loterie, & à ces accroiff-
mens d'intérêts, & par après réalifer fi fon profit, toutes les
rentes qui s'en éteindront.

III.

Après les 40 ans expirés de la conftitution annuelle des 80
millions de nos finances, ladite caiffe tirera du capital de
fes économies, & celui des bénéfices d'agio, les intérêts viagers de la loterie qui refteront encore exiftant, & tous les
bénéfices qu'elle pourra faire alors & dans l'avenir, comme
tous ceux qu'elle acquerra du moment des préfentes jufqu'à
fon extinction, feront conftamment maffe denifon capital pour
y être continuellement adminiftré, pour compte de la nation
tout le temps qu'il plaira à Dieu de conferver la monarchie
Françoife.

IV.

Ladite caiffe efcomptera tu § pour 100 l'année tous les
bons papiers actifs de l'Etat, & du commerce qui ne paffe-
ront pas un an de terme; & par rapport à ce modique tard-
ret Sa Majefté déclare par les préfentes, toutes les créances
de ladite caiffe, créances privilégiées après les hypothèques,
dans les cas de faillites, rembourfables fans perte, avant
toute autre créance quelconque; après lefdites hypothèques.

V.

Pour donner tout le luftre & toute la confiance qui doit
être due à un établiffement auffi utile à l'Etat & à la nation,
Sa Majefté commettra par lettres-patentes à la régie des finances & commerces de ladite caiffe nationale, un confeiller
d'Etat, & quatre fecretaires du Roi du grand collège, lefquels par femeftre, & jufqu'à révocation de la part de Sa
Majefté, adminiftreront les deniers de ladite caiffe.

VI.

Le confeiller d'Etat fera déclaré préfident de ladite adminiftration, & les quatre fecretaires du Roi, directeurs; les
uns & les autres de la nomination de Sa Majefté; inftallés
par lettres-patentes enregiftrées au parlement; --- avec 50
mille livres de gages pour le confeiller d'Etat préfident; &
25,000 pour chaque fecretaire du Roi, directeur.

VII.

Le premier caiffier, & le teneur du livre en chef, feront
également nommés & brévetés par Sa Majefté, de même que
le contrôleur des effets & quittances fel.... le premier avec
douze mille livres d'appointemens, & trois mille livres de dé-
croire de caiffe; le teneur de livre douze mille livres d'appointemens, & le contrôleur des actes huit mille livres.

VIII.

Tous les autres commis, facteurs, & employés, feront au
choix du préfident, ou des quatre directeurs, & leurs appointemens feront réglés par le confeil de ladite caiffe.

IX.

Il fera affilé par lettres-patentes, & de la nomination de
Sa Majefté, un avocat, un procureur, & un notaire, au
confeil des affaires de ladite caiffe, & il fera donné annuellement à l'avocat & au procureur 3000 livres de gages à chacun, & 1000 livres au notaire, en abonnement auri ant & aux
autres de tous les mémoires, procédures, & actes quelconque que ladite caiffe fera dans le cas de dreffer, ou de recevoir.

nationale, mettront, (au lieu de l'ordre ni
doffemens,) payés à la caiffe nationale la
valeur reçue comptant ce jourd'hui &c. ; fans
les endoffeurs feront tenus de malverfations
commettre fur leurs effets, & contraints de
mens, ou de la valeur reçue par ladite caiffe.

XVII.

Sa Majefté donne pour fceau & armes à lad
lieau d'or fur un champ d'azur, pofé avec
boucler à la gauloife, couché par terre, le
tant fon foin pour alimenter fes petits; ---
pélican, en ligne de droite à gauche, trois fleu
l'écuffon fouteau par deux guerriers armés à l
ronné de lauriers pofant une couronne fur l

XVIII.

La porte de la maifon de la caiffe natio
tamment gardée par deux Suiffes à la livrée
XIX.

Toutes les dépenfes de maifons, de burea
de régie, feront à la charge de ladite caiffe,
confeil affemblé, & approuvées par le Sgr. co
XX.

Le préfident feul, avec fa famille fera logé
de la caiffe nationale.

XXI.

Il fera préfenté toutes les années à Sa M
hofpices du Sgr. contrôleur-général, un bilan
res de ladite caiffe nationale, & le préfiden
ne rendront compte de leurs adminiftrations
général des finances.

XXII.

Sa Majefté après avoir verfé au 40 ans f
fes finances dans ladite caiffe, fe déclare en
tout les intérêts & charges qu'elle aura à pay
de fon ouverture, jufqu'à fon extinction totale,
vocablement à cet effet, pour elle, & po
toutes les finances de la couronne.

XXIII.

Enfin, pour que l'adminiftration des denier
de ladite caiffe nationale, foit toujours dans
quille & folide pour l'Etat & pour les citoy
déclare qu'il ne pourra être ordonné par auct
tice, aucune faifie ni retenue, entre les mains
pour toutes les charges qu'elle fera dans le
gages, intérêts ou rentes viagères; Sa Majef
rité, par les préfentes, caffant tout arrêt &

XXIV.

Finalement, Sa Majefté défirant que l'éts
caiffe nationale, fondée par les préfentes lettr
un monument éternel de fon attachement po
& que tous fes deniers & profits annuels foi
confervés & adminiftrés pour compte de l'Etat
déclare très-expreffément par les préfentes, c
bilitement, ne fe formant que par le confe
ment de fes fidèles fujets pour notre chère
dit établiffement doit appartenir à perpétuel
fujets; en conféquence; Sa Majefté défirant
au trône, le refpectant, le chériffant & le p
de famille, fans pouvoir en aucun temps s'
deniers; déclaro très-expreffément par les
fait don du dit établiffement à tous fes fid
ou à notre, tenant & conftituant en héréd
nation Françoife, tout le temps qu'il plaîs
ferver cette nunafca monarchie; affociant à c
les nouveaux fujets qui pourroient nous arr
fucceffion, ou par droit de conquête.

tablir que la plus énorme, & la plus horrible
ont constamment vendu, fait rachater & re-
t ruinaux, tous ceux dont ils étoient porteurs,
constamment décelés dans le royaume & dans
par des abus afflelés de temps à autre , ils
main des levées très-considérables, qu'ils ont
pte en participation à leurs amis de Londres,
clamer le remboursement par le ministère An-
ffes appartenant à ses nouveaux sujets du Co-
lonilles ; --- tout étant lié dans un gouverne-
r de son établissement celui des autres , cette
sie sur les effets du Canada & des Colonies,
le discrédit de toutes les autres dénominations
n ; le ministère de la France , s'est vu forcé
opérations , d'en créer une portion plus con-
n'y auroit été obligé ; & le cours destruis effets
jours roulé sur la perte modérée , qui doit tou-
des effets à constitution , ou à terme ; --- mais
oulerversé par la corruption & l'avarice , l'État
payer du double (en effets royaux ,) la valeur
quelconque , & ce double emploi doublant
lurions de ces finances , a également doublé
mblique... De cette corruption , & de l'a-
, il en est résulté que la portion des engagemens
ir grossit successivement avec la déprédation
ie le gouvernement se trouve écrasé aujourd'hui,
incontestable , & forcé par la continuation de
te de conspirer malgré lui , contre la prospé-
les, en perpétuant dans cette la rigueur des fin
Une anarchie à destructive , ne pouvant se
otre intention étant de prendre un arrange-
ic nos fidèles sujets , sur deux objets aussi dé-
l'autre , & aussi capitaux pour que l'autre pour
de la nation ; nous nous sommes appliqués
entreprendre) de pouvoir connoître scrupu-
l pouvoir être le nombre , l'État & la pro-
prestés à la dette de l'État , & qu'elle pouvoir
les impositions extraordinaires pour un chacun
-- après une étude prudente & réfléchie , nous
à la dette de l'État interstitoit au plus 2 ou
r , gens aisés ou riches, que le fe font apro-
70 pour 100 de perte , & que la charge des
ordinaires , roûloit sur 20 à 22 millions de
das des 22 millions de sujets , les trois cin-
iu étoient das gens un jour, & à la journée,
& enfans , sans fonds , sans bien , sans pro-
du travail de leurs mains ; --- & que dans
mes restant il y en avoit au moins les trois
t très à la gêne par la rigueur des taxes ru-
es , pour le seul & personnel avantage de 2 à
liers... Une pareille inégalité ne pouvant
t existence jusqu'à ce jour ayant constamment
drisé des peuples , l'État ne pouvant entrer
a liquidation avec lui-même , & étant forcé
: de se prévenir contre tous les accidens quel-
uronient d'après les dispositions du gou-
, Sa Majesté s'est déterminée d'admettre un
t les créanciers de l'État , les besoins & les
sujets , qui conserva aux premiers avant avan-
s de leurs créances avec l'État, & qui four-
es moyen certain de pouvoir subvenir à leurs
leurs nécessités particulières ; ---- à cet effet,
commance & l'industrie qui sont la source de
les , & que c'est de la conservation de ces
renouvelle le travail si nécessaire à une mo-
t la France ; --- Sa Majesté connoissant tous

millions de livres de revenus des deniers de ses finances ; ---
lesdits 80 millions de livres hypothéquées sur les revenus annuels de ces cinq grosses fermes , & payables tous les ans à
l'an & un jour des présentes.

II.

Qu'elle abandonne au profit de ladite caisse nationale la
conversion de tous les effets royaux ci-après , en une loterie
viagère , suivant la teneur de nos lettres-patentes en faveur
de ladite loterie , pour par elle-même , au moyen des 80
millions de revenus de nos finances , pendant 40 ans , pourvoir aux intérêts annuels de ladite loterie , & à ces accroissemens d'intérêts , & par après réaliser à son profit , toutes les
rentes qui s'en éteindront.

III.

Après les 40 ans expirés de la constitution annuelle des 80
millions de nos finances , ladite caisse tirera du capital du
ses économies , & celui des bénéfices d'agio, les intérêts viagers de la loterie qui resteront encore existans , & tous les
bénéfices qu'elle pourra faire alors & dans l'avenir, comme
tous ceux qu'elle sonuerra au moment des présentes jusqu'à
son extinction , feront constamment masse dénasion capital pour
y être continuellement administré , pour compte de la nation
tous le temps qu'il plaira à Dieu de conserver la monarchie
Françoise.

IV.

Ladite caisse escomptera au 3 pour 100 l'année tous les
bons papiers actifs de l'État , & de commerce qui ne pass-
ront pas un de terme ; & par rapport à ce modique intérêt Sa Majesté déclare par les présentes , toutes les créances
de ladite caisse , créances privilégiées après les hypothèques,
dans les cas de faillites , remboursables sans perte , avant
toute autre créance quelconque , après lesdites hypothèques.

V.

Pour donner tout le lustre & toute la confiance qui doit
être due à un établissement aussi utile à l'État & à la nation,
Sa Majesté commettra par lettres-patentes à la régie des finances & commerces de ladite caisse nationale , un conseiller
d'État , & quatre secretaires du Roi du grand collège , lesquels par semestre , & jusqu'à révocation de la part de Sa
Majesté , administreront ses deniers de ladite caisse.

VI.

Le conseiller d'État sera déclaré président de ladite administration ; & les quatre secretaires du Roi , directeurs ; les
uns & les autres de la nomination de Sa Majesté ; installés
par lettres-patentes enrégistrées au parlement ; --- avec 60
mille livres de gages pour le conseiller d'État président, &
25,000 pour chaque secretaire du Roi , directeur.

VII.

Le premier caissier , & le teneur de livre en chef , feront
également nommés & brevetés par Sa Majesté ; de même que
le contrôleur des actes & signatures &c. , le premier avec
douze mille livres d'appointemens , & trois mille livres de dé-
croire de caisse ; le teneur de livre douze mille livres d'apoin-
temens , & le contrôleur des actes huit mille livres.

VIII.

Tous les autres commis , facteurs , & employés , feront au
choix du président , ou des quatre directeurs , & leurs appointemens feront réglés par le conseil de ladite caisse.

IX.

Il fera affilié par lettres-patentes , & de la nomination de
Sa Majesté , un avocat , un procureur , & un notaire , au
conseil des affaires de ladite caisse , & il fera donné annuellement à l'avocat & au procureur 3000 livres de gages à chacun , & 2000 livres au notaire , en avancement aux uns & aux
autres 2000 livres ; & au contrôleur des actes quelconques que ladite caisse fera dans le cas de drester , ou de recevoir.

auront une cenancea determinée ; --- en conséquence , tous
les particuliers qui négocieront des effets à ordre , à la caisse
nationale , mettront , (au lieu de l'ordre usité dans les en-
dossemens ,) payés à la caisse nationale la somme de ----
valeur reçue comptant ce jourd'hui &c. ; sans quelle formalité
les endosseurs feront tenus de malversations qui pourroient se
commettre sur leurs effets , & contraints de leurs remboursemens , ou de la valeur reçue par ladite caisse nationale.

XVII.

Sa Majesté donne pour sceau & armes à ladite caisse un pélican d'or sur un champ d'azur , posé avec ses petits sur un
bouclier à la gueule , couché par terre , le pélican duchi-
rant son sein pour alimenter les petits ; --- sur la tête du
pélican , en ligne de droite à gauche , trois fleurs de lys d'or; ---
l'écusson soutenu par deux guerriers armés à la gauloise , couronné de lauriers posant une couronne sur l'écusson.

XVIII.

La porte de la maison de la caisse nationale sera constamment gardée par deux Suisses à la livrée de Sa Majesté.

XIX.

Toutes les dépenses de maisons , de bureaux , & les frais
de régie , feront à la charge de ladite caisse , arrêtées par le
conseil assemblé , & approuvées par le Sgr. contrôleur-général.

XX.

Le président seul , avec sa famille sera logé dans la maison
de la caisse nationale.

XXI.

Il fera présenté toutes les années à Sa Majesté , sous les
hospices du Sgr. contrôleur-général , un bilan définitif des affaires de ladite caisse nationale ; & le président & directeurs
ne rendront compte de leurs administrations qu'au contrôleur-
général des finances.

XXII.

Sa Majesté après avoir varié en 40 ans 3,200,000,000 de
ses finances dans ladite caisse , & déclare encore caution de
tous les intérêts & charges qu'elle aura à payer depuis le jour
de son ouverture , jusqu'à son extinction totale , engageant irré-
vocablement à cet effet , pour elle , & pour ses héritiers ,
toutes les finances de sa couronne.

XXIII.

Enfin , pour que l'administration des deniers & obligations
de ladite caisse nationale , soit toujours dans une assiette tranquille & solide pour l'État & pour les citoyens ; Sa Majesté
déclare qu'il ne pourra être ordonné par aucune cour de justice , aucune saisie ni retenue , entre les mains de ladite caisse,
sur toutes les charges qu'elle sera dans le cas de payer en
gages , intérêts & rentes viagères ; & Sa Majesté de son autorité , par les présentes, cassant tout arrêt à y ce contraire.

XXIV.

Finalement , Sa Majesté désirant que l'établissement de la
caisse nationale , fondée sur les présentes lettres-patentes , soit
un monument éternel de son attachement pour les peuples,
& que tous ses deniers & profits annuels soient constamment
conservés & administrés pour perpétuité de l'État & de la nation,
déclare très-expressément par les présentes , ... que cet établissement , en se formant une par le concours & l'attachement de ses fidèles sujets pour notre chère patrie , que
dit établissement doit appartenir à perpétuité à ses fidèles
sujets ; en conséquence , Sa Majesté désirant que ses héritiers
de famille , sans pouvoir en aucun temps s'en approprier les
deniers , déclare très-expressément par les présentes, qu'elle
fait don du dit établissement à tous ses fidèles sujets , ou
à sa nation , léguant & confisment est héréditaire icelui, à la fidèle
nation Françoise , tout le temps qu'il plaira à Dieu , de conserver cette oucasse monarchie ; affectant à cette hérédité tous
les nouveaux sujets qui pourroient nous arriver par droit de
succession , ou par droit de conquête.

X.

Du moment de la publication des préſentes, Sa Majeſté déclare que les intérêts ou conſtitutions actives & viagéres ſur les finances de l'Etat, de tous les effets royaux, & objets ci-aprés, ne la regardent plus, & qu'ils ſont à la charge de la caiſſe nationale juſqu'au tirage de la loterie viagére de nos lettres-patentes de ce jour.

XI.

Tous les effets royaux qui ſeront reçus au pair, dans ladite nommées au ſgr. controleur-général, un bilan définit des affai-res de ladite caiſſe nationale, & le préſident & directeurs ne rendront compte de leurs adminiſtrations qu'au contrôleur-général des finances.

XXII.

Sa Majeſté aprés avoir verſé en 40 ans 3,200,000,000 de ſes finances dans ladite caiſſe, ſe déclare encore caution de tous les intérêts & charges qu'elle aura à payer depuis le jour de ſon ouverture, juſqu'à ſon extinction totale, engageant irré-vocablement à cet effet, pour elle, & pour ſes héritiers, toutes les finances de ſa couronne.

XXIII.

Enfin, pour que l'adminiſtration des deniers & obligation: de ladite caiſſe nationale, ſoit toujours dans une aſſiette tran-quille & ſolide pour l'Etat & pour les citoyens ; Sa Majeſti déclare qu'il ne pourra être ordonné par aucune cour de juſ-tice, aucune ſaiſie ni retenue, entre les mains de ladite caiſſe, pour toutes les charges qu'elle ſera dans le cas de payer en gages, intérêts ou rentes viagéres ; Sa Majeſté de ſon auto-rité, par les préſentes, caſſant tout arrêt à y ce contraire.

XXIV.

Finalement, Sa Majeſté déſirant que l'établiſſement de la caiſſe nationale, fondée par les préſentes lettres-patentes, ſoit un monument éternel de ſon attachement pour ſes peuples, & que tous ſes deniers & profits annuels ſoient conſtamment conſervés & adminiſtrés pour compte de l'Etat & de la nation, déclare trés-expreſſément par les préſentes, ... que cet éta-bliſſement, ne ſe formant que par le concours & l'attache-ment de ſes fidéles ſujets pour notre chére patrie, que ce dit établiſſement doit appartenir à perpétuité à ſes fidéles ſujets ; en conſéquence, Sa Majeſté déſirant que ſes héritiers au trône, le reſpectent, le chériſſent & le protégent en pére de famille, ſans pouvoir en aucun temps s'en approprier les deniers, déclare trés-expreſſément par les préſentes, qu'elle fait don du dit établiſſement à tous ſes fidéles ſujets, nés, ou à naître, léguant & conſtituant en hérédité icelui, à la ſeule nation Françoiſe, tout le temps qu'il plaira à Dieu de con-ſerver cette auguſte monarchie ; aſſociant à cette hérédité tous les nouveaux ſujets qui pourroient nous arriver par droit de ſucceſſion, ou par droit de conquête.

LE COSMOPOLITE.

Eh bien, ce font divers établiffemens qui feront fondés par la caiffe nationale de Paris,
dans toutes les villes de commerce de la
France.

VAN MAGDEBOURG.

J'entends. ... Nous y reviendrons : — Suivons l'explication de ce profpectus, ainfi que
nous l'avions commencé ; ... ,, liquidation gé-
,, nérale, &c. nous avons vu cela : ... caiffe
,, nationale, &c. nous avons vu cela auffi : ...
,, rès-de-chauffée, ... liquidation générale de la
,, finance de toutes les charges, offices & cau-
,, tionnemens conftituant les recettes de l'Etat, ..
,, par la création des annuités au 5 pour 100 d'in-
,, térèts, fans retenue. ,, Expliquez-nous un
peu cela?

LE COSMOPOLITE.

Depuis François I. il s'eft introduit en France
l'ufage fcandaleux de la vénalité des charges; (a)
Quoique le Roi nomme à toutes, de mème qu'à
tous les emplois du gouvernement, il n'eft pas
toutefois le maître de leurs propriétés ;... c'eft
l'argent, c'eft le crédit, c'eft la protection qui
décide généralement du choix des fujets qui les
occupent ; de forte qu'avec de la fortune, une
médiocre capacité, fans nom & fans naiffance ;
un citoyen ordinaire, un homme ignoré, peut
afpirer aux premières dignités de l'Etat, aux
premières charges de l'adminiftration. .. Cette

(a) La France eft le feul gouvernement qui ait établi
cet abominable coûtume, n'y ayant rien de fi vicieux, de
fi défavantageux à une autorité politique, que le trafic des
emplois du gouvernement.

vénalité flétriffante, auffi nuifible au fervice public, que défavantageufe à l'autorité, eft dégénérée aujourd'hui en objet de commerce, en fpéculation politique. — Un adminiftrateur a-t-il eu befoin d'argent, il a fait créér de nouveaux emplois. — A-t-il été preffé par quelque dépenfe extraordinaire? il a multiplié les charges des comptables. — A-t-il eu befoin d'un furcroit de moyens, il a établi des cautionnemens pécuniers fur les plus petites régies. — De là tout eft venu commerce dans l'adminiftration : de là tout le monde s'eft jetté dans les charges. — Un particulier eft-il devenu opulent; eft-il un peu lefte, actif, intriguant, ambitieux? il achete une charge. A toutes ces charges, en fus des intérèts du débours de la finance, le gouvernement y a attaché des avantages perfonnels, des honneurs héréditaires, des traitemens particuliers. — Ce trantran diffamant, auffi onéreux au corps politique, que mortel à l'autorité royale; également nuifible aux progrès des arts, des fciences, qu'au mérite des citoyens, a-t-elle répugné à Mr. de Pelliffery, que, foit pour illuftrer le fervice de l'Etat, foit pour abolir les ferviles moyens des adminiftrateurs, foit pour encourager l'émulation & les talens, il a imaginé le rembourfement de toutes les charges quelconques du gouvernement, par la création des annuités, qui deviendront par l'établiffement de la caiffe nationale, des effets très-avantageux à la fociété, en remplacement de ceux qui défaccréditoient auparavant la circulation publique. — Par cette opération, l'autorité reprenoit fur tous fes fujets; cette prépondérance, ce droit légitime du fouverain, qui reftreignent & qui fixent les devoirs d'un chacun; — & la légiflation

cion rendue une autrefois maîtreſſe de tous ſes
droits , de tous ſes pouvoirs , de toutes ſes diſpoſitions , ne devoit laiſſer ſubſiſter dans le corps
politique , que la portion des charges de l'adminiſtration , d'abſolue néceſſité pour le ſervice
public ; --- toutes les autres devoient être ſup-
primées. --- Par cette opération l'Etat économi-
ſoit des ſommes très conſidérables dans ſes dépenſes ; les 5 à 600 millions à quoi pourront
ſe monter tous ces rembourſemens, coutant actuellement plus de 60 millions toutes les années
à ſes recettes ;.. ſans peut-être une égale ſomme
perçue ſur la conſommation des peuples ; par
les prérogatives attachées à toutes celles qui
ſont dépendantes de la municipalité du royaume.

V A N   M A G D E B O U R G.

C'eſt très bien vu, mon cher ami, c'eſt très-bien
vu, & Mr. de Pelliſſery vous fait voir, (*à St. Albin*)
de quelle façon devroient penſer tous vos adminiſtrateurs. Il ſeroit avantageux pour vos citoyens,
que votre Roi pût être caché dans un coin de ce
café, comme jadis le fut en Hollande Pierre I ; que
de coquineries ne découvriroit-il pas ? Car Mrs.
les miniſtres ne ſe montrent jamais que du bon
côté. --- Continuons : ,, Et ces 70 millions de plus
,, applicables dans trois ans à des établiſſemens
,, ſans charge pour l'Etat ?

L E   C O S M O P O L I T E.

Nous verrons cela, aprés que nous aurons
examiné les établiſſemens des caiſſes & crédit
public dans les villes de commerce du royaume.

V A N   M A G D E B O U R G.

Soit : ...,, Premier étage ; --- caiſſe & crédit
,, public, à 1 & à 3 pour 100 l'année, &c.
,, par diminution des octrois , & liquidation en
,, 25 ans de toutes les dettes des principales

„ villes du royaume, comme Paris, Lyon,
„ Marſeille. „ Débrouillez un peu cela?

LE COSMOPOLITE.

Le bien public doit être la baſe fondamentale
de tout ſyſtème économique ; tel a été le but
conſtant de tous ceux de Mr. de Pelliſſery, &
ſurtout dans l'établiſſement de ſa caiſſe nationale,
qui n'a été imaginé pour n'être au corps politique
de la France, que ce que le cœur eſt au corps
de l'homme. — Dans l'homme, le cœur eſt la
région où ſe réunit, & d'où ſe diſperſe toute
la circulation du ſang... Tout de même la caiſſe
nationale n'a été imaginée que pour faire jouir
toutes les provinces de la monarchie des mêmes
avantages que ceux qui ne paroiſſoient ſe fonder
que pour la capitale ; — partout où la conſervation eſt la même, les intérèts doivent être les
mêmes. — En conféquence le citoyen du midi
de la France étant auſſi précieux au gouvernement, que celui du ſeptentrion & de la capitale,
Mr. de Pelliſſery a imaginé de répartir dans toutes les villes de commerce de la France, les mêmes ſecours qu'il a imaginé pour la capitale. — A
cet effet, il fait fonder par l'établiſſement de
Paris, ſous la protection & par Lettres-Patentes du Prince, des filles en caiſſes publiques pour
compte dudit établiſſement de Paris, dans leſquelles caiſſes celui-ci verſera un capital propor-
tionné à la circulation de chaque place de commerce, pour y excompter perpétuellement tous
les bons effets actifs du commerce ſous 3 pour
100 d'intérèt, ſuivant l'application, us, forme
& régie des Lettres-Patentes de l'établiſſement
de Paris. — Par cette eſpèce de démembrement,
toutes les places de commerce de la France deviennent participantes aux avantages que pro-

cure au commerce la caiſſe nationale ; & toutes
s'entremettent de faire valoir ſon capital pour
remplir ſes conſtitutions.

VAN MAGDEBOURG.

Je ſuis émerveillé de ſes ſages diſpoſitions :
elles portent empreintes avec elles le bien public,
le bonheur de la ſociété, la félicité publique...
Adminiſtrateurs emportés, apprenez à penſer.
— Et ce crédit public, comment l'entendez-
vous ?

LE COSMOPOLITE.

Ce crédit public eſt un hommage que la France
rend à votre banque d'Amſterdam, dans le même
goût que celui que devoit vous rendre l'Eſpagne
pour ſa banque de Caſtille, ſi elle avoit eu lieu,
avec la différence, que la banque d'Amſterdam
reçoit conſtamment & ne rembourſe rien ; &
qu'en France & en Eſpagne leur crédit public
n'auroit reçu que pour rembourſer en ſoula-
geant les débiteurs. ... Je vous ai déja dit ce
qui en étoit, en vous mettant au fait de l'établiſſement de la banque de Caſtille : — Par le
moyen de ce crédit public, ouvert comme en
Hollande en virement de parties, les dettes des
villes & des provinces où il y auroit eu des filles
établies par la caiſſe de Paris, devoient être li-
quidées en virement de parties ; ce qui auroit
augmenté les repréſentans de leur commerce,
& les impoſitions miſes pour remplir les conſtitutions de ces mêmes dettes, devoient tomber
annuellement en rembourſement des parties en
virement ; ... de ſorte qu'au bout de vingt-cinq
ans, il ne feroit exiſté dans toutes ces villes &
provinces, ni dettes, ni impoſitions, ce qui
auroit beaucoup ſoulagé tous leurs citoyens.
(*Voyez le plan de cette opération dans le dialogue*

précédent , dans l'explication des articles 20 & 21
des Lettres-Patentes de la banque de Caftille).

V a n M a g d e b o u r g.

Bravo !. . . bravifſimo! — Je vois par tout ce
que j'entends , que votre Mr. de Pelliſſery a
porté ſur tout l'atmoſphère de la France , ce
coup d'œil de détail & de ſpéculation qui unit
les intérêts des citoyens à ceux de leur patrie ;..
ceux de leur patrie , à ceux de l'adminiſtration
générale , & ceux de l'adminiſtration générale à
ceux du gouvernement. — C'eſt ce que l'on peut
dire agir en maître, en Michel-Morin, qui voit de
tout , qui entend de tout , & qui fait faire de
tout ; . . . car juſques à préſent nous avons toujours vu , qu'avec des riens , ſans argent & ſans
le ſecours de perſonne, qu'il a entrepris , (ou
voulu entreprendre) de très-grandes choſes ; &
qu'il y auroit réuſſi ſi on l'avoit laiſſé faire : —
ce don là n'eſt pas donné à tout le monde ; . . . .
mais pourſuivons notre examen. — „ Second
„ étage , rembourſement des annuités ſans char-
„ ge pour l'Etat; . . . rétabliſſement de la compa-
„ gnie des Indes , . . . par égalité des intérêts de
„ la France avec ceux de l'Angleterre & de la
„ Hollande ; „ — ceci paroît devoir me toucher
„ un peu plus que tout le reſte ; — comment
s'il vous plaît, s'opére tout cela ?

L e C o s m o p o l i t e.

Le rembourſement des annuités , ſans charge
pour l'Etat, ſe fait par la même opération qui
range les intérêts arbitraires du commerce de la
France à la parité de ceux de l'Angleterre & de
la Hollande ; Mr. de Pelliſſery , *page* 144, de
ſon éloge de Colbert , releve très-judicieuſe-
ment ce miniſtre , ſur ſon peu de prévoyance
dans cette partie , en diſant : " également ,

,, d'avoir conftamment tenu en France les in-
,, térêts factices du commerce à 5 & 6 pour
,, 100, tandis qu'en Hollande & en Angleterre
,, ils n'étoient qu'à 2 & demi ou 3 pour 100 ; ---
,, la bonne politique prefcrit de balancer en tout
,, fes rivaux, & de ne jamais faire leurs avan-
,, tages par une difproportion de rapports per-
,, fonnels ; --- c'eft les favorifer que de leur laif-
,, fer les ufufruits du commerce à 2 & 3 pour
,, 100 meilleur marché que celui de nos opéra-
,, tions. --- Cette faute groffière de notre part,
,, depuis un fiécle, a verfé au maniement de ces
,, deux nations, un gros tiers de nos commer-
,, ces politiques. ,, Et il décline après, au miniftère de la France, (par la note 6 de cet ouvrage,) les préjudices qu'elle en a éprouvé depuis nombre d'années ; --- à quel effet pour établir imperceptiblement & fans convulfion, cette
parité d'intérêts de la France vis-à-vis de l'Angleterre & de la Hollande : il a imaginé l'établiffement de fa caiffe nationale fous 3 pour 100
d'excompte, & il fait établir par cette même
caiffe, plufieurs autres caiffes dans le royaume
fur le même principe que celle de Paris, afin
qu'en embraffant ainfi tous les intérêts du commerce, (en favorifant toutes les opérations mercantiles,) elles préparent la circulation générale
à cette opération falutaire, qui doublera la valeur repréfentative de toutes les propriétés locales, & celles de toutes les difpofitions particu-
liéres des fujets.

VAN MAGDEBOURG.

Comment !... Mais voilà un terrible ouvrage !... prétendre doubler la valeur d'un arpent
de terre, d'une maifon, d'un vaiffeau, d'un
moulin. . . . .

K 3

LE COSMOPOLITE.
Certainement.

VAN MAGDEBOURG.
Eh comment cela ?

LE COSMOPOLITE.
En ce que les propriétés , comme terre , maison , vaisseau , moulin , &c. ne sont estimées ne rapporter aujourd'hui que 3 pour 100 de la valeur représentative ; tandis que l'argent placé dans le commerce procure 5 & 6 pour 100 : — en conséquence , dès que l'argent ne procurera plus dans le commerce que 3 pour 100 de jouissance , les propriétés locales qui sont des hypothèques privilégiées , rapportant les mêmes intérèts , ... ces propriétés doivent doubler de valeur représentative dans la circulation , vu leur garantie , vis-à-vis de tous les engagemens arbitraires.

VAN MAGDEBOURG.
Je sens toute la solidité de ce raisonnement ; — mais vous voudrez bien me passer le déplaisir que j'en éprouve.

LE COSMOPOLITE.
Pourquoi cela ?

VAN MAGDEBOURG.
Parce que cette opération va donner un furieux tour de reins à tous nos commerces ; ... les négocians François vont se jetter dans des plus fortes entreprises ; ... & ils nous chicanoient déja assez quand leurs intérèts étoient à 5 & à 6 pour 100 , sans que votre Mr. de Pellissery , avec tous ses calculs , leur en fournit encore de plus amples moyens. — Ce qui me tranquillise un peu , c'est que pour établir en France , que tous les fonds en comptant , placés sur des représentans arbitraires du commerce , ne procu-

reront plus à l'avenir que 3 pour 100, au lieu de
5 ou de 6 pour 100 qu'ils gagnent aujourd'hui,
il faudra une ordonnance de l'autorité ; & cette
ordonnance ne fortira jamais, parce que la
claffe financiere, qui enveloppe (par toutes fes
richeffes) toutes les diverfes branches de l'adminiftration publique, s'élevera contre cette fage
difpofition, la préfentera odieufe, tyrannique à
l'autorité ; & fera entendre conftamment au miniftère, que pour attirer perpétuellement l'argent des nations étrangères en France, il faut
que fes intérèts arbitraires foient conftamment
établis fans variation à 5 & à 6 pour 100.

S t. A l b i n.

(*au Cofmopolite*) Savez-vous que fi une telle
opération pouvoit avoir lieu, qu'elle feroit ruineufe, deftructive pour toutes les perfonnes
cenfées capitaliftes.

L e C o s m o p o l i t e.

Pour lefquelles ?

S. t. A l b i n.

Pour la claffe financiere.

L e C o s m o p o l i t e.

Belle perte ! . . .

S t. A l b i n.

Non feulement pour la claffe financiere, mais
encore pour tous les citoyens aifés, argentés, qui
ont tous leurs biens en comptant. . . . .

L e C o s m o p o l i t e.

Je vais vous prouver le contraire . . . Premiérement, la nobleffe de toute claffe, eft très-peu
fournie de comptant, ou de maniemens en argent,& les 11 douzièmes de toutes leurs richeffes
font en fonds de terres,ou en maifons. — Secondement, le commerce fe joue de toutes les varia-
tions arbitraires, tenant entre fes mains la ba-

lance de cette partie ; donnant d'un côté ce qu'il
reçoit d'un autre. — Troisiémement, l'industrie
y trouvera ses avantages, parce qu'achetant à
terme, & vendant à terme, plus elle trouvera
de l'argent à bas intérêt, plus elle occupera de
citoyens, d'ouvriers, de sujets utiles. Quatrié-
mement, l'agriculture jouira des mêmes avantages que le commerce & l'industrie, parce que
ses produits étant dans une égale proportion que
ceux des fonds en comptant, les particuliers argentés en verseront la plus grande partie dans des
nouveaux défrichemens ; … de sorte que tous
les états gagneront dans cette opération, excepté
la classe financiere de vos citoyens ; …. mais
qui est-ce qui compose cette classe en France ? ..

Particu-
liers qui
compoſent
la claſſe de
la finance
ou finan-
cière.

tous les gens à recettes dans l'actif & le passif de
l'administration, qui font valoir à l'heure, au
jour, à la semaine les deniers de leurs comptabilités ; — les trésoriers . les payeurs des gages,
rentes & pensions, qui trainent d'un jour, d'une
semaine, d'un mois ; les assignations du gouvernement ; — des courtiers, des agens de change,
griveleurs de sols pour livres, ou des écornifleurs
d'un 5 d'un 6 ou d'un 8 pour 100 sur tous les
brocantages de la finance : — voilà ce qui compose votre classe financiere. …

ST. ALBIN.

Mais tous ces gens-là gagnent leur vie…

LE COSMOPOLITE.

Cela est vrai ; .. mais au dépend de qui ?…
du commerce qui facilite tous les débouchés
de l'industrie, & qui la fournit de toutes les
matières premieres qui lui manquent ;… de
l'industrie qui salarie tout le méchanique, tout
le journalier, tout le travail de 12 à 15 millions
de sujets ; — de 12 à 15 millions de sujets qui

font les metteurs en œuvre de tous les arts , de
l'agriculture , de la circulation publique ; .. Enfin
de l'etat , de la nation , de tout le corps politique de la France , qui penfionne depuis des fié-
cles tous fes rivaux , par la cherté de fes conftitutions ; — Jugez-en par ce paffage de la note 6
de l'éloge de Colbert , où il y eft dit : „ Le
„ commerce politique de la France a toujours
„ roulé, année commune, de 12 à 1300 millions ;
„ la conftitution de fes intérèts à 5 pour 100 feu-
„ lement fur 1200 millions, feroit de 60 millions
„ de produit ; — fi ce produit n'étoit que de 3
„ pour cent au lieu de 5 pour 100 , les 60 mil-
„ lions feroient circuler un fonds capital de deux
„ milliards , ce qui mettroit en circulation de 7
„ à 800 millions de plus , à l'avantage de la
„ France , & au défavantage de fes rivaux.

„ Ces défavantages depuis un fiécle feulement
„ à 2 pour 100 par année , fur les 1200 millions
„ ci-devant , auroient procuré annuellement au
„ commerce politique de la nation , 24 millions
„ de réalifation , & à l'état , dans le courant de ce
„ fiécle , 2,400,000,000, laiffant en perte les inté-
„ rêts de ce capital, pour les réductions des dépen-
„ fes on auroit été forcé de fe ranger la claffe finan-
„ cière de nos citoyens. — Ce calcul prouve à
„ la légiflation , qu'il n'eft point de petite
„ faute , en matière d'Etat , pour les intérèts
„ politiques.

LE MILORD SPITEAL.
Notre ami, vous raifonnez comme un ange :..
ce que vous dites eft très-fenfé.

LE COSMOPOLITE.
Ma foi , mon cher , je raifonne comme me l'a
appris un homme qui a bien vu... Cherchez

quelqu'un qui ait mieux connu la juste portée de la France, que Mr. de Pelliſſery ?

MILORD SPITEAL.

On doit toute ſorte d'éloge à l'intelligence & à l'opinion de ce dit ſieur ; — tout ce qu'il dit eſt très ſage, & tout ce qu'il veut opérer eſt encore plus ſage. — Dans un état bien policé le gouvernement ne doit tolérer aucune partialité, & il ne doit conſtamment favoriſer que la claſſe appliquée de ſes ſujets ; par exemple, la nobleſſe ſert dans les armées, dans les emplois militaires, ſe bat, défend la patrie ; voilà une claſſe utile. — Le négociant pourvoit le royaume de ce qu'il lui manque, exporte ſes ſuperflus, fournit à l'induſtrie les matières premières qui lui ſont néceſſaires; voilà une claſſe utile. — Les fabricants, les entrepreneurs, les propriétaires des terres, font travailler des millions de journaliers, d'artiſans, de laboureurs, voilà une claſſe utile ; ... mais vos financiers, vos agioteurs, vos gens à recettes, (au nombre au plus de 100 mille dans toute la France,) à quoi ſont-ils bons ? — ce ne ſont que des ſangſués dans le corps politique, qui ne s'abreuvent conſtamment que du ſang des pauvres, de la ſueur des citoyens appliqués, du travail des ſujets utiles. . .

Diſtinction des plus conſéquentes dans les appréciations des citoyens en l'ſyſtême d'adminiſtration économique.

VAN MAGDEBOURG.

En effet, à quoi ſont bons tant de fermiers-généraux en France, tant de tréſoriers, tant de receveurs généraux des finances, des domaines, des tailles, des aides, de la capitation, des vingtiémes &c. ? ce ne ſont que des indolens, ſalariés pour dévorer les peuples.

Vérité ſans replique.

ST. ALBIN.

Il eſt conſtant que dans ce grand nombre d'employés, bien peu ſont néceſſaires : — par exemple,

de quel fecours font à l'Etat les Fermiers-généraux ?...

LE COSMOPOLITE.

Doucement ; Quand on s'emporte en récri-
mination, on confond toujours l'homme utile
avec l'inutile, & l'on s'écarte de l'axiome qui
dit, que s'il eſt des maux d'abſolue néceſſité
dans la politique, il eſt des maux auſſi d'abſolue
néceſſité en ſyſtème d'adminiſtration. — De tous
les perſonnages que vient de nommer Van Magdebourg, les Fermiers-généraux ſont les ſeuls
qui ſoient utiles à la ſociété, qui peuvent le
mieux ſervir à l'adminiſtration. — Dans une
monarchie auſſi peuplée, auſſi répandue que la
France, auſſi jonchée de voiſins & d'ennemis,
il faut au gouvernement des étançons, des croupiers, des établiſſemens de politique ; — les
Fermiers-généraux ſont à cet effet tout ce que la
France peut deſirer ; — vrais adminiſtrateurs
de recettes publiques, ils ſont plus à même de
connoître le haut & le bas, le fort & le foible,
les moyens & les reſſources du gouvernement,
que des particuliers dédiés à de ſimples régies ;..
qu'un miniſtre même, chargé de la police de
tous les employés. — C'eſt dans cette inſpection
des recettes & de la circulation publique, que
cette compagnie devient utile & néceſſaire à l'autorité, & c'eſt à l'appui de toutes ces connoiſſances, que dans une extrèmité forcée du gouvernement, elle peut fournir au miniſtère des
ſecours prompts, des reſſources phyſiques, dont
la lenteur, ou la trop longue demeure des recettes, cauſeroit le déſavantage ou la ruine de
la nation ; — témoins les efforts d'anticipations
qu'elle a conſtamment fourni au miniſtère, ſous
Mrs de Colbert, de Chamillard, Deſmareſt, de

Fleury, de Machaut, de Silhouet, de Moras, de Boulogne, Bertin, Laverdy, &c. --- Ainſi c'eſt à tort que l'on s'eſt laiſſé prévenir contre ce corps ; --- ſes maniemens ne ſont point uſurés, comme tous ceux de la claſſe financiere le ſont ſur les ſujets ; --- ce ſont les droits du prince qu'ils reçoivent purement & ſimplement ; ... ils ne ſont que les conſervateurs de ſes recettes, que les économes de ſes aſſignations, que les inſpecteurs de tous les employés ſubalternes, verſant au tréſor royal, ou dans les divers départemens des provinces, les deniers des revenus publics ; --- au lieu que tout ce qui eſt receveur particulier, chargé de caiſſe, tréſorier, &c. ne ſont que des gens mis en place par néceſſité, pour griveler ſur leurs recettes ou ſur leurs aſſignations, traînant les payemens ou la reddition de leurs comptes, pour agioter un débet, pour mettre à profit dix, vingt & trente jours d'intérèts ; ſe liguant avec des premiers commis, avec des agens de change, ou avec des gens en crédit, pour ſpéculer avec les fonds de leurs caiſſes, ſur les effets publics, ſur les effets royaux, excitant à deſſein des froiſſemens de chocs dans toutes ces parties, pour déſaccréditer les uns, & pour faire hauſſer les autres ; entretenant toujours une eſpèce de guerre entre le beſoin & l'intérèt, la finance & le miniſtère ; Enfin reſſerrant ou prodiguant l'argent & le crédit ſuivant qu'il eſt favorable à leurs opérations. --- De telles gens, une telle eſpèce de citoyens, de tels artiſtes ſont déſavantageux au prince, à la ſociété, à un corps politique ; — mais le corps des Fermiers-généraux ne peut point être confondu avec cette eſpèce de peuples ; --- après le miniſtre des finances, & les

intendans des finances , ce font les Fermiers-généraux qui tiennent les rênes de l'adminiftration ; — ils font feuls les vrais adminiftrateurs
des deniers publics. Les premiers ne font que
les prépofés du prince pour les infpectionner &
pour les protéger.

S t. A l b i n.

En ce cas nos affaires font gouvernées par des
gens bien-mal fàmés & bien fcandaleux.

L e C o s m o p o l i t e.

Non pas dans ce moment , & vous ne voyez
point aujourd'hui chez les individus , qui com-
pofent ce corps , ce ton avantageux de fafte &
d'imprudence , que l'on y a vu par le paffé ; —
les places des fermiers généraux ne font plus , les
falaires , les invalides d'un favori , d'un homme
à bonne fortune ; — c'eft le mérite , les mœurs ,
l'honnèteté , qui les donnent aujourd'hui.

S t. A l b i n.

Ma foi , j'en doute un peu ,... en connoiffant plufieurs qui me feroient rougir dans la
fociété , fi je me trouvois trop fouvent avec eux;
point de naiffance , point d'éducation , des mœurs
équivoques ,... très-peu de mérite....

L e C o s m o p o l i t e.

Tous les doigts de la main ne font point
égaux ;... ainfi il peut fe faire qu'il exifte encore dans ce corps quelques membres verreux ,
placés , comme autrefois , par l'intrigue , la protection , ou la débauche d'un favori , d'une
maitreffe ;... mais depuis quelque temps le miniftère eft plus délicat , plus réfléchi , plus févère
dans le choix des fujets. — On cherche aujour-
d'hui les talens , la naiffance , les mœurs ; on
ne veut que des hommes utiles , & je ne doute
nullement , fous votre nouveau miniftère , &

furtout au nouveau bail des fermes générales,
que vous ne voyez un choix rigoureux, & des
arrangemens très-flatteurs pour une nation.

St. Albin.

On aura beau les tourner & les retourner,
les plâtrer ou les vernilfer, pour leur donner
plus d'éclat, ou quelque confidération, ils n'auront jamais que la haine publique. — Ces gens-
là fe font trop affichés par leur faite & par leurs
profulions ; & ces profulions font généralement
prifes fur les peuples.

Le Cosmopolite.

C'eft à tord que l'on fe prévient là-deffus ; &
pour peu que l'on veuille raifonner, on verra
que les Fermiers-généraux ne peuvent pas s'a-
vantager d'un denier dans aucune de leurs opérations ; — tout fe perçoit au bureau des fermes
générales, fur des ordonnances, ou fur des
tarifs arrètés avec le miniftère ; rien par libre
arbitre ; & de tout ce qui eft perçu, ils font
obligés de donner quittance. — Par cette marche, & par les titres juftificatifs qui la certi-
fient, il eft clair & démontré que les Fermiers-
généraux ne peuvent s'avantager d'un denier
dans leurs recettes, & que c'eft à tort que l'on
leur inculpe une cupidité flétriffante. — Ce qui
a fait les grands profits de ces meffieurs, fous
Mr. de Colbert, & plus encore fous Mr. le Cardinal de Fleury, ... c'eft que l'induftrie tirée
du berceau par Colbert, & le commerce politique pouffé dans fon plus haut période de profpérité par Mr. le Cardinal de Fleury, par une
gradation continuelle, ont conftamment groffi
la circulation publique. . Cette circulation payant
tribut aux fermes générales, & les baux de cette
adminiftration étant tous de fix ans, par une

répartition égale vis-à-vis du miniſtère , il s'eſt rencontré dans les dernières années de pluſieurs baux quelconques , que les intéreſſés aux fermes générales ont eu des augmentations conſidérables dans leurs recettes , qui les ont fait jouir de pluſieurs répartitions très avantageuſes ; de là ces fortunes rapides dans pluſieurs de leurs individus ; .. mais ces fortunes étalées. mal à propos de la part de quelques-uns de ceux-ci ne diſent pas , & ne prouvent pas que les Fermiers-généraux vexent les peuples ; — elles ne font qu'avérer ce que la ſpéculation politique prouve encore aujourd'hui , que le commerce politique de la France , depuis Mr. de Colbert juſques en 1754 , a été conſtamment en augmentant , malgré les chocs & les interruptions occaſionnées dans cette partie par la guerre de la ſucceſſion , le ſyſtème de Laws , la guerre de 1744 , &c. ; & que depuis 1754 , il s'arrière , & ſe mine imperceptiblement par la rigueur de vos impoſitions.

VAN MAGDEBOURG.

Pour nous faire un raiſonnement pathétique ſur des êtres éphémères , vous m'avez fait quitter ce qui vaut mieux que tous vos fermiers-généraux ;.... c'eſt cet ouvrage , (*en montrant l'éloge de Colbert* ,) ce plan de finance , où l'on y voit tracé par le poinçon de la ſageſſe , l'art , le talent , le moyen de rendre heureuſe une ſociété , une nation politique. — Voyez le bon ſens , la candeur de ce paſſage : „ Il auroit été „ de la gloire de Colbert , d'entreprendre ces „ redreſſemens ; ... de fondre les aides dans „ les gabelles , de même que les impoſitions de „ la capitation , taille & tallion , & en rendant „ la gabelle générale dans tout le royaume par

,, fon égalité de prix , fait retrouver à nos fi-
,, nances , dans cette feule impofition , le pro-
,, duit des quatre autres ; — cette opération,
,, quoique vafte & compliquée , n'eft du tout
,, point difficile , de même que celle qui établi-
,, roit dans toute l'étendue du royaume , l'exer-
,, cice d'un feul code , d'une feule coutume,
,, d'un feul poids & d'une feule mefure. — Ces
,, fimplifications feroient très-favorables à l'auto-
,, rité & feroient le bien être de tous les citoyens,
,, étant prouvé, que les diverfes coutumes du
,, royaume , perpétuent entr'elles des chocs con-
,, tinuels dans le cabinet de l'Etat , qui gênent
,, fans cefle les difpofitions générales de la bonne
,, légiflation ; & que la multiplicité des impofi-
,, tions , par leurs inégalités , par leurs régies &
,, leurs dépenfes de comptabilités , renchériffent
,, de plus d'un tiers la taxe de chacune defdites
,, impofitions : ,, — Joignez à ce pafiage de cet
éloge de Colbert , celui de cette note 6 , où
Mr. de Pelliffery dit : — ,, Le deftructif des défa-
,, vantages dont nous venons de parler, ne fe
,, borne point à ce feul préjudice : . . . il affié-
,, ge encore la profpérité des finances de l'état
,, & le fuccès des opérations du fyftème politi-
,, que du cabinet : l'évidence en eft fenfible...
,, Nous payons 5 de ce que nos rivaux ne payent
,, que 3 ; par conféquent , à égale dépenfe en
,, conftitutions , les opérations du fyftème po-
,, litique de l'Angleterre & de la Hollande peu-
,, vent s'étendre à 3 cinquièmes de plus en dé-
,, bours que ceux de la France ,, ... Voilà
vraiment l'ami des hommes ! — malgré que cet
ouvrage confpire contre nos intérêts , je ne puis
m'empêcher d'en eftimer fon auteur.

L E

LE COSMOPOLITE.

Mr. de Pelliſſery met ſon miniſtère au pied du mur en lui prouvant , par cette note , que 100,000 liv. de conſtitution , priſes en Angleterre , en Hollande ou en France , trouvent 3,333,333 liv. 6 ſ. 8 den. en Angleterre & en Hollande , & qu'elles ne procurent que 2,000, 000 , en France.

VAN MAGDEBOURG.

Cette vérité eſt inconteſtable ; .... il eſt abſurde qu'il ait fallu plus de 200 ans à votre miniſtère (*à St. Albin,*) pour en être perſuadé ; — ſi la France , depuis un ſiècle ſeulement , avoit mis à profit cette obſervation ; jamais la guerre de la ſucceſſion , ni celle de 1756 , n'auroient ruiné ſes finances....

ST. ALBIN.

Pourquoi cela ?

VAN MAGDEBOURG.

Parce que toutes vos conſtitutions étant à 3 & non à 5 pour 100 , vos citoyens auroient ſupporté 2 cinquièmes de moins dans toutes vos impoſitions nouvelles , depuis ce ſiècle-ci....

LE COSMOPOLITE.

Hé ! c'eſt d'après cette vérité que Mr. de Pelliſſery dit dans ſon proſpectus de finance , — que cette opération ſera très-riche & très-déciſive pour la France , — en ce qu'elle doublera la valeur repréſentative de toutes les terres & maiſons de la métropole , qu'elle augmentera la circulation publique , & qu'elle mettra à même l'Etat de rembourſer ſes annuités , par la ſeule économie qui lui en reſtera dans la conſtitution de ſes finances.

VAN MAGDEBOURG.

Je n'apperçois pas cette économie.

LE COSMOPOLITE.

Elle eſt cependant bien ſenſible ; — les an‑
nuités créées pour liquider les charges de l'Etat,
quand les intérèts de l'argent étoient à 5 pour
100..... procuroient 5 pour 100, — quand il
ne ſera plus qu'à 3 pour 100 ; celles-ci ne doi‑
vent produire également que 3 pour 100 ; —
en conſéquence, les deux cinquièmes d'intérèts
économiſés par l'Etat dans cette conſtitution,
ſeront appliqués annuellement à en rembourſer
une portion d'annuités ; qui, à 12 millions par
année, avec les économies des intérèts , les
éteindra preſque toutes dans moins de 20 ans.

VAN MAGDEBOURG.

Il y a là de dans , mon ami , un peu du
machiaveliſme , cependant l'opération n'eſt pas
tyrannique , & comme tout tend au bien public
que la doſe du mal eſt d'un, ſur dix mille ; ...
il faut , ſans faire bruit, paſſer l'éponge par-là-
deſſus ; — pourſuivons notre examen de ce
proſpectus. — Bonne pièce, mon cher ami, (*à
St. Albin*,) bonne pièce ; ... rétabliſſement de
la compagnie des Indes ; — que diable la Fran‑
ce a-t-elle beſoin de faire le commerce de
l'Inde ?... Eſt-ce qu'elle n'en a pas aſſez en
Europe, en Turquie & en Amérique ?...

LE COSMOPOLITE.

Il eſt certain que le commerce des Indes orien‑
tales, eſt des plus indifférent & des plus inutile
pour la France, ... je dirai plus , il lui eſt
déſavantageux; mais exercé à l'avenir , dans le
goût que le propoſe au miniſtère Mr. de Pelliſ‑
ſery , il recevra des températifs dans ſon exploi‑
tation qui ne nuiront point, (comme par le
paſſé,) à l'induſtrie de l'Etat, & qui favoriſe‑
ront au contraire, ſes débouchés , en conſer‑

vant à la nation fes fréquentations dans les
Indes orientales; " le commerce de l'Inde ,
„ (dit Mr. de Pelliffery , dans fon éloge de
„ Colbert,) *page* 140, n'étant qu'un commerce
„ de rivalité pour la France , la grande adreffe
„ de Colbert , devoit-être de s'affurer de la
„ confommation des nations qui ne peuvent
„ le faire , & de leur rendre cette même con-
„ fommation moins couteufe , (par l'épargne
„ des frais de tranfport,) que celles que leur
„ fourniffent les Anglois & les Hollandois ; —
„ en conféquence, il auroit été de bonne politi-
„ que , & la raifon d'Etat fembloit le prefcrire ,
„ que Colbert établit le domicile des enchères
„ de notre compagnie, dans un de nos ports de
„ la méditerranée ; afin que les Etats de Naples ,
„ du St. Siège , de l'Italie , de Savoie , d'Efpagne
„ & du Portugal , . . . la Turquie même & les
„ Régences d"Afrique , qui confomment affez
„ confidérablement des articles des Indes , ...
„ par notre proximité , les vinffent prendre de
„ préférence chez nous , au lieu de les aller
„ chercher ou de les attendre de feconde
„ main de Londres & d'Amfterdam , par une na-
„ vigation longue & périlleufe ; — cette adreffe
„ auroit plus valu à la France , que la guerre la
„ plus avantageufe ; „ — en conféquence , il
fera établi une nouvelle compagnie , qui aura
fon port d'armement , de défarmement & de
vente publique, dans la méditerranée ; — elle ne
fera tenue dans aucun temps , d'aucune dépenfe
militaire dans l'Inde , & tous les bureaux des
douanes feront au profit de l'Etat , — feulement
cette compagnie , prêtera fes vaiffaux au miniftère , dans les occafions néceffaires pour la dé-
fenfe de ce même commerce , à cet effet, l'Etat

donnera à fonds perdu , à cette nouvelle compagnie , 40 millions de liv. (fous 4 millions de
redevance annuelle,) qui feront joints aux 40
millions de fonds que feront les nouveaux affociés , & lefdits affociés nommeront les régiffeurs, les directeurs & autres employés dans les
affaires de cette dite compagnie , qui ne rendra
compte au miniftre des finances, que comme à un
prépofé de l'Etat , pour veiller à la confervation
des deniers des actionnaires ; — voilà fur quel
fondement , Mr. de Pelliffery , veut à l'avenir
que l'on établiffe l'exercice du commerce de
l'Inde ; — cette nouvelle façon feroit plus avantageufe à la France que la précédente , celle-ci
offrant fes débouchés à tous les peuples de
l'Italie , qui par leur proximité fe pourvoi-
roient de préférence en France , plutôt qu'en
Angleterre ou en Hollande ; au lieu que l'ancienne compagnie dans fon port ifolé de lO'rient,
ne les offroit qu'à la nation.

VAN MAGDEBOURG.

Je ne fuis pas trop content de cet arrangement ;.... il eft d'un homme entendu ;... mais
d'un mauvais voifin:... "hé ! ce mont de piété...
,, qu'eft-ce que c'eft?.... ,,

LE COSMOPOLITE.

Ce mont de piété eft une œuvre pie , que
Mr. de Pelliffery veut faire fonder par le roi,
au moyen des annuités , & par l'affiftance de la
caiffe nationale ; — cette œuvre très-utile à l'humanité a été imaginée par les peuples de la Lom-
bardie , & plufieurs villes chrétiennes fe font
empreffées de l'établir chez elles , pour l'affiftance des pauvres citoyens , des néceffiteux,
des gens privés de fecours , forcés de fe remédier fur leurs hardes , meubles , ou effets do-

meſtiques. ⸺ De toutes les villes que j'ai connues , & qu'a fréquenté Mr. de Pelliſſery , il
n'en eſt aucune qui ait autant beſoin de cet établiſſement que Paris ; ⸺ ſa population des plus
conſidérables de l'Europe , réunit dans ſon ſein
une infinité de citoyens , dans la plus haute
opulence & dans la plus affreuſe des miſè-
res ; ⸺ cette inégalité des richeſſes & des peines ,
n'eſt point tempérée par les œuvres pies des
fidéles , par toutes les fondations du gouvernement , par toutes les charités du prince , des
grands , du paſteur , des curés , &c. ⸺ il reſte
dans la communauté de Paris un excédant de
beſoins & de miſère , que toute la bonne volonté de l'adminiſtration ne peut ni acquitter ,
ni ſervir ; ⸺ de ce défaut de ſuffiſance , l'autorité a toléré dans Paris le maquignonage d'une
certaine eſpèce de gens , que l'on appelle uſu-
riers , prêteurs ſur gages , qui pratiquent vis-à-
vis des pauvres néceſſiteux , les mêmes tyran-
nies qu'ils exercent ſur les perſonnes obérées
par le jeu , par les filles ou la débauche ; ⸺
cette tolérance forcée , auſſi nuiſible au général
des citoyens , qu'elle peut être utile à un très-
petit nombre de particuliers , ayant ému le
cœur ſenſible de Mr. de Pelliſſery , & voyant
dans une ville auſſi conſidérable que Paris ,
qu'il n'y a que le gouvernement qui puiſſe venir
au ſecours d'une ſi forte portion de ſes ſujets ,
il a imaginé l'établiſſement d'un mont de piété ,
dont les offices & la modicité des charges , pour-
voiront à toutes les économies & à tous les beſoins des pauvres , ſans que le gouvernement ſe
trouve gêné par ſes débours ; ⸺ cet acte eſt trop
louable , trop utile à l'humanité , trop avantageux à la religion du prince qui en ſera le fon-

dateur , pour que je ne vous faffe pas part de la teneur des lettres patentes qu'en a dreffé Mr. de Pelliffery. (*Voyez ces lettres patentes.*)

VAN MAGDEBOURG.

Que le Dieu qui vous entend , comble de grace & de bonheur tous les mortels qui l'invoquent par des œuvres auffi méritoires ; — fi Louis XVI exauce Mr. de Pelliffery !... s'il commence fon règne par cette heureufe fondation , il couronnera fon nom de gloire , & il établira fon trône dans le cœur de tous fes fujets ;... hélas ! grand Dieu , qu'il eft aifé aux princes de faire le bien , & qu'il doit en coûter peu à fes miniftres de le leur faire appercevoir ; — fi votre fcélérat d'abbé, (*à St. Albin*,) avoit mis dans un pareil établiffement , les deniers de l'Etat , qu'il a verfé dans fa fociété des monopoleurs , d'accapareurs de denrées premières , il auroit foulagé la mifère de vos citoyens , & au lieu de l'irriter par l'exceffive cherté du pain , il l'auroit adoucie par le rachat de fes crimes ;— périffent de pareils miniftres !... Enguerrand de Marigny étoit moins coupable que lui....

ST. ALBIN.

Paix , Van Magdebourg,... dans les lieux publics il faut toujours refpecter le caractère des miniftres :... laiffons cette converfation....

VAN MAGDEBOURG.

Soit ;... mais en Hollande on ne refpecte que les honnêtes-gens , & l'on nomme , un chat, un chat, & rolet un fripon ;... à mon particulier , je n'aime pas ces gens-là.

MILORD SPITEAL.

Perfonne n'aime, ni n'eftime ceux qui déshonorent leur prince , & qui font le malheur de leur patrie. — ce font des crimes au premier chef..

Van Magdebourg.

Suivons notre profpectus, il eft plus flatteur pour nous,... il tend au moins à rendre des hommes heureux, au lieu que celui dont nous parlons n'a été que le père de la mifère ; — " fimplification de régie dans les finances de „ l'Etat, réduction dans les dépenfes de com- „ ptabilité, — par diminution des impôts, fim- „ plification & égalité de la gabelle, en fuppref- „ fion de la taille, taillon, capitation & aides ;... „ cela eft très-bon, toutes ces impofitions étant „ odieufes ; „ — mais pourquoi ne pas avoir commencé par-là , toute cette befogne.

Le Cosmopolite.

Cela ne fe pouvoit pas ,... les revenus des impofitions, dans tous les gouvernemens quel- conques, n'étant établis que proportionnellement aux dépenfes ; — pour pouvoir entrer en éco- nomie avec les revenus, il faut de toute nécef- fité avoir commencé par établir celle des dé- penfes ; — ainfi la fuppreffion de la taille , tail- lon, capitation & aides, & toutes les autres fimplifications dans les régies des finances ne pouvoient fe faire, fans avoir donné auparavant une fin déterminée à l'énorme dette de la France. On ne commence jamais de bâtir une maifon par les toits ;... Mr. de Pelliffery en a fait de même , par fon *fervatur imperium*. — Comme c'eft de la dette de l'Etat que s'établit fa caiffe nationale, (qui eft l'ame de fon opéra- tion,...) il a mis cette dette dans les fonde- mens de fa maifon , repréfentant le cabinet de l'Etat.

Van Magdebourg.

Il eft unique d'avoir pu imaginer de faire fer-

L 4

vir une dette affreuſe , qui a écraſé une nation ,
à créer un établiſſement, qui aſſure ſon bonheur
& ſa proſpérité dans tous les ſiècles ; — je ne
reviens pas de cette idée & de cet enchaînement
d'intérêts & d'opérations , qui ſucceſſivement
des unes aux autres , redreſſent une adminiſtration deſtructive , & lui font établir la marche
de cet ordre ſûr ; qui explique l'économie légiſlative , & qui porte dans toutes les portions
d'un gouvernement politique , la ſérénité & l'a-
bondance ; — la combinaiſon eſt auſſi immenſe
que profonde.

LE COSMOPOLITE.

Plus les choſes ſont éparſes , multipliées , ſu-
ceptibles d'abus & de détérioration ,... plus il
faut les ſimplifier. — Le but d'un plan vraiment
économique doit être de pourvoir aux inconvéniens , en diminuant les taxes ſur les ſujets ;...
d'aſſurer le produit des impoſitions , en en ſim-
plifiant leurs perceptions ,... de rendre conſtamment les citoyens aiſés , plus contribuables
que les pauvres ,... de conſerver ſans ceſſe ce
juſte milieu qui explique les droits reſpectifs du
ſouverain & des ſujets. — Depuis François I,
la France s'eſt abandonnée à un commerce in-
décent pour les diversemplois de ſon adminiſtration ; — loin d'encourager le ſervice public par
ſon deſintéréſſement , ſon intégrité , ſa juſtice ;
elle en a déshonoré l'émulation par des trafics ,
des abus , des monopoles. — De cet oubli des
vrais principes de l'économie légiſlative , s'eſt
établi une vénalité générale dans toutes les
portions du gouvernement. Tout ſe vend ,
tout s'achette aujourd'hui en France ; —
le prince n'eſt plus le chef de l'adminiſ-
ration , c'eſt l'intérêt ;.... les dignités de

La légiſ-
lation doit
donner
une atten-
tion parti-
culière à
ce para-
graphe.

l'Etat , les charges publiques , les emplois
du miniftère ne font plus l'apanage de l'homme
inftruit, du citoyen appliqué, du fujet fidèle ; —
tout appartient à l'homme opulent , à l'homme
riche, à l'homme élevé par la fortune ; — de
cette foif pour l'argent ; fe font perpétués les
expédiens deftruĉteurs, de multiplier les charges
de l'Etat ; ... de créer conftamment de nouvelles régies ; ... d'imaginer fans ceffe de nouveaux
impôts , ... de-là, s'eft établie dans l'adminiftration des finances cette immenfité de conftitutions , de gagiftes & de comptables , qui en-
gloutiffent à leurs portions la majeure partie
des revenus publics , & qui renchériffent toutes
les taxes fur les fujets ; — de ce défaut de bons
principes , s'eft perpétué l'abus des moyens , &
depuis Henri IV , on eft à chercher fi la France
a fait d'autre métier dans tous fes befoins que
celui de créer des rentes aĉtives ou viagères , ...
de renchérir toutes fes impofitions , ... d'établir
des nouveaux emplois ou des nouvelles régies : —
telle a été la marche conftante de tous ces fyftèmes des finances ; — fyftèmes deftruĉteurs,
qui ont toujours gouverné les affaires de l'Etat
avec la même pufillanimité qu'un ouvrier à la
journée régle fa dépenfe , fans jamais porter
dans l'avenir cette prévoyance qui dévance les
befoins, & qui donne aux engagemens du temps
paffé une extinĉtion utile ; — c'eft par la pratique d'auffi méprifables moyens que fous Louis
XIII , on a confidérablement groffi les revenus
de la France , — que Louis XIV a doublé ceux
de fon aïeul, & que Louis XV a augmenté de
250 millions de plus , ceux de Louis XIV ; —
au travers de toutes ces gradations exorbitantes
dans les revenus publics , il eft à naître, depuis

Louis XIII , (à St. Albin ,) qu'aucun de vos
Souverains ait fait rembourfer , pendant fon
règne , aucune des charges de l'Etat , qu'il ait
fupprimé aucune de fes impofitions , qu'il ait
éteint aucune de fes conftitutions actives.....
Tout a perfévéré des uns aux autres dans les premiers principes :.... les dettes fe font fans ceffe
accumulées, les mêmes impofitions ont perpétuellement exifté , des nouvelles impofitions & des
nouvelles dettes ont conftamment renchéri les
anciennes. — Voilà quelle a toujours été la marche de votre miniftère des finances , depuis
Henri IV.

S t. A l b i n.

Il eft conftant que cette partie a toujours été
très-négligée en France , & que l'autorité ne
s'en eft jamais affez occupée ; — cependant, fous
Mr. de Colbert, & fous Mr. de Fleury , on ne
peut difconvenir , qu'il ne s'y foit fait plufieurs
opérations avantageufes à la nation.

L e C o s m o p o l i t e.

Aucune, mon cher ami, aucune ; — fi quelques fois vos adminiftrateurs ont feint de témoigner, s'occuper des intérèts des peuples, ce n'a
été que pour pratiquer des infidélités vis-à-vis
de tous les créanciers de l'Etat, qui n'ont jamais
fervi qu'à diminuer la fortune des citoyens, fans
jamais procurer aucun foulagement dans les
taxes publiques ; — telle a été la marche fucceffive de toutes vos opérations en finances, depuis
Mr. de Sully , jufques au Cardinal de Fleury ,
& telle a été impitoyablement, celle de tous les
fucceffeurs de ce dernier miniftre , jufqu'à la
mort de Louis XV. — Marche depuis 1744 ,
jufqu'en 1774 , qui a augmenté les impofitions
de l'Etat de 150 millions de plus , que fous Mr.

le Cardinal de Fleury, & qui a établi en 32 ans une dette active de plus de 3,500,000,000, avec un tiers moins de circulation & de commerce politique, qu'en 1744.

MILORD SPITEAL.

Savez-vous, notre Cosmopolite, que vous pérorez on ne peut pas mieux. — Depuis long-temps je n'avois point entendu expliquer en aussi peu de mots, la mauvaise administration & la situation obérée d'une monarchie, comme vous venez de peindre celle de la France; — comment avez vous pu, en aussi peu de temps, approfondir tant de particularités, & prendre tant de connoissance sur les vrais intérêts de la France, de l'Espagne & de l'Angleterre?

ST. ALBIN.

Pour ceux de la France, la connoissance n'en est pas bien difficile, étant tous étalés dans ses commerces & dans ses impositions, — dans sa dette nationale, & dans ses sacrifices à la paix de 1763; — heureux encore si de ce tableau de bien & de mal, de décadence & de ruine, nos ministres!....

VAN MAGDEBOURG.

Laissons ces réflexions pour écouter notre ami, qui raisonne à mon gré, comme un ange.

LE COSMOPOLITE.

Ma foi, je ne fais que vous répéter les obser vations de Mr. de Pellissery, il avoit assez d'a-mitié pour moi, pour ne me laisser ignorer aucune des particularités qui ont décidé tous ses systèmes; — c'est d'après ses lumières que je vous ai expliqué tous les avantages de son système des billets : toutes les utilités de celui de sa caisse nationale, celle-ci, (pour ainsi dire,) s'établissant médiatrice entre les besoins de l'Etat & les besoins des sujets,... entre les abus de l'administration & la rigueur des taxes publiques ; — d'une part, Mr. de Pellissery a vu que la France se perpétuoit dans une dette destructive, qui la constituoit à plus de 150 millions de dépenses extraordinaires ;... de l'autre, que cette même constitution la forçoit de conserver une multiplicité d'impositions & de comptables défavantageux à ses peuples ; — de ces deux causes abusives, s'établissant le malheur des sujets, la décadence de la monarchie, la perte du commerce & de l'industrie, Mr. de Pellissery a cherché de les anéantir ; — à cet effet faisant servir leurs défavantages, à l'avantage des citoyens, il a imaginé son système de la caisse nationale, qui, après avoir liquidé l'Etat sans débours des finances, après avoir rendu à l'autorité ce libre exercice dans son administration, qui lui est si nécessaire, après avoir éteint d'un

Considération bien fondée. seul coup de filet,... tous les payeurs & contrôleurs des rentes, tous ceux de celles sur les postes, les tailles, les tontines, les cuirs, &c. tous les caissiers des caisses, des arrérages, des amortissemens, &c. laisse en économie dans les coffres du roi, de 85 à 90 millions, sans peut-être une égale quantité abandonnée à tous les sujets.

St. Albin.

Il est constant que les 150 millions d'extra-
Autre certitude. ordinaires que paye la France, par la constitution de sa dette nationale, coûtent annuellement à la nation plus de 200 millions de taxes publiques, la multiplicité des regisseurs & des comptables qui y sont employés, par leurs traitemens particuliers renchérissant de plus

d'un tiers , la taxe de chaque impofition.

LE COSMOPOLITE.

De-là , établiffez combien il eft important à votre miniftère & à la nation , que la France redreffe fes fyftêmes des finances !

VAN MAGDEBOURG.

En effet ,... il n'y a aucune juftice qui puiffe obliger un gouvernement d'opprimer 20 millions de fujets , pour en favorifer au plus 200,000 ; car, n'en déplaife à Mr. de Pelliffery , je fuis perfuadé que toute la dette de la France ne roule pas fur deux cents mille perfonnes.

LE COSMOPOLITE.

Mr. de Pelliffery eft bien auffi de votre fentiment , malgré qu'il évalue le nombre des intéreffés à cette dette à 500,000 , dans fes lettres à Mr. Cochin ; — c'eft pour ne pas fe tromper dans fes calculs qu'il a fuppofé que le nombre des créanciers de l'Etat pourroit être de 500,000 ou d'un fur quarante. — Pour tarir la fource d'un défavantage fi difproportionné , & pour rendre le miniftère autant le maître de fes difpofitions que de fes revenus , ... après avoir donné une fin déterminée à l'énorme dette del'Etat,... après avoir éteint fans efpoir de retour les dépenfes de plus de 200 comptables de fa dépendance, il a cherché de faire faire au miniftère , la mème opération dans toutes les régies en recettes , afin de verfer dans les revenus publics , la même économie , qu'il s'eft appliqué de faire introduire dans les diverfes affignations de fes dépenfes. — En conféquence, les revenus de la France, non en fermes générales, fe compofant des diverfes recettes en impofitions ,... de la taille & du taillon , de la capitation ,.... des dixièmes, vingtièmes, & fols pour livres ,...

& le dixième de retenue,.... des octrois,....
des revenus des postes,... de la poudre & sal-
pêtre ,... de la ferme des greffes,... des octrois des villes ,... de la régie des suifs & des
huiles , hors du bail des fermes générales,...
des revenus des eaux & forêts ,... de ceux des

Depuis Louis XI les finances de l'Etat ont été en renchériffant, & dans tous fes renchériffemen aucun adminiftrateur ne s'eftappliqué d'en fimplifier les régies ; opération cependant bien néceffaire.

domaines en recettes particulières,... de la
vente des charges & offices ,... des fonds de la
caiffe des parties casuelles ,... des sommes que
payent les pays d'Etat ,... & des dons gratuits
du clergé. — Mr. de Pelliffery a confidéré que
toutes ces diverfes régies , en multipliant les
receveurs de toute efpèce , multiplient les gagiftes quelconques, par conféquent les dépenfes,
& que par le fecours des fermes générales ,
l'Etat peut fimplifier de beaucoup cette partie en
réuniffant dans une feule & unique impofition,...
la taille & taillon , la capitation & les aides,
qui font de toutes les taxes publiques, celles
qui font les plus chères en régies , les plus onéreufes aux peuples, les plus fuceptibles d'abus,
de vexations, d'injuftice ;.... enfin , les plus
défavantageufes au commerce.

ST. ALBIN.

Vous avez grandement raifon, mon cher ami;
toutes ces impofitions étant d'une nature auffi
ruineufe que deftructive. — Rien de plus révoltant
que les partialités de la taille arbitraire ,... que
les injuftices de la taille réelle ,.... que les coquineries des collecteurs , des receveurs particuliers, & des infpecteurs journaliers des aydes.
Premiérement, ces gens-là, (pour faire les bons
ferviteurs vis-à-vis de leurs chefs) ne s'attachent
conftamment qu'à tyrannifer le pauvre citoyen,
en épaulant les riches, qui leur graiffent copieu-
fement la patte. — Secondement , qu'à tromper

le miniſtère , en vexant toute l'agriculture. —
J'ai vu des abominations dans cette partie qu'il
ſeroit trop long de vous les raconter; mais pour
vous en donner une idée , je vais vous faire
part d'une bonne hiſtoire que j'ai entendue de
mes propres oreilles au jardin des Thuilleries ,
dans le mois d'Août 1772. — Je me trouvois un
jour aſſis dans la grande allée du milieu de ce
jardin , à côté de deux perſonnes qui ramonoient
du haut en bas (*au Coſmopolite*) votre honnète-
homme d'Abbé Terray , & que je reconnus après
par leur converſation être deux receveurs des
tailles : — Ces deux meſſieurs , dans leurs do-
léances , ... l'un diſoit : „ avec ce malheureux
„ de contrôleur-général , nos charges à l'avenir
„ ne nous rendront plus rien ; — il prétend nous
„ diminuer les intérêts de nos avances , & en-
„ core il veut réduire nos droits ſur nos recet-
„ tes : ... c'eſt une tyrannie , une vexation ;
„ cela ne s'eſt jamais fait ; nous ne pourrons
„ plus ſoutenir notre état , élever nos enfans ,
„ ni faire le ſervice. — L'année dernière , con-
„ tinuoit toujours le même , ma charge m'a
„ rendu 13 & d. p. 100 ; celles d'auparavant ont
„ toujours roulé de 15 à 16 pour 100 : ... La
„ préſente ne ſera pas bien lucrative ; ... mais
„ pour celles à venir , ma foi ſi je trouvois quel-
„ qu'un qui voulut me l'abonner pour 8 pour
„ 100 , je lui en abandonnerai volontiers le pro-
„ duit : ... veux-tu me le céder pour 10 pour
„ 100 , lui dit l'autre ? ... „ L'on balbutia quelques mots que je n'entendis pas , & celui qui
avoit offert d'accepter la propoſition ajouta : —
„ En vous en donnant 10 de la finance de votre
„ charge, je ferais bien ſûr encore d'y gagner 5 ou
„ 6 pour 100 , .. & peut-être 10 ; — car la mien-

„ ne , qui n'eſt pas auſſi conſidérable que la vô.
„ tre , m'a rendu 20 & 22 pour 100. — Si la
„ choſe n'étoit ainſi , (en relevant la voix)
„ comment le receveur de la généralité de ...
„ feroit-il venu à bout de rembourfer l'emprunt
„ fait fur fa charge , & à mettre encore fur le
„ côté 5 à 600 mille livres ; car vous favez com.,
„ me moi qu'il n'avoit pas le fol lorſqu'il l'ache.
„ ta... „ Comme je prêtois un peu trop d'at.
tention à cette converſation , celui qui avoit le
propos en bouche s'en étant apperçu , leva le
ſiége , & me priva du plaiſir d'être ſpectateur
auriculaire de toutes les coquineries qui ſe font
dans cette partie : ... Sans cette précaution , ſû.
rement j'allois entendre toute leur profeſſion de
foi. — Jugez d'après cette imprudente converſa.
tion , ſi les receveurs en chefs des tailles ſe re-
prochent des profits auſſi uſuraires , .. combien
doivent s'avantager les receveurs particuliers ,
& combien les collecteurs doivent bouſſeculer
leurs agricoles. — Enfin , l'impoſition de la taille
eſt ſi dure pour les peuples , & ſi ſujette à vexation , qu'un intendant de province fut obligé
de repréſenter au ſieur abbé Terray , que dans
Monfieur ſix élections de ſon département , il y avoit eu
Turgot. plus de 800 laboureurs qui avoient été en inqui-
ſitions les 20 & 30 jours faute d'avoir pu payer
la taille.

LE COSMOPOLITE.

Il eſt certain que l'impoſition de la taille , eſt
une des grandes cauſes de la cherté des fruits de
l'agriculture en France ; & ce n'eſt point ſans
raiſon que Mr de Pelliſſery a dit dans ſon ſyſtème terrier , que pour diminuer le prix des denrées , & rendre le prix de la main d'œuvre moins
chère , il falloit affranchir toutes les terres de la
métropole

métropole , de toute forte d'impofitions quelconques. — C'eft pour revenir à ce principe , que
dans le fyftème de la caiffe nationale , Mr. dè
Pelliffery propofe au miniftère d'éteindre les impofitions de la taille , taillon , capitation & aydes , & de répéter le montant de ces quatre impofitions dans une gabelle générale. (a)

ST. ALBIN.

Ah , grand Dieu !.. dans une gabelle générale ! le remède feroit pire que le mal.

LE COSMOPOLITE.

En quoi s'il vous plaît ?

ST. ALBIN.

En ce que la gabelle eft tyrannique par elle-
même , odieufe , infâme ; — elle eft la ruine des
peuples. Les fermiers-généraux , (dans leurs
répartitions) , exerçant déja affez de vexations ,
fans leur en fournir de plus amples moyens.

LE COSMOPOLITE.

Je ne vois pas que ces vexations foient auffi
violentes que l'on les exagère ; — d'ailleurs ,
comme toutes les provinces de la monarchie font
différemment traitées pour cette forte d'impofition , il ne feroit pas étonnant , (pour arrêter
le fauffaunage ,) que la ferme générale fe trou-
vât forcée à des rigueurs qui n'exifteroient point
fi toutes les provinces de la monarchie étoient à
l'uniffon les unes des autres ; — en Bretagne ,
le fel y vaut fix deniers la livre : à Paris il coute
13 fols fix deniers. Qu'elle équité y a-t-il dans

(a) En fupprimant la taille , il y a une précaution fage
à prendre pour établir folidement le grenier d'abondance ,
dont il fera parlé dans le dialogue fuivant , pour une année
au moins d'approvifionnement pour tout le royaume.

cette répartition ? . . Le citoyen de Bretagne est-
il moins François que le citoyen de Paris ?

St. Albin.

Toutes les provinces de la monarchie, (depuis un temps immémorial,) se gouvernent par
des priviléges particuliers ; il seroit odieux de
les en priver. — La Bretagne a celui d'être
exempte de la gabelle ; pourquoi voulez-vous lui
donner cette imposition de plus ?

Le Cosmopolite.

Parce que Paris , Orléans , Tours , Moulins
la payent , & que la Bretagne doit la payer. —
Dans un gouvernement bien administré , il ne
faut ni deux loix , ni deux maîtres ; tout ne doit
faire qu'un , & tout ne doit être qu'un : — Avez-
vous vu là-dessus l'observation de Mr. de Pellissery , dans son éloge de Colbert , & avez-vous
bien pésé tout l'essentiel de sa note 1, page 150,
qui explique les avantages généraux , & particuliers de cette opération.

St. Albin.

Non ; je n'y suis point encore.

Le Cosmopolite.

Eh bien , pour vous en mettre au fait , je
vais vous citer tout au long l'un & l'autre pas-
sage , page 145 : Le dit sieur de Pellissery , à la
suite de ses observations sur les fautes de Colbert, dit : ,, On peut lui savoir mauvais gré aussi
,, d'avoir laissé subsister constamment dans le
,, système de nos finances , une inégalité & une
,, monotonie dans les impositions majeures , dé-
,, savantageuses à l'Etat , & au bien général de
,, la société , toutes les provinces de la monar-
,, chie n'y étant pas également traitées.
- ,, Même reproche au sujet des aydes & des
,, gabelles , dans les diverses provinces du roy-

,, yaume , étant abfurde que l'on gêne dans
,, les unes , le boire d'une partie de nos cito-
,, yens , & que l'on les force dans les autres, de
,, confommer plus que leurs befoins ne peuvent
,, l'exiger.

,, Note 1, page 150 : Ce n'eft pas l'impofition
,, qui eft la ruine des peuples , c'eft la nature
,, de l'impofition , qui dans la perception exi-
,, geant une trop grande quantité d'employés ,
,, d'exacteurs & de receveurs , ouvre mille mo-
,, yens à ceux-ci d'y vexer les fujets ; & par
,, leurs gages , & leurs émolumens particuliers ,
,, rencheriffent encore de plus d'un tiers la taxe
,, de chacune defdites impofitions.

,, La taille , le taillon , la capitation & les ay-
,, des , font de la nature de ces impofitions ; . .
,, leurs régies multipliées , & fous divifées du re-
,, ceveur-général des finances , au receveur gé-
,, néral de l'impofition ; du receveur général de
,, l'impofition , à des receveurs particuliers , à
,, des collecteurs , à des infpecteurs , & à des
,, employés fans nombre , dont les commiffions
,, féparées exerçent continuellement une inquifi-
,, tion odieufe fur la perfonne , fur les biens ,
,, fur les rentes & fur les récoltes de nos cito-
,, yens ; — de cette inquifition perpétuelle , il
,, s'en enfante une infatiable cupidité , qui en-
,, tretient entre les collecteurs , les agricoles &
,, les artifans , des antipathies , des inimitiés ,
,, des haines & des vengeances , affouvies com-
,, munément par des concuffions qui préjudi-
,, cient conftamment nos campagnes. — Un fe-
,, cond vice dans ces défavantages domeftiques,
,, c'eft l'inégalité qu'ils perpétuent dans la cir-
,, culation intérieure de la monarchie , les pro-
,, ductions terrières du royaume , n'y étant pas

,, également traitées ; celles recueillies dans les
,, biens nobles , par leurs exactions , écrafant
,, celles des biens fonds roturiers ; ... de forte
,, que le corps de la nobleffe formant au plus
,, I quarantième de la population de la France ,
,, par fes privilèges fur les roturiers , écrafe
,, l'exiftence de 12 à 15 millions de citoyens , ar-
,, tifans , journaliers ou laboureurs.

,, La grande fcience dans tous les gouverne-
,, mens du monde , étant celle qui rend les peu-
,, ples heureux , & qui établit dans la circula-
,, tion politique , une adminiftration équitable ,
,, jufte , impartiale , proportionnée aux revenus
,, de chacun des fujets ; je crois que l'adminif-
,, tration qui purgeroit nos campagnes des im-
,, pofitions de la taille & taillon ; nos agricoles
,, des vexations des collecteurs ; nos citoyens ,
,, de l'inquifition de la capitation , & de l'inf-
,, pection journalicre des aydes feroit la meilleure
,, & la plus lucrative pour la France. — En con-
,, féquence , une opération qui réuniroit dans
,, une feule régie la perception de cinq impofi-
,, fitions majeures , (dont quatre d'une régie
,, chère , abufive & défavantageufe au corps
,, politique de la nation ,) feroit une opération
,, fage , honnête , patriotique ; parce qu'elle en-
,, courageroit le travail , la confommation , le
,, commerce , l'induftrie , & qu'elle établiroit
,, cette égalité & cette impartialité du gouverne-
,, ment , qui doit tourner toutes les vues des
,, fujets , au bien public , au falut & à la con-
,, fervation de la caufe commune.

,, Pour prendre une idée de cette opération,
,, il s'agit de connoitre le produit libre de la ga-
,, belle , celui des aydes , de la taille & taillon ,
,, & de la capitation ; de balancer tous ces pro-

„ duits par celui d'une gabelle générale dans
„ tout le royaume, sans différence de prix, ni
„ de distinctions de lieux, toutes les provinces
„ de l'Etat, ne devant faire qu'un, dès qu'elles
„ ne forment qu'une même cause;.. étant ridi-
„ cule de perpétuer des exclusions parmi elles,
„ (comme en Bretagne,) qui écrasent les ci-
„ toyens de Paris, de Rouen, d'Alençon, &c.
„ où la gabelle est établie, & qui mettent ceux-
„ ci dans la nécessité de souffrir en temps de
„ guerre, des rencherissemens dans leurs impo-
„ sitions particulières, pour survenir aux dé-
„ penses de ces mêmes provinces privilégiées,
„ afin de les mettre à couvert du fer de ses en-
„ nemis : cette inconséquence abusive & injuste,
„ doit dessiller les yeux de la législation, & faire
„ méditer notre ministère des finances sur mon
„ observation, & sur l'opération ci-après qui
„ en trace la marche.

„ La débite de la gabelle dans le bail précé-
„ dent d'Alaterre, a été, année commune,
„ de 14,267 muids de sel, lesquels, (dans l'ap-
„ préciation générale des prix combinés) a fait
„ ressortir le sel à 3000 livres le muid, & a
„ produit en recette . . . . . . liv. 42,801,000.
„ Le sel recolté ne revient pas
„ à S. M., à 100 liv. le muid;.
„ cependant en appréciant les 14,
„ 267 muids, à 100 livres de pre-
„ miers debours, il en aura coûté
„ de fonds d'avance, l. 4,226,700.
„ Les frais de trans-
„ port, de magasin &
„ de régie, roulent   12,226,700.
„ ordinairement de 7
„ à 8 millions, ci . 8,000,000.

„ En conféquence les gabelles ,
„ années communes , produifent
„ net . . . . liv. 30,575,300.
„ Celui de la taille , taillon , ca-
„ pitation , & les aydes , roule, —
„ Pour la taille & taillon, de 30 à
„ 32 milllons . . l. 32,000,000.
„ Pour la capitation,
„ de 24 à 25 mil-
„ lions . . . . . - 25,000,000. } 69,000,000.
„ Pour les aydes, de
„ 10 à 12 millions . 12,000,000.

„ En tout . . . . liv. 99,000,000.

„ Pour retrouver avec plus d'avantage pour
„ l'Etat & pour les citoyens , le montant de ces
„ cinq impofitions, dans la feule généralité de la
„ gabelle , & faire jouïr réellement nos citoyens
„ de la fuppreffion de la taille , taillon, de la ca-
„ pitation & des aydes ; il faut confidérer la dé-
„ penfe abfolue du fel pour chaque citoyen , &
„ la raprocher avec celle de la préfente débite
„ de la gabelle.
„ Par mon état , note 1, page 49 des reve-
„ nus & des dépenfes générales de la France ,
„ j'ai dit , que la France avoit à nourrir jour-
„ nellement 21,500,000 citoyens.
„ Les ordonnances de la gabelle , obligent nos
„ agricoles & nos artifans , fuivant les généra-
„ lités, à un demi minot, & à un tiers de minot
„ de confommation de fel par ménage; . . ce qui
„ à 4 perfonnes par ménage , feroit une con-

„ fommation de 10 à 12 livres par tête (*a*).

„ La débite préfente de la gabelle, à 14,267
„ muids par année , ... à 48 minots pour un
„ muid, & à 100 livres pefant le minot, vous
„ donnent 68,461,600 livres de fel de débite
„ annuelle , .. laquelle rapprochée de celle de
„ la confommation des 21,500,000 de mon état,
„ ne feroit que 3 livres 1 cinquième de fel par
„ tête, tandis que les ordonnances des gabelles
„ la portent de 8 à 12 livres ; .. ce qui prouve
„ que les provinces exemptes de la gabelle,

(*a*) Dix livres pefant de fel, donnent 160 onces ; --- 160
onces, 1280 gros ; --- 1280 gros repartis par 366 jours,
établiffent la confommation journalière des fujets, à 3
gros & demi de fel par tête. --- Cette confommation ne
peut être plus minime dans la fpéculation politique, at-
tendu que fi nombre de gens du peuple dans certaines provinces, fi nombre d'enfans dans l'étendue du royaume ne
la confomment pas, il en eft une plus grande quantité qui
l'excedent, & même qui la doublent, furtout dans toutes
les provinces méridionales de la France. En conféquence,
en détaillant par claffe la confommation journalière des fujets, note 1, page 49, on trouvera que la première claffe
confomme plus de fon once de fel par jour, ce qui feroit
22 liv. 14 onces de fel l'année, à 13 fols la liv., l. 14:17: 6
La feconde claffe plus de 3 quarts d'once ou 6
gros, 16 livres 2 feiziémes. 10: 9: 7
La troifième claffe, plus de demie once ou 4
gros, 11 livres 7 feiziemes 7: 8:10
La quatrième claffe fes 3 gros, à 3 gros & demi
où 10 livres 6: 6:10
Que l'on balance cette répartition par la rigueur de celle
de la taille, taillon, capitation & aydes ; .. que l'on y ad-
ditionne la tyrannie, les vexations, les iniquités, les for-
faitures des collecteurs, des receveurs & autres, on trouvera par le fyftême préfent que les fujets payent le quadruple de ce qu'ils payeront quand on aura établi une gabelle
générale, en fuppreffion de la taille, taillon, capitation &
aydes.

M 4

„ préjudicient toutes les années nos finances
„ de la débite de 6 à 8 livres de fel de plus
„ pour chacun de leurs citoyens ; — toutefois
„ pour ne point faire de calcul exagéré , au
„ au lieu de 8 à 12 livres de fel de confomma-
„ tion qu'ordonnent les gabelles , j'établirai que
„ chacun de nos 21,500,000 citoyens , ne con-
„ fomment annuellement que 10 livres de fel
„ par tête ; — En conféquence , pour nos 21,
„ 500,000 , nous aurons une débite de 215,
„ 000,000 de livres , ou 2,150,000 minots ; . .
„ lefquels à 66 liv , prix de Paris , (& qui doit
„ être le bien général ,) vous produiront
liv. 141,900,000.

„ L'augmentation des frais de
„ régie , pourroit bien être com-
„ penfée par la fuppreffion de ceux
„ des aydes ; — toutefois nous
„ y abonnerons 10 pour cent ,
„ fur 141,900,000 , ce fera . . .
. . . . liv. 14,190,000.

„ Le produit ci-
„ devant des cinq
„ impofitions à in-   113,765,300.
„ corporer dans la
„ feule gabelle. . . 99,575,300.

„ Il nous reftera pour déficit de
„ l'opération . . . . liv.	28,134,700.

„ Toutefois j'eftime qu'il ne fauroit y en
„ avoir ; (a) les fupputations de confomma-

(a) Pour e convaincre qu'il ne fauroit y avoir de déficit dans ce calcul , il n'y a qu'à recapituler la confommation des 4 claffes fuppofées , où l'on trouvera une aug-

„ tions y étant prises dans la plus basse propor-
„ tion, & étant prouvé que les citoyens des

mentation de près de 43 millions, en sus des 28,134,700 ; preuve, 21,500,000 citoyens répartis en consommation annuelle.

Claf.	Répartition	consommation	Prix.	Tal. de la consom.	Tal. du produit
1ere.	2,000,000	22 liv. $\frac{14}{16}$	l. 14:17: 6:à 13 f.	45,000,000 $\frac{3}{4}$	l. 29,750,000
2eme.	6,000,000	16 liv. $\frac{2}{15}$	10: 9: 7	56,000,000 $\frac{3}{4}$	62,400,000
3eme.	6,000,000	11 liv. $\frac{7}{16}$	7: 8:10	68,000,000 $\frac{4}{2}$	45,400,000
4eme.	7,500,000	10	6: 6:10	75,000,000 $\frac{1}{2}$	47,210,833

21,500,000 citoyens consommeroient ..... 284,000,002 ... l. 184,760,833

Le produit de l'évaluation à 10 l. par tête étant de 141,900,000

Reste de plus .... l. 42,860,833
En y ajoutant les 28,134,700

Il resteroit pour déficit .... l. 70,995,533

Le fait est certain : — Si 141,900,000 vis-à-vis de 113,765,300, laissent 28,134,700 de déficit, 184,760,533 doivent en laisser 70,995,533 : — de là on peut établir que l'opération ne peut qu'être avantageuse à l'État & à tous les citoyens.

,, provinces exemptes de la gabelle, confomment
,, du double plus de fel, que ceux de celles qui
,, y font foumifes, le pain & tous les comefti-
,, bles ; en étant très-affaifonnés, & dans les
,, provinces méridionales du royaume, on eft
,, forcé, pour conferver la viande & le poiffon
,, frais, de le faupoudrer de fel ; — en con-
,, féquence, les 28,134,700 livres d'excédant,
,, loin de fouffrir quelque diminution, éprouve-
,, ront une augmentation confidérable.

,, De cette opération fimple, il exifte que
,, les finances de l'Etat, en augmentant réelle-
,, ment fes revenus, foulagent les citoyens des
,, impofitions, des vexations, & des concuf-
,, fions de la taille, de la capitation & des ay-
,, des, connues fe monter à 69 millions ; ...
,, régies & comptabilités pour 30 millions : ...
,, en tout 99 millions.

,, En vain pourra-t-on alléguer qu'il feroit af-
,, freux de faire payer le prix du fel auffi cher
,, aux habitans des côtes maritimes, qu'à ceux
,, de l'intérieur du royaume ; — je répondrai
,, que le fel eft une denrée royale chez prefque
,, toutes les nations policées ; .. que fon revenu
,, eft une des premières recettes de chaque gou-
,, vernement : en conféquence, qui dit gouverne-
,, ment, dit une égalité d'adminiftration, d'é-
,, quité, de juftice en faveur de tous les citoyens.
,, Tous les gouvernemens du monde n'étant
,, conftitués en dépenfe que pour la confervation
,, de fes mêmes citoyens ; & tous les citoyens
,, étant obligés de contribuer également à la dé-
,, penfe publique : il en réfulte que dans tous les
,, gouvernemens du monde, la confervation
,, étant égale en fyftème d'Etat, foit pour les
,, peuples des provinces maritimes de la France,

„ comme pour ceux des intérieures du royaume,
„ que les impofitions doivent être également ré-
„ parties ; en conféquence, le fel étant une denrée
„ royale, légiflative, la légiflation ne peut fans in-
„ juftice enclaffer diverfement le prix dans les di-
„ verfes provinces de la monarchie, fans renver-
„ fer cet ordre d'équité, de juftice & de bien pu-
„ blic, qui conftituent les obligations de la vraie
„ légiflation, & qui lient tous les intérêts des
„ citoyens, aux intérêts de la caufe commune ;
„ — tel eft mon fentiment ; — fentiment d'au-
„ tant plus impartial, que né dans un port de
„ mer, & dans la première ville commerçante
„ du royaume, je trouve,.. qu'avec l'efprit de
„ de calcul & de commerce qui regne dans tous
„ les fyftèmes des gouvernemens de l'Europe,
„ — dans la pofition préfente de toutes les na-
„ tions maritimes ; .. dans celle de la France &
„ dans celle de fes rivaux, .. que nos provinces
„ maritimes font les plus expofées aujourd'hui,
„ & que fi leur pofition met dans des plus gran-
„ des furveillances le gouvernement, dans de
„ plus fortes dépenfes de confervation & défen-
„ fe... leurs citoyens doivent s'eftimer très-
„ heureux, que les habitans de la Bourgogne,
„ du Dauphiné, de l'Ifle de France, veuillent
„ bien contribuer également à la rigueur d'une
„ impofition qu'ils renchériffent, .. par les dé-
„ penfes extraordinaires qu'elles occafionnent de
„ plus aux finances de la monarchie. — J'appelle
„ à mon fecours ce paffage du traité de la dixme
„ royale de Mr. de Vauban.

„ 1°. Il eft d'une évidence certaine, & re-
„ connue par tout ce qu'il y a de peuples poli-
„ cés dans le monde ; que tous les fujets d'un

,, Etat ont befoin de fa protection, fans laquelle
,, ils ne fauroient fubfifter.

,, 2°. Que le Prince, chef & fouverain de cet
,, Etat, ne peut donner cette protection, fi
,, fes fujets ne lui en fourniffent les moyens; --
,, d'où il s'enfuit :

3°. Qu'un Etat ne peut foutenir fes fujets, fi
,, les fujets ne le foutiennent pas : -- Or, ce
,, foutien comprend tous les befoins de l'Etat,
,, auxquels par conféquent tous les fujets font
,, obligés de contribuer. --- DE CETTE NÉCESSI-
,, TÉ il réfulte :

,, 1°. Une obligation naturelle aux fujets de
,, toute condition, de contribuer à proportion
,, de leurs revenus ou de leur induftrie, fans
,, qu'aucun d'eux puiffe raifonnablement s'en
,, difpenfer.

,, 2°. Qu'il fuffit pour autorifer ce droit,
,, d'être fujet de cet Etat.

,, 3°. QUE TOUT PRIVILÈGE qui tend à
,, l'exemption de cette contribution EST IN-
,, JUSTE ET ABUSIF, & ne peut, ni ne doit
,, prévaloir AU PRÉJUDICE DU PUBLIC : ,, par
cette explication, vous voyez combien la gabelle générale eft plus économe & plus douce,
pour tous les citoyens, que la pluralité des
quatre impofitions qu'elle anéantit.

VAN MAGDEBOURG.

Il eft conftant, mon cher de St. Albin, que
cinq impofitions, auffi vexatoires que celles de
la taille, taillon, capitation, aydes & gabelles,
quand elles ne feront plus repréfentées que par
une feule contribution, que l'Etat & les citoyens y économiferont 75 pour 100 au moins en
débours, & 80 pour 100 en vexations ou en
coquineries : --- La preuve en eft fenfible, ...

vous aviez cinq régies à confulter, il ne vous
en refte plus qu'une ;... ce font quatre fervitudes de moins :... quatre fervitudes de moins
de cette efpèce , font quatre chevaux de moins
dans une écurie , — par cette feule, ou la feule
que l'on veut laiffer exifter ; il eft aifé de calculer,
fi les provinces exemptes de la gabelle fuppor-
teront moins d'impofitions qu'elles n'en fupportoient avec la perception de la taille , taillon ,
capitation & aydes.

LE COSMOPOLITE.

Certainement, toutes font favorifées,.......
qui plus, qui moins ; — mais quand même il y
auroit quelques inégalités pour les provinces
exemptes de la gabelle , où eft la juftice que ces
provinces, (qui ne peuvent être généralement
que des provinces maritimes ou frontières,)
foient moins taxées que les intérieures du
royaume ; tandis qu'elles font plus expofées que
les autres aux ravages des ennemis , qu'elles
font plus favorifées par la propriété du commerce maritime , & qu'elles forcent encore, (par
leurs fituations) le gouvernement à de plus
fortes dépenfes de confervation , que toutes celles foumifes à la gabelle. — Défabufez-vous, ..
(*à St. Albin,*) par tout où les intérêts font les
mêmes , les conftitutions doivent-être les mêmes ; ... par tout où la confervation eft égale ,
la dépenfe doit-être égale ; — d'ailleurs, il faut
confidérer que les impofitions de la taille , taillon, capitation & aydes , ne roulent , (aux 11
douzièmes près,) que fur toutes les denrées
premières, les plus abfolues aux peuples , & que
la gabelle eft du triple & du quadruple plus forte
pour le citoyen aifé , que pour celui à la
journée.

St. Albin.

Il est constant que je consomme plus du sel, que mon fermier.

Le Cosmopolite.

Par conséquent, l'artisan, le journalier, le laboureur, se trouvent soulagé par cette opération.

Milord Spiteal.

Non seulement l'artisan, mais tous les citoyens ; — dites-mois un peu, la taille, taillon & capitation, sont-elles générales en France ?

St. Albin.

Oui, excepté la noblesse, tous paient la taille en France, & depuis le Dauphin, jusqu'au moindre des artisans tous paient capitation. (*a*)

Milord Spiteal.

Voilà déja trois terribles fardeaux de supprimés ;... hé! les aydes....

St. Albin.

Les aydes ne sont point générales,... mais dans le peu de provinces où ils sont établis, tous les citoyens y contribuent également, & c'est assez dans les provinces soumises à la gabelle que les aydes ont cours.

Milord Spiteal.

De sorte que vous avez des provinces qui sont écrasées par trois impositions onéreuses, tandis que les plus favorisées en sont exemptes ;. où est l'équité de cette répartition ?

Le Cosmopolite.

Il y a d'autant plus d'injustice dans cette iné-

_____

(*a*) En supprimant la capitation, il faut la laisser subsister sur les laquais, cochers, &c. pour arrêter ce tas de fainéans.

galité, que la taille, taillon & capitation, font des impofitions générales, & que les aydes & la gabelle n'exiftent que dans les provinces les plus peuplées, généralement les moins favorifées & les moins expofées aux dégats des ennemis. Mr. de Pelliffery, dans la note que je viens de vous citer, a balancé, (pour tous les citoyens,) les avantages & les défavantages de ce redreffement ;... par fon calcul, il eft prouvé qu'une groffe moitié de la population de la France, fera foulagée des impofitions abfolues de la taille, taillon, capitation & aydes, & que l'autre moitié, dans la feule innovation de la gabelle, jouira encore de plus de la moitié en remife, de la valeur des quatres impofitions fupprimées; — additionnez actuellement à tous ces avantages, ceux de n'être plus expofés aux vexations, aux chicanes, aux coquineries de mille exacteurs, receveurs, employés & gardes, qui groffiffent toujours du double les défagrémens de toute impofition quelconque, & vous me direz après fi l'opération que propofe Mr. de Pelliffery, n'eft pas plus avantageufe, pour tous les citoyens, que celles qui font aujourd'hui en exercice.

Vérité bien convainquante pour accréditer cette opération.

Vérité fans réplique.

VAN MAGDEBOURG.

Mais, par cet arrangement le département des fermes générales deviendroit des plus confidérables.

LE COSMOPOLITE.

Il augmenteroit beaucoup en recette,.... mais les frais de régie n'en feroient pas plus confidérables, les fermes générales ayant déja dans toute l'étendue du royaume, leurs employés, leurs receveurs, leurs gardes, tout confifteroit à quelques greniers à fel & quelques receveurs de plus, qu'il faudroit établir ; — mais qui ne feroient que remplacer ceux déja en exercice dans la partie des aydes.

St. Albin.

Je doute que cette opération fût bien vue du peuple ;... il crie déja aſſez ſans augmenter ſes murmures.

Le Cosmopolite.

Le peuple eſt un prothée, qu'il ne faut ni craindre, ni braver ;... il faut faire ſon bonheur, ſans le conſulter ; — tout gouvernement ſage, ſe rit des murmures publics, quand ils ne ſont que dans l'opinion vulgaire,... qu'ils ne ſont ni juſtes, ni fondés ; — dans l'opération dont nous parlons, il ne pourroit s'y en rencontrer, étant exiſtant, que le miniſtère ſupprime quatre impoſitions majeures, pour n'en continuer qu'une, qui eſt déja en exercice dans la plus grande étendue du royaume, & à laquelle les provinces exemptes de la gabelle concourent déja en grande partie, tous leurs citoyens étant forcés de ſe pourvoir de ſel dans le grenier public ;... or la ſervitude de l'impoſition de la gabelle étant déja pleine, pour une grande demi de la population de la France, & l'autre demi en ſupportant tous les déſagrémens ſans fournir à l'impoſition : il exiſte,... que l'opération de la gabelle générale devient une opération avantageuſe à tous vos citoyens, en ce qu'elle décharge une grande demi de votre population du fardeau de quatre impoſitions majeures, & que par la même ſuppreſſion en faveur de l'autre demi, (& en ne la ſoumettant qu'à la ſeule gabelle ;) elle lui abandonne au-delà de 50 pour 100 ſur les droits qu'elle payoit auparavant au

Solution des plus convainquantes.

fiſe

fifc royal, lors de l'exercice des quatre impofitions fupprimées.

St. Albin.

ʳ Vous aurez de la peine de ramener les efprits
à votre opinion.

Le Cosmopolite.

Je n'en aurai pas beaucoup, je vais vous le
prouver; — fi vous aviez une famille nombreufe
à élever, à nourrir, confulteriez-vous les apétits
d'un chacun de vos enfans?

St. Albin.

Non, vraiment; — je ferois mon ménage
honnêtement, fuivant mes moyens, & nous
vivrions tous en communauté.

Le Cosmopolite.

Vous n'auriez donc pas plufieurs pots au feu,
ou un pot féparé pour chacun de vos enfans?

St. Albin.

Non, certainement.

Le Cosmopolite.

Mais fi vous aviez à dîner quelqu'un d'honnète, des perfonnes que vous vouluffiez un peu
fèter:... vous leur feriez bien un dîner féparé?

St. Albin.

Non, affurément;... je me contenterois de
renforcer le mien;...je tâcherois de le rendre
le plus délicat qu'il me feroit poffible; — je le
proportionnérois au nombre de perfonnes que
nous ferions, & nous dinerions tous en communauté;... point de double emploi.

Le Cosmopolite.

Vous trouvez donc que les doubles emplois
font ruineux?

St. Albin.

Vraiment oui....

LE COSMOPOLITE.

Que plufieurs pots au feu font onéreux dans une même famille ?

St. Albin.

Certainement ; ...

LE COSMOPOLITE.

Pourquoi voulez-vous que votre gouverne-ment, (qui eft le chef de toute la population de la France,) n'admette pas pour fes enfans cette même économie, que vous fuppofez être nécef-faire à votre ménage ? — Pourquoi voulez-vous qu'il n'évite pas ces doubles emplois, fi rui-neux, dès qu'ils font le défavantage de tous vos citoyens ? — Eft-il quelque chofe de plus défa-vantageux, en fyftême d'Etat, que le double emploi dans les régies ? N'eft-ce pas perpétuer les abus avec les dépenfes ? — Eft-il rien de plus onéreux à un corps politique que l'inégalité des taxes fur les fujets, & la multiplicité des impo-fitions fur les peuples ? — confidérez les froif-femens, les chocs qu'elles caufent fans ceffe dans le fanctuaire de la légiflation ; le gouvernement étant forcé de traiter en ennemi, la portion de fes fujets, fouftraite aux taxes publiques ; lifez ce paffage de l'éloge de Colbert, de Mr. de Pel-liffery, *page* 150.

„ Il auroit été de la gloire de Colbert d'entre-
„ prendre tous les redreffemens ; de fondre les
„ aydes dans les gabelles, de même que les im-
„ pofitions de la taille, taillon & capitation, &
„ en rendant la gabelle général dans tout le
„ royaume par fon égalité de prix, faire retrouver
„ à nos finances dans cette feule impofition, la
„ fuppreffion des quatre autres ; — cette opéra-
„ tion quoique vafte & compliquée, n'eft du
„ tout point difficile, ... de même que celle qui

„ n'établiroit dans toute l'étendue du royaume
„ que l'exercice d'un seul code , d'une seule cou-
„ tume, d'un seul poids , d'une seule mesure; —
„ ces simplifications seroient très-favorables à l'au-
„ torité , & feroient le bien-être de tous les
„ citoyens , étant prouvé que les diverses cou-
„ tumes du royaume , perpétuent entr'elles des
„ chocs continuels dans le cabinet de l'Etat, qui
„ gènent sans cesse , les dispositions générales de
„ la bonne législation , & que la multiplicité des
„ impositions, par les dépenses de leurs régies
„ & de leurs comptabilités , renchérissent de
„ plus d'un tiers la taxe de chacune desdites im-
„ impositions. „

St. Albin.

Je vois que Mr. de Pellissery a raison,… que
vous avez raison aussi ;… mais avec tout cela ,
je sens que cette opération fera beaucoup de
mécontens.

Le Cosmopolite.

Ces mécontens , mon cher ami , ne seront
que des sots ; car s'ils raisonnent un peu, ils sen-
tiront que toute la prospérité de la France con-
siste dans la seule conservation de sa nombreuse
population , & dans l'occupation de ses sujets ;…
or , pour être occupé , il faut avoir premièrement de quoi vivre.

St. Albin.

Certainement ;… sans pain , point de travail , — comme sans argent, point de Suisse.…

Le Cosmopolite.

Pour avoir de quoi vivre ;… de toutes les
richesses , quelle est la propriété la plus nécessaire à l'homme ?…

St. Albin.

C'est celle de la terre :…. celle en fonds de
terre.   N 2

LE COSMOPOLITE.

Quel eſt le revenu le plus utile à l'homme?

ST. ALBIN.

C'eſt celui de la terre.

LE COSMOPOLITE.

Quel eſt celui qui eſt le plus expoſé à des dé-
périſſemens, à des haſards, à des viciſſitudes?

ST. ALBIN.

C'eſt encore celui de terre.

LE COSMOPOLITE.

Dans un gouvernement auſſi peuplé que celui
de la France, de quoi s'établit la richeſſe des
ſujets?

ST. ALBIN.

Du travail, de l'occupation, de la pratique
des arts utiles.

LE COSMOPOLITE.

Qui eſt-ce qui fait proſpérer les arts utiles?

ST. ALBIN.

Le commerce.

LE COSMOPOLITE.

Qu'entendez-vous par commerce?... quelles
ſont ſes opérations?

ST. ALBIN.

C'eſt d'acheter bon marché;... c'eſt de re-
vendre avec avantage.

LE COSMOPOLITE.

De ſorte que ſi l'on ne revendoit point avec
avantage, il n'y auroit point de commerce?

ST. ALBIN.

Certainement.

LE COSMOPOLITE.

Qui eſt-ce qui procure l'avantage de vendre
avec profit?

ST. ALBIN.

Le bon marché.

LE COSMOPOLITE.

Hé ce bon marché par quoi est-il produit ?

ST. ALBIN.

Par le prix des denrées premières.

LE COSMOPOLITE.

De sorte que si les denrées premières sont chères, il n'y aura plus de bon marché dans le commerce ?

ST. ALBIN.

Non assurément.

LE COSMOPOLITE.

Donc, sans bon marché point de profit ?

ST. ALBIN.

Certainement.

LE COSMOPOLITE.

Hé sans profit, point de commerce ?...

ST. ALBIN.

Hé, vraiment oui.

LE COSMOPOLITE.

Voilà la question établie;... donc, si la France, qui n'a suivant Mr. de Pellissery, que 1,936,000,000 de rentes foncières, & qui est obligée de faire produire à ses commerces 2,489, 650,000, pour remplir ses dépenses, si elle n'a plus de bon marché, elle n'aura plus de profit ?

ST. ALBIN.

Le fait n'est malheureusement que trop vrai.

LE COSMOPOLITE.

Hé si elle n'a plus de profit, elle n'aura plus de commerce ?

ST. ALBIN.

Je ne sens que trop votre conclusion.

LE COSMOPOLITE.

Frémissez donc du sort que vous préparent

N 3

Tout ce paragraphe est d'un intérêt tout particulier.

toutes les mauvaises difpofitions de vos adminiftrateurs , & appercevez votre ruine dans ce tas
d'impofitions , d'inégalités & de vices , qui cor-
rompent tout le mérite de votre adminiftration ; --- depuis long-temps la France fe perd
en raifonnemens pompeux , pour encourager le
commerce & l'induftrie , n'ayant jamais employé
que des grands mots & des belles phrafes , fur
tous ces objets , au lieu d'y appliquer ce coup
d'œil de fpéculation , de prévoyance & de fecours , qui préviennent les encouragemens &
les befoins , qui confervent les arts & l'induftrie , & qui fourniffent conftamment au commerce politique les moyens certains de faire
profpérer le travail des fujets ; --- nous avons
dit que la terre eft la propriété la plus néceffaire
à l'homme , que les revenus de la terre font les
plus utiles à l'homme, & que ce font les biens de
la terre qui font les plus expofés à des dépérif-
femens , des hafards , des viciffitudes ; --- fi les
biens de la terre font fi abfolus à l'homme , & fi
l'homme , fans le fecours des biens de la tere
ne peut point fe dédier à aucun travail ;...
pourquoi le gouvernement de la France en ren-
chérit-il fans ceffe fes productions ? --- ces biens
précieux n'ont-ils pas affez de défavantages par
les inégalités & les ravages des faifons , fans les
furcharger encore de taxes particulières , qui
expofent d'un côté leurs produits aux dégats
des animaux , qui renchériffent de l'autre leur circulation , & qui dévorent par leurs
raretés ou leurs accroiffemens de prix , le bon
marché du commerce ; fi le commerce utile
d'une nation ne fe compofe que du travail des
fujets , & fi ce travail ne trouve fa confirva-
tion que dans l'exercice du commerce politique

de l'Etat ?... pourquoi les adminiſtrateurs de la France ne diſent-ils pas comme Mr. de Pelliſſery, que le bon marché eſt le maître du commerce, que ſans bon marché point de profit, & que le profit ne peutêtre produit que par le bas prix des denrées premières. — COMMENT — les denrées premières peuvent-elles être à bon marché en France, avec des impoſitions auſſi mal combinées, auſſi mal vues & auſſi deſtructives que celles de la taille, taillon, capitation & aydes ; joignez à ces quatre impoſitions majeures, la charge particulière des deux vingtièmes, & ſols pour livres,... les dixièmes ſpirituelles & temporelles ; les droits de cenſes, de péages, de tranſports, de bacs, de barrages, de pontaunage, de marché de halle, les octrois des villes, — les fraix de charrue, de journaliers, d'engrais, de ſemences, &c. & vous additionnerez que les impoſitions ſur les terres & récoltes de la France, renchériſſent de plus de 75 pour 100, le prix des denrées premières ; — eſt-il ſurprenant, (d'après ces défauts, des vrais principes de l'économie politique,) de voir l'induſtrie de la France, ſi chère, ſi languiſſante, ſi délaiſſée, s'établir de préférence dans les lieux de vos fréquentations ; — de voir tous ſes commerces ſe miner imperceptiblement ; — de trouver des dégradations continuelles dans les recettes des premières impoſitions ; — enfin de ſe voir aujourd'hui dans un état d'épuiſement, d'obération & de charge publique, capable de faire frémir la légiſlation la plus intrépide ; — OUI, ſi le miniſtère de la France ne rentre point promptement en lui-même,... s'il ne prend pas en conſidération les obſervations de Mr. de Pelliſſery, s'il ne donne pas une forme ſolide &

Grande vérité.

N 4

économe à fon adminiftration :... il fera dans
le cas de contempler un jour avec horreur fon
aveuglement, & il aura fans ceffe à fe reprocher
ce paffage du mémoire dudit Sr. de Pelliffery ,
pour l'établiffement de fa caiffe nationale , où il
dit en parlant de l'Efpagne : " en réfléchiffant
„ la rapidité de notre décadence , depuis Mr. le
„ Cardinal de Fleury ,... les caufes qui l'ont
„ amenée depuis 1749 , & celles qui l'occafion-
„ nent journellement depuis 1763 ; — je confi-
„ fidére qu'il s'eft opéré chez nous en 24 ans ,
„ tous les événemens qui ont caufé celle de
„ l'Efpagne , depuis Philippe II , jufqu'à Char-
„ les II. (a).

„ L'Efpagne épuifée d'hommes & d'argent par
„ les guerres , & les intrigues de Philippe II ,
„ ne s'eft foutenue fous Philippe III, que par
„ fon ancienne réputation. — La France ruinée
„ à la minorité de Louis XV, ne s'eft foute-
„ nue jufqu'à la majorité de ce prince , que
„ par fon éclat , & par la feule réputation des
„ victoires de Louis XIV , & l'heureufe admi-
„ niftration de Louis XV ; fes victoires à Fon-
„ tenoi & a l'Auffet , ayant réintégré notre an-
„ cienne réputation , rendirent à la France en
„ 1748 , cette prépondérance dans l'Europe ,
„ dont à joui l'Efpagne , fous Philippe II , plus
„ particulièrement que fous Charles V , malgré
„ les vaftes domaines de cet Empereur.

„ Philippe III, n'hérita d'aucune des vertus
„ de fon père ; foible & irréfolu dans fon carac-
„ tère , il ne mit aucun ordre à la fucceffion de

(a) 120 ans.

„ Phillippe II , & la laiſſa à Philippe IV, ſon
„ fils , plus arriérée qu'il ne l'avoit reçue.

„ Philippe IV , fidèle héritier des vertus de
„ Phillippe III , fut auſſi peu propre que ſon
„ père , pour réintégrer la puiſſance de l'Eſpa-
„ gne : plus théologien que roi , il abandonna
„ les rênes de ſa couronne à ſon miniſtre Oli-
„ varès , homme vain & puſillanime , qui ne fit
„ uſage que des ſyſtêmes deſtructeurs , qui
„ ont occaſionné notre ruine depuis Mr. le Car-
„ dinal de Fleury ; ardent ſur les néceſſités jour-
„ nalières de l'Etat , ſans réflexions ſur les dé-
„ prédations paſſées , ſans prévoyance ſur les
„ beſoins à venir , il épuiſa conſtamment les reſ-
„ ſources de l'Eſpagne , ſaccaga le commerce &
„ l'induſtrie , & aux abois de ſes expédians
„ momentanés, il força ſon maître de créer une
„ monnoye de fer , à laquelle il donna la même
„ valeur des monnoyes réelles en or & en
„ argent ; déprédation qui fut le coup mortel de
„ l'Eſpagne , ayant affiché l'épuiſement intérieur
„ de cette monarchie ; ... épuiſement qui donna
„ naiſſance à la révolution du Portugal , qui
„ perfectionna celle de la Hollande , & qui faci-
„ lita nos conquètes & nos victoires ſous
„ Charles II.

„ Toutes nos opérations des finances depuis
„ 1749, ſi elles n'ont point engendré chez nous
„ des monnoyes de fer, elles ont porté au moins
„ l'épuiſement dans notre adminiſtration , par
„ les coups deſtructeurs qu'elles ont appliqué à
„ notre induſtrie & à notre commerce poli-
„ tique, — les unes ayant renchéri toutes nos
„ mains-d'œuvre à un denier ſi exceſſif que nous
„ ne pouvons plus lutter avec nos rivaux , dans
„ les pays de conſommation ; .... les autres

,, ayant affiché l'épuisement & le discrédit de
,, l'Etat,... & les unes & les autres aggravant jour-
,, nellement les rudes sacrifices du traité de paix
,, de 1763 , sont empirées par toutes les opéra-
,, tions ruineuses de nos finances, ... en non
,, payement, en réductions d'intérêts , en re-
,, tenue des dixièmes, en nouvelles impositions,
,, &c. lesquelles opérations répétées , & trop lé-
,, gèrement mises en pratique , sont plus des-
,, tructives pour nous, que les monnoyes de
,, fer de Philippe IV.

,, Dans les temps du ministère du Duc d'Oli-
,, varès , les intérêts politiques du commerce
,, ne formoient point, comme aujourd'hui dans
,, le cabinet des nations, le grand fondement
,, de leurs systèmes d'Etat; — tous les gouver-
,, nemens de l'Europe arriérés dans la spécula-
,, tion de cette partie précieuse, & tous à peu
,, de chose près dans une égale balance d'indus-
,, trie, les monnoyes de fer de Philippe IV,
,, ne causerent point à l'Espagne la rapide déca-
,, dence que nous avons éprouvée, depuis la
,, mort de Mr. le Cardinal de Fleury; — mais l'éta-
,, blissement de la république de Hollande, ayant
,, donné une plus grande clarté à ces dits inté-
,, rêts, & la perfection de son indépendance dans
,, un sol ingrat & stérile, ayant prouvé aux na-
,, tions policées, que c'est le commerce politi-
,, que, lui seul, qui rend abondantes les rentes
,, des Etats, qui régénère le travail journalier
,, des sujets ; enfin qu'il trafique sur l'empire
,, des mers un commerce plus lucratif que celui
,, qu'il exerce dans celui de la terre;... toutes
,, les nations policées, dis-je, se sont faites au-
,, jourd'hui une étude suivie de tous ses in-
,, térêts , & y ont donné les soins vigilans de

„ l'infatigable Colbert; — foins qui ont élevé la
„ puiſſance de la France, dans le dégré éminent
„ dont en parlent les hiſtoires, & qui ont per-
„ fectionné celle d'Angleterre & de la Hol-
„ lande, dans le luſtre où nous les voyons au-
„ jourd'hui;... de forte que ces intérèts mieux
„ connus dans ce moment, que fous le miniſ-
„ tère du Duc d'Olivarès, plus rivaliſés par les
„ nations concurrentes & plus liés au fyſtème
„ politique de chaque gouvernement, par leurs
„ difparitions chez nous, & par leurs retraites
„ chez nos rivaux, cauferont plus de préjudice
„ à la nation que les monnoyes de fer, de Phi-
„ lippe IV n'en cauferent à l'Efpagne.

„ Cette couronne à la mort de Philippe IV.
„ ne confervant plus de fa grandeur paſſée, que
„ les faſtes de fes titres & de fes domaines,
„ fans argent, fans crédit, fans commerce &
„ fans population, elle végéta fous Charles II.
„ fubſtantée par les tréfors momentanés de
„ l'Amérique; ne s'étant maintenue dans le
„ dégré de puiſſance que nous lui avons connu
„ à la guerre de la fucceſſion, que par les
„ intérèts refpectifs du commerce des diverſes
„ puiſſances de l'Europe; — mais ces intérèts
„ ébranlés fous les fucceſſeurs de Charles II,
„ & la raifon de politique qui y étoit atta-
„ chée alors, n'exiſtant plus aujourd'hui,
„ les nations traficantes avec l'Efpagne fons le
„ regne préfent, n'auront pas le même inté-
„ rèt de nous ménager dans notre décadence,
„ qu'elles en ont eu de ménager cette monar-
„ chie; — de forte que le grand reſſort de la
„ puiſſance de la France étant lié à la confer-
„ vation de notre commerce politique, & celui-
„ ci fe préjudiciant tous les jours par nos opé-

,, rations , & par les loix fomptuaires de nos
,, confommateurs , .. la France doit s'attendre
,, à une décadence plus deftructive & plus atti-
,, fée de nos rivaux , que ne le fut celle de
,, l'Efpagne ; — auffi , malgré moi jofe dire ,
,, que quoique la France foit encore bien éloi-
,, gnée du délabrement où en étoit l'Efpagne
,, à la mort de Charles II ; & quoi qu'elle ait
,, encore dans fon fein des reffources bien vi-
,, vifiantes , .. fi elle perfifte plus longtems
,, dans les fiftèmes deftructeurs où elle fe per-
,, pétue ; la France fous Louis XVI fera plus
,, miférable , que ne l'étoit l'Efpagne à la mort
,, de Charles II... Je dis plus ; j'ofe craindre
,, qu'elle ne reprendra jamais fa grandeur paffée ,
,, fi le cabinet de l'Etat (par les refforts de
,, cette certaine fcience qui le rend fi redou-
,, table à toutes les nations de l'Europe ,)
,, n'enfante pas une opération qui arrète les
,, progrès de la puiffance de l'Angleterre , fuf-
,, pende l'accroiffement de celle de l'Efpagne ,
,, & qui nous conferve dans tous fes intérèts ,
,, les débouchés de notre commerce politique. ,,

C'eft dans le vrai de toutes ces obfervations ,
que Mr. de Pelliffery ayant mieux approfondi
quels étoient les vrais intérèts de la France ,
ceux de fon falut & de fa confervation , il a
connu que la décadence de votre monarchie ,
(à St. Albin) & tous fes défavantages depuis
1755 , n'avoient pris leurs caufes que dans la
confervation conftante des conftitutions extraordinaires de l'Etat , & dans la nature vicieufe
de plufieurs de fes impofitions qui portent toutes
fur les denrées de première néceffités , renchériffent très-rigoureufement tous les méchaniques de
l'induftrie ; — oui , mon cher de St. Albin , rien

de plus nuifible au travail , à l'occupation de vos citoyens , que la cherté des denrées premières.

ST. ALBIN.

Mais , fur quoi voulez-vous que l'Etat trouve fes revenus , s'il ne les prend pas fur les richeffes réelles ?

LE COSMOPOLITE.

Plus les richeffes font réelles , plus elles font abfolues ;.. plus elles font abfolues , plus elles doivent être privilégiées.

VAN MAGDEBOURG.

Le Cofmopolite a raifon ; étant prouvé que ce font elles qui font l'ame du travail , de l'occupation & du bon marché ; — fi un gouvernement quelconque rend la vie dure à fes fujets , fes fujets l'abandonneront ;. & fans fujets point de puiffance , point de commerce , point d'induftrie , point de laboureurs... Sans argent , point de Suiffe , difent les Grifons ;... & un miniftre doit dire ; fans pain , point de foldats , point d'artifans ; point de journaliers.

LE COSMOPOLITE.

La France a commis jufqu'à ce jour , des imprudences manifeftes , en perpétuant conftamment des fyftèmes d'adminiftration qui ont ruiné toutes les occupations de fes fujets ; — Ce que les Sully , les Colbert , les Fleury ont fait , il n'eft plus au pouvoir d'aucun de vos adminiftrateurs de le faire ; — la France avoit des reffources fures fous ces miniftres , qu'elle n'a plus aujourd'hui , & que les viciffitudes des tems ont rendues impraticables : — Sous Mr. de Sully , la France a eu l'agriculture pour rétablir fa puiffance ; — fous Mr. de Colbert , elle a eu les progrès de l'induftrie , encore dans l'enfance avant fon miniftère ;... Sous

Mr. de Fleury , elle a eu le commerce en long cours , l'accroiſſement des colonies , celui de la navigation. — Depuis 1763 , elle n'a joui d'aucun de ces avantages , toutes ſes impoſitions ayant toujours altéré le prix des denrées premières , qu'elle devoit favoriſer, .. Son induſ. trie s'étant établie dans tous les lieux de ſes fréquentations , ce qu'elle devoit éviter ; ... & la majeure partie de ſes colonies & de ſes commerces maritimes étant tombés au profit de ſes rivaux ; — de forte qu'il ne lui reſte plus aujourd'hui de ſalut que dans l'économie politique.

St. Albin.

Hé ! cette économie politique , il faut la connoître.

Le Cosmopolite.

Cela eſt vrai ; .. mais elle n'eſt pas impénétrable : .. elle ne conſiſte que de ſavoir conſerver l'occupation des ſujets.

St. Albin.

Pour occuper des ſujets il faut avoir des objets de travail.

Le Cosmopolite.

Diminuez le prix des denrées premières , & le bon marché de votre main-d'œuvre vous ouvrira toutes les ſources du travail.

St. Albin.

Pour ramener les choſes à cet eſprit d'économie , il faut furieuſement innover dans l'adminiſtration , furieuſement changer dans la méthode de nos ſyſtèmes.

Le Cosmopolite.

Leçon bien ſage & bien fondée Le Cardinal de Richelieu trouva l'autorité légiſlative des Rois de France auſſi fort contrariée par les grands , que la proſpérité de vos

finances peut l'être actuellement par la nature de
vos befoins ; — Il ne renverfa point pour cela le
fyltème de l'adminiftration & du gouvernement:...
il laiffa fubfifter l'édifice du cabinet fur fes premiers fondemens ; — ce n'eft que par des étançons placés à propos , par des changemens piece
par piece & morceaux par morceaux , qu'il le
renouvella dans fon entier , & qu'il parvint à
établir cette fupériorité du fouverain fur les fujets , qui affure encore aujourd'hui la tranquillité de vos peuples. — Il en eft de même pour vos
finances ; — un homme fage dans cette partie ,
laiffera aller la marche de vos finances fur le
même tran-tran qu'elles ont aujourd'hui ; — Il
fe contentera feulement de n'approfondir que la
nature & la façon de percevoir vos impofitions ,
— que la nature & la néceffité de toutes vos dépenfes ; — par le fecours de ces deux feules obfervations , il appréciera l'actif & le paffif de vos
affaires , & il calculera par fol & denier les
avantages par les défavantages ; — dans les intérèts actifs , il y trouvera des impofitions
odieufes , onéreufes , abufives ; . . dans les paffifs , des conftitutions chères , à charge , def-
tructives. — Sûr de toutes ces connoiffances ,
un adminiftrateur zélé pour le bien public ,
donnera alors un arrangement avantageux à vos
conftitutions , éteindra les charges extraordinaires de cette partie , qui font les vers rongeurs
de votre profpérité ; & fucceffivement réduifant
la cherté de vos intérèts à la parité de ceux de
vos voifins , il redreffera infenfiblement l'ordre
de vos conftitutions , de vos impofitions ; . . il
en diminuera même la maffe , fans affoiblir les
produits des recettes publiques. — L'établiffement de la caiffe nationale de Mr. de Pelliffery ,

pour tous les admini-ftra-teurs ; li-fez tout le paragra-phe.

vous facilite toutes ces opérations. -- PREUVE:
Trois milliards à trois milliards & demi de dettes
actives & viagères , à diverses constitutions,
vous coûtent annuellement 150 millions au
moins de dépenses extraordinaires ; . . la caisse
nationale se chargeant de cette dépense pour 75
ou 80 millions ; ... voilà déja 70 à 75 millions
en économie. .. La comptabilité de ces 150 millions coute à vos finances environ 15 millions de
dépenses extraordinaires , par les gages & traitemens accordés aux comptables ; ... la caisse
nationale s'en chargeant également sans aucun
débours , voilà encore 15 millions de gagnés ;
ce qui vous donne de 85 à 90 millions d'économie ; -- pratiquez les mêmes opérations dans
toutes vos recettes générales , dans toutes vos
régies & dans toutes vos comptabilités , vous
voilà riche & opulent , de sec & d'obéré où
l'on vous perpétue.

St. Albin.

Je veux vous accorder qu'il fut possible à la
France de verser dans une gabelle générale , le
produit des quatre impositions de la taille , taillon , capitation & aydes ;... croyez vous réellement que cela fit baisser le prix des denrées
premières ; & ne craindriez vous pas plutôt que
l'exercice général de la gabelle perpétuât les haus
prix auxquels on les vend aujourd'hui ?

Le Cosmopolite.

Non assurément , & pour vous en convaincre
considérez les sommes immenses que la suppression de ces quatre impositions laissera dans l'a-
griculture. — Suivant la note qui en a été fournie à Mr. de Pellissery , elles se montent en
perception, y compris les fraix de régie , à plus
de 100 millions ; — joignez à ce capital 12 millions

lions d'augmentations fur les tailles , depuis
1774;... 10 pour 100 de vexations & de concuffions , de la part des exacteurs , collecteurs
& autres ;... 10 pour 100 encore , pour une
plus grande amélioration dans toute l'agriculture , & vous verrez que vous foulagez les
denrées premières de 140 millions , au moins ,
d'impofitions extraordinaires : — verfez ces 140
millions chez deux ou trois millions d'agricoles ,
que compte au plus la France , & vous verrez fi
cette abondance de moyens ne fera pas baiffer
le prix des denrées premières.

V a n M a g d e b o u r g.

Il eft conftant que les impofitions fur les terres , font le même effet fur les denrées , que les
droits de douane, de confulat, de frêt & d'ava-
ries font fur les effets du commerce; — fi tous
ces droits n'exiftoient pas, le négociant vendroit
meilleur marché, & rouleroit d'avantage ; — il
en eft de même pour le laboureur.

L e C o s m o p o l i t e.

L'économie que cette opération procure à
tous les citoyens , unis fes avantages à celle
des finances du gouvernement ; — moins d'impofitions pour les peuples , moins de régies dans
les perceptions ; — moins de dépenfes, moins
d'inconvéniens dans les taxes publiques. — Si
d'une part les peuples font foulagés de plus de
140 millions , de l'autre l'Etat économife plus
de vingt millions dans fes régies, par la fuppreffion des receveurs généraux & particuliers, attachés à la folde des 4 impofitions fupprimées ; —
de ce nombre , font tous les receveurs généraux
des finances ; ceux des tailles , de la capitation
& des aydes ; les collecteurs, exacteurs , &c.
ce qui dans les trente trois départemens des

finances, vous écarte au moins, 3500, à 4000 régisseurs, employés ou comptables, qui par leurs traitemens ou par les intérêts de la finance de leurs charges, coûtoient à l'état plus de 12 millions de dépenses extraordinaires ; — joignez à cette économie celle que le ministère peut encore établir dans l'administration des fermes générales, dans celle des postes, des domaines, &c. & vous verrez qu'avec moins d'impositions, PLUS AUCUNE DETTE, & très-peu de constitutions extraordinaires ; la France peut jouir de plus de revenus qu'elle n'en a jamais possédés.

S т. A l b i n.

Je crois qu'un des grands biens que l'on pourroit faire à la France, ce seroit de la délivrer de la tyrannie des fermiers généraux.

L e C o s m o p o l i t e.

St. Albin, ne confondez jamais les vices particuliers avec les utilités publiques ; — s'il y a des fermiers généraux qui se soient mal conduits par le passé, qui aient mésusé de leurs richesses, qui aient scandalisé la société ;... il n'est pas dit pour cela que leur corps ne puisse être très-utile ; — vous êtes dans l'erreur en chapitrant ce corps, aussi sévèrement que vous le faites, en confondant les vrais intérêts de l'Etat dans l'indignation que peuvent vous avoir inspiré quelques membres de l'administration ; — je dis au contraire, que ce seroit un très-grand mal de faire ce que vous desirez.

S т. A l b i n.

Je ne vois pas qu'il y eût un si grand mal de mettre en régie une partie aussi essentielle de l'administration, qui n'est mise en ferme générale, que pour enrichir une poignée de complaisans, de gens oisifs ou de gens inutiles ;....

car à quoi font bon vos foixante fermiers généraux?...

LE COSMOPOLITE.

Dites, leurs croupiers, leurs ayant part; ---
pour eux, ils ont affez de la befogne, s'ils veu-
lent travailler; --- favez-vous que les détails de
régie, d'infpection, de correfpondance de cette
partie font immenfes, qu'ils font journaliers
& qu'il faut les fuivre, les veiller avec la même
ponctualité qu'un organifte qui ne vit que de
fon clavecin, veille fon clavecin; --- confidérez
l'immenfité de palpans, d'engagiftes, d'employés & de gardes, qu'il faut fuivre, qu'il faut
contenir.

ST. ALBIN.

C'eft juftement cette immenfité d'engagiftes
& de gardes, qui font la ruine des peuples.

LE COSMOPOLITE.

C'eft un mal néceffaire, attaché à la nature
des impofitions, de leurs régies & tranfits du
commerce; --- tous les gouvernemens en font
logés là; --- trouvez une méthode plus fimple,
plus briève, moins onéreufe, on vous
écoutera.

ST. ALBIN.

Celle de mettre tout en régie pour compte
du roi.

LE COSMOPOLITE.

Hé! dans 10 ans, le roi n'aura plus ni revenus,
ni fermes générales.

ST. ALBIN.

Je ne fuis pas de votre avis, --- au contraire,
je fuis plus que perfuadé que l'Etat n'en feroit
que plus riche, & les citoyens moins foulés.

LE COSMOPOLITE.

Avez-vous jamais raifonné cette partie par la

balance des avantages , contre les défavantages
qu'il peut en réfulter pour l'adminiftration , de
la tenir en ferme ou en régie ?

St. Albin.

Non , je ferois même fort embarraffé de faire
ce calcul.

Le Cosmopolite.

Hé bien , Mr. de Pelliffery , qui l'a un peu
confidérée attentivement , qui a pefé la méthode
de la France & de l'Efpagne , pour la perception des droits , que nous appellons fermes générales , a trouvé que la France économife un
gros tiers de ce que perd l'Efpagne , en tenant
fes fermes générales en régies. Premiérement ,
dit Mr. de Pelliffery , les régiffeurs , n'ont pas
le même intérêt que les fermiers généraux de
veiller à l'économie de la perception , parce
qu'ils n'y gagnent rien , qu'ils ont leurs appointemens sûrs , & qu'il leur eft très-indifférent que
l'Etat gagne ou perde dans fes recettes. —
Secondement , qu'il eft plus facile à un régiffeur,
qui ne rend compte qu'à un miniftre , de tromper fon fupérieur , qu'un régiffeur , qui rend
compte journellement à un chef , foumis lui-
même à un rapport de comité & à des infpec-
tions particulières. — Troifièmement , c'eft que
les moyens de la fraude dans les régies particulières , font plus aifés à pratiquer que dans les
régies en fermes générales ;... voyez à ce fujet
ce que vous a dit ledit Sr. de Pelliffery , tou-
chant l'adminiftration des douanes de l'Efpagne. — Quatrièmement , c'eft qu'il faut plus
d'employés , d'engagés & de gardes dans des
fermes en régies , que dans des fermes , en fermes générales ; — voyez encore , à ce fujet,
ce que vous a dit ledit Sieur , & fouvenez-vous

bien auffi, qu'il vous a dit que l'Efpagne avec
1 tiers des revenus de la France, étoit forcée
de penfionner journellement 70,000 gardes,
tandis que les fermes générales n'en ont en
France, que 40,000, & que fi la gabelle s'établit également un jour dans tout le royaume,
(comme vous devez le defirer,) qu'il n'en faudra guère plus de 30,000; ... l'adminiſtration
n'ayant plus, (pour ainfi dire,) à fe méfier,
ni à traiter comme ennemis, une grande moitié de fes fujets ; — pefez impartialement tous
les inconvéniens de part & d'autre de ces deux
pofitions, & vous appercevrez après que l'arrangement de la France eſt le plus sûr, le plus
fage & le plus avantageux pour des peuples.

ST. ALBIN.

Je ne fuis pas de votre avis, quoique vous en
difiez, quoiqu'en dife Mr. de Pelliffery.

LE COSMOPOLITE.

Vous vous entêtez à tort, & vous devez avoir
d'autant plus de confiance à toutes ces confidérations, qu'elles ont été faites par une perfonne hors de la partie, & hors de toute liai-
fon avec les fermes générales, ayant refufé
pour ainfi dire, une place de Fermier-général
qui vaquoit en 1770 : .. un de vos miniſtres
qui le protégeoit beaucoup, lui ayant offert fon
crédit pour la folliciter, — il remercia, en ré-
pondant qu'il n'ambitionnoit ni état, ni fortune, où en y étant honnète-homme, il auroit de
la peine à fe concilier l'eſtime publique.

VAN MAGDEBOURG.

Bravo : — j'aime les gens qui parlent avec
cette franchife, malgré que l'on foit fouvent
pris en dupe ; — car aujourd'hui les hommes
ne penfent plus comme penfoient nos ancètres ;

O 3

— il faut de l'argent, il faut avoir avoir de l'argent ; il faut regorger de l'argent pour avoir de
l'esprit, des talens, du mérite, sans quoi l'on
ne vous regarde pas ; il faut éclabousser dans le
monde pour être quelque chose.

St. Albin.

Il est cependant bien dur pour l'honnête
citoyen, pour des millions de chefs de familles,
de se voir offusqués le plus souvent par un
homme de rien, qui ne brille que du produit
des charges publiques.

Le Cosmopolite.

Cela est vrai ; mais le prêtre ne vit-il pas de
l'autel ? — Qui est-ce qui contribue au faste de
tous les chefs d'un gouvernement, d'une administration, des emplois militaires, des dignités
de l'église, de la magistrature, &c, ? n'est-ce
pas les taxes publiques ? — Eh bien ; il en est de
même des fermiers-généraux : . . . Ceux-ci donnent leurs soins d'un côté, tandis que le militaire & les gens d'église sont occupés d'un autre ; — l'Etat doit les défrayer. — une main la-
ve l'autre, & les deux le visage, dit le proverbe
Arabe.

St. Albin.

En quelque chose vous avez raison; . . . mais
j'ai quelque raison aussi.

Le Cosmopolite.

L'homme prudent, de deux maux évite toujours le pire ; . . c'est ce qu'a fait votre ministère ; — une monarchie aussi peuplée, aussi
répandue que la France, aussi jonchée de
voisins, d'ennemis, ou de rivaux jaloux : . .
doit toujours avoir des points d'appui dans
son intérieur, des plastrons, ou des croupiers opulens à sa dévotion ; la régie des fermes

générales mises en ferme , eſt la meilleure de
toutes les inſtitutions pour cet objet , la mieux
imaginée & la mieux ſimplifiée ; . . celle-ci , avec
un ſeul receveur , un ſeul régiſſeur & un ſeul
comptable , faiſant ce que l'Etat ne feroit pas
par lui-même avec cinq & avec dix comptables
différens : — Cet avantage ſe repète dans les
beſoins extraordinaires , dans les cas de néceſſité , dans les détreſſes de promptitudes ; — dans
toutes ces extrèmités , le corps des fermiers-généraux peut aider l'Etat , peut adoucir ſes beſoins , peut venir au ſecours des peuples ; ce qui
eſt déja arrivé pluſieurs fois , dans la guerre de
la ſucceſſion , après la paix d'Utrech , après les
billets de banque , en 1728 & 1729 ; pendant
toute la guerre de 1756 : depuis la paix de 1763 ,
juſques en 1770 ; ainſi ce corps laiſſant à part
toutes les préventions vulgaires , n'eſt point
déſavantageux à la ſociété , mais il eſt ſuſcepti-
ble de réforme dans ſon adminiſtration , comme
tout le reſte de vos régies. — Par un abus auſſi
mal raiſonné que celui dont on a fait uſage
pour toutes les charges de l'Etat , on a méſuſé
de cet établiſſement, comme l'on a meſuſé de toutes les autres inſtitutions ; — à méſure que les
adminiſtrateurs ont eu beſoin de l'argent , ils
ont augmenté le nombre des fermiers-généraux : . . cet expédient n'a-t-il pas été ſuffiſant ?
ils ont renchéri la finance de leurs cautionnemens , de même que celle de toutes les places
de leurs ſubalternes. — Ces expédiens deſtructeurs ont augmenté toutes les dépenſes & toutes les conſtitutions ſur cette partie ; de ſorte
que ſur 150 millions à quoi péut ſe monter la
finance de tous les cautionnemens de cette régie , depuis les fermiers-généraux juſqu'au

moindre des receveurs, on compte plus de
douze millions de défalcation dans tous les baux,
pour remplir les divers intérêts de 10, de 7 &
de 6 pour 100, que le gouvernement accorde
aux intéreffés, fur tout leur débours ; — en
outre de ce défavantage, il n'y a point de
place de fermier général qui ne rapporte au
moins 50,000 écus de bénéfice toutes les années ;
ce qui, fur 60 qu'ils font, fait encore 9 millions
de moins value ; — de ces 9 millions, le tiers
ne refte peut-être pas aux 60 fermiers - généraux ; — par des négligences autant repréhen-
fibles qu'abufives : les adminiftrateurs en multipliant lefdites places, ils ont multiplié auffi
le nombre des charges de l'Etat, & affignant
à chaque place de fermier-général, 2, 4 & 6,
ayant-part ; ils ont reparti à leurs créatures, à
des favoris ou à des complaifans méprifables, le
profit qui n'étoit dû qu'à l'homme en place,
ou à celui de l'inftitution ; — de forte qu'aujourd'hui cette partie effentielle, eft fufceptible des mèmes redreffemens que tout le refte
de vos régies. — En conféquence, Mr. de Pelliffery, après avoir pourvu au remboursement
de toutes les charges & de tous les cautionnemens quelconques du miniftère : a repréfenté
au gouvernement, que fans aucune nouvelle
impofition, on peut augmenter le prochain bail
des fermes générales de 18 à 20 millions.

S t.   A l b i n.

Comment cela, s'il vous plaît ? ceci m'intéreffe beaucoup ; — car je n'aime pas les citoyens
qui gagnent fur les peuples.

L e   C o s m o p o l i t e.

'᷅ En réduifant d'une part le nombre des

fermiers - généraux à vingt de foixante qu'ils font aujourd'hui.

ST. ALBIN.

Mais le fervice ne pourra plus fe faire , puifqu'en étant foixante plufieurs ont demandé des adjoints.

LE COSMOPOLITE.

Pardonnez-moi , il fe fera très-bien. — Premiérement , dans le nombre des foixante , tous ne travaillent pas , & dans beaucoup des adjoints , plufieurs ne font que des poftulans place ; ... mais par l'arrangement de Mr. de Pelliffery , fecondement , tout le monde travailleroit , tous les poftes feroient bien remplis ; .. il n'y auroit plus de fermiers-généraux fans apprentiffage ; .. ils feroient plus contens , plus confidérés , mieux partagés , & le fervice fe feroit avec la même exactitude.

1°. Perfonne ne pourra plus être fermier-général à l'avenir , fans avoir paffé dix ans de pofte en pofte dans les fous-emplois de la régie , & fans avoir été dix ans premier , fecond , ou troifième adjoint.

2°. A chacune des vingt places des fermiersgénéraux (à quoi le nombre fera fixé à l'avenir) il fera attaché trois adjoints , tirés des employés dans la régie , & qui auront dix ans de fervice.

3°. Il ne doit plus y avoir à l'avenir des ayant part , fur les profits des vingt-places de fermiersgénéraux , fi ce n'eft les adjoints.

4°. Les profits de chaque place defdits fermiers généraux , tomberont libres ; la demie , au profit du fermier-général en exercice ; le quart , au profit du premier adjoint ; trois vingtièmes , à celui du fecond adjoint ; — &

deux vingtièmes au troifième adjoint : — tous
les adjoints feront obligés d'affifter à tous les
comités ; — mais les feconds & les troifièmes
adjoints n'auront que voix repréfentatives, &
les premiers adjoints, demie voix délibérative;
de forte que le fentiment des deux premiers adjoints, ne formera qu'une voix de délibération.
— De cette façon, le fervice des fermes générales fe fuivra toujours fur le trantran établi,
avec au moins 18 millions d'économie au profit de l'Etat.

St. Albin.

Eh pourquoi, dans cet arrangement, ne pas
y comprendre auffi le fervice des poftes ? .-. il
eft fi bien fait.

Le Cosmopolite.

Pardonnez-moi, le département des poftes
entre bien dans le plan économique de Mr. de
Pelliliery, & les douze adminiftrateurs qui y
font aujourd'hui doivent être réduits à quatre, avec le même nombre d'adjoints, & par le
même arrangement que pour ceux des vingt
places des fermiers-généraux ; . . ce qui procure
encore en économie 2 millions & demi à 3 millions, fans ceux de nombre d'autres petits arrangemens perfonnels à ce département.

Milord Spiteal.

Je ne puis qu'applaudir à d'auffi heureufes
difpofitions ; — elles portent leurs avantages
dans leur fimplicité, & leurs utilités s'expliquent par la fageffe des moyens. — Il eft évi-
dent, que fi la France fuivoit à la lettre le redreffement de ces régies, dans l'ordre que vous
venez de nous les expliquer ; .. qu'elle voulut
mettre en exécution le fyftème de finance de ce
profpectus, fuivant la marche qui y eft établie,

qu'elle rétabliroit folidement fes affaires ; .. que
fon crédit feroit bien plus étendu que par le
paffé ; & que fes commerces & fon induftrie ac-
querroient bien plus d'activité & de circulation ; — mais avec tant d'avantages , tant de
moyens , tant d'auffi belles reffources ; où eft le
miniftre en France en état de les faifir ; où eft
l'homme d'Etat qui pourra connoître tout le
prix , l'ordre & la marche de toutes ces combinaifons ?

St. Albin.

Depuis que la monarchie eft monarchie , la
France ne compte encore que trois vrais adminiftrateurs ; Sully , Colbert & Fleury ; .. quelle
abondance , quelle profpérité , quelle allégreffe
publique fous leur miniftère ! .. tout fleuriffoit
en France.

Le Cosmopolite.

Il eft conftant que ces trois miniftres ont été
les plus grands adminiftrateurs qu'ait jamais eu
la France ; .. mais cela ne dit pas qu'ils ayent
été auffi grands miniftres que vous voulez-bien
les faire ; il n'y a qu'à lire leurs hiftoires pour
y appercevoir des erreurs capitales en fyftème
d'adminiftration... Voyez ce qu'en dit Mr. de
Pelliffery dans les lettres du 7 & 16 Septembre
à Mr. Turgot.

St. Albin.

Ah ! Ah ! ... pourriez-vous nous répéter ce
qu'il en dit ?

Le Cosmopolite.

Je vous montrerai tantôt ces deux lettres ;
— pour répondre à ce que difoit le milord , ...
je lui dirai qu'il ne faut qu'un homme fage , impartial, qui veuille le bien, pour fentir tout le mérite du fyftème de la finance de ce profpectus. La

combinaifon en eft fimple : ... L'INTÉRÊT DE
L'ETAT, L'INTÉRÊT DES SUJETS. Mr. de Pelliffery dit dans fes conclufions du mémoire de
ce profpectus : ,, Tout citoyen honnète & ju-
,, dicieux donnera les conclufions de cet ouvra-
,, ge ; — il s'agit de fauver l'Etat & de fauver
,, les citoyens : — trois caufes capitales arriè-
,, rent l'État : trois caufes capitales arrièrent
,, les citoyens.

,, Celles qui arrièrent l'Etat, font :

,, Les grands frais de régie & de comptabilité
,, dans nos finances.

,, Les dépenfes extraordinaires de nofdites
,, finances.

,, Les conftitutions extraordinaires dont elles
,, font furchargées.

,, Celles qui arrièrent nos citoyens, font :

,, Le non payement des dettes de l'Etat.

,, La grande charge de nos impofitions.

,, La décadence journaliere de notre in-
,, duftrie.

,, Le remède à tous ces maux ne peut fe
,, trouver que dans une opération :

,, 1°. Qui liquidera fonciérement toutes les
,, dépenfes extraordinaires de nos finances.

,, 2°. Qui fimplifiera les conftitutions fur
,, nofdites finances.

,, La Loterie viagère que je propofe , & mon
,, fyftème d'annuités , procurent fainement
,, l'une & l'autre opération ; & ces deux liqui-
,, dations produifent, de néceffité , celles de
,, nos frais de régies & de comptabilités.

,, Le fuccès de la liquidation des trois caufes
,, qui arriéroient l'Etat , s'amalgamant pour
,, ainfi dire à celles qui arrièrent nos citoyens:

,, 1°. Rembourfe à ceux-ci le capital des non-

„ payemens de la dette de l'Etat, par une con-
„ verfion viagère. (*a*)

„ 2°. Arrête le fyftême deftructeur des im-
„ pofitions.

„ 3°. Rétablit la circulation générale de l'in-
„ duftrie, par l'abondance des fonds nouveaux
„ qu'elle verfe alors chez les fujets ; de forte
„ que l'opération en réhabilitant les finances de
„ l'Etat, réhabilite auffi la fortune de nos cito-
„ yens ; — opération décifive pour la France,
„ que le miniftère ne fauroit mettre trop tôt
„ en vigueur ; nos intérèts utiles & politiques
„ reftant dans un engourdiffement qui fait l'a-
„ vantage de nos rivaux. — Comme je fuis
„ très-convaincu de cette vérité, & que je fens
„ fincérement que notre confervation tient à
„ une femblable opération ,.. je m'offre à la
„ fupériorité, pour monter & mettre en train
„ le mouvement de celle-ci, — ne demandant
„ point au Roi, comme les traitans, banquiers
„ & autres, 5 & 10 pour 100, fur l'opération ;
„ mais feulement trois par mille, ou 3 pour
„ 1000, fur le capital de la loterie ; à la charge
„ des premiers deniers qui entreront dans la
„ caiffe nationale ; (*b*) me chargeant à cet effet
„ de toutes les dépenfes des régiftres, billets
„ & frais de tirage de ladite loterie ; — efpé-

(*a*) Nombre de particuliers qui n'ont rien à voir dans la
dette de l'Etat, à l'ouverture de la loterie acheteront des
effets royaux, pour y placer ; le pire pour eux, en les
achetant à 50 pour 100 de perte, étant de ne retirer
que 6 pour 100 de leur argent, tandis qu'avec un peu
de bonheur, ils pourront en retirer 15 & 20 pour 100.

(*b*) La moindre de nos régies coûte au roi 4 deniers
pour livre, ce qui fait 1 & 2 tiers pour 100 : — ma pro-

„ rant eù outre des libéralités de S. M. & des
„ bontés du fieur miniftre des finances , que S.
„ M. voudra bien m'honorer de la place de pré-
„ fident à la régie des affaires de la caiffe natio-
„ nale , avec les gages , honneurs & prérogati-
„ tives qui y font attachés : ... bienfait que je
„ reconnoitrai par mon zèle pour S. M. & par
„ mon attachement inviolable à fon fervice.

Pour achever de nous convaincre de la fageffe
de ces conclufions , il n'y a qu'à dreffer un tableau de la fituation actuelle de la France , &
de le comparer avec celui qu'elle pourroit avoir
par la pratique de ce fyftème.

Van Magdebourg.

Oh! parbleu mon ami , il faut que vous nous
faffiez ce tableau ; vous paroiffez fi au fait de
cette partie , & vous expliquez les chofes avec
tant d'intérêt , que ce feroit mal répondre à
votre complaifance , que de ne pas vous engager de contenter notre curiofité ?

Le Cosmopolite.

Je n'aurai pas beaucoup de la peine à vous
fatisfaire ; comme je ne vous parle que d'après
les combinaifons de Mr. de Pelliffery , je ne

---

pofition à 3 pour chaque 1000 eft d'un quart pour 100
& 1 vingt millième pour 100, Preuve :

3 liv. font . . . . 60 fols
1000 livres font 20,000

Le quart : 5,000
Le vingt millième 1,000

fols 60,000

liv. 3.

POSITION DE LA FRANCE
à l'exil du Sgr. Abbé Terray, le 24 Août 1774.

Énumération des taxes publiques.	Dette de l'Etat.	Recettes générales.
Dette active & viagère . .	3,500,000,000.	
Liquidation de toutes les charges , offices , & cautionnemens de l'administration ; par la création des annuités	600,000,000.	
IMPOSITIONS.		
Fermes générales 152 millions	. . . . .	167,000,000.
Parties en régies 15 dits . .		
La taille		
Le taillon		
Capitation		
Aides		
Dixièmes		
Vingtièmes		
2 sols pour livre		
Dixième de retenue . . .		
Octrois		
Revenus des postes . . .		
Revenus des poudres . . .	. . Environ	270,000,000.
Fermes des greffes		
Octrois des villes		
Régie des suifs & huiles . .		
Hors du bail des fermes . .		
Revenus des eaux & forêts.		
Revenus des domaines . .		
Vente des charges		
Parties casuelles		
Pays d'Etat		
Dons gratuits du Clergé . .		
	L. 4,100,000,000.	437,000,000.

POSITION DE LA FRANCE
Par l'établissement de la Caisse nationale.

Énumérations des taxes publiques.	Dette de l'Etat.	Recettes générales.
	600,000,000.	
IMPOSITIONS.		
. . . . . 167 millions.		
Augmentation de		
la gabelle . . . 70 dits .		
237 millions.		
Suppression des		225,000,000.
aides . . . . . 12 dits		
Dixièmes		
Vingtièmes		
2 sols pour livre		
Dixièmes de retenue . . .		
Octrois		
Revenus des postes . . .		
Idem des poudres	. . Environ	202,000,000.
Fermes des greffes. . . .		
Octrois des villes		
Régie des suifs &c. . . .		
Revenus des eaux & forêts.		
Des domaines		
Parties casuelles		
Pays d'Etat		
Dons gratuits		
AUGMENTATIONS.		
Au nouveau bail des fermes générales. . . . 18 millions.		
Postes . . . . . 3 dits.		33,000,000.
Comptabilité de la dette de l'Etat. 12 dits.		
	L. 600,000,000.	458,000,000.

puis me juſtifier que par ſes témoignages ; — Voici ſes tableaux tels qu'il les a dreſſés lui-même.

Van Magdebourg.

Mais, je n'en reviens pas !... il eſt imcompréhenſible comment, un ſeul & unique établiſſement peut amener, par une gradation douce & continuelle, un changement auſſi prompt & auſſi ſalutaire ; .. quoi ! en deux ans de temps toute cette révolution ſe fait ?

Le Cosmopolite.

Oui, je vous ai déja dit, qu'en deux ans de temps la France ſera liquidée ; .. la finance de toutes les charges du gouvernement rembourſée ; .. La caiſſe nationale en exercice, & ſes filles établies dans les principales villes du royaume. — Il en ſera de même pour le mont de piété de Paris, pour la compagnie des Indes, & pour une compagnie royale pour la pèche du nord, (*a*) dont nous n'avons point parlé : .. tout cela ſera établi dans deux ans. — Dans la troiſième & quatrième année, on redreſſera les conſtitutions en intérèts ; toutes les impoſitions de l'Etat, les régies & les dépenſes des finances, ſans affoiblir les revenus publics ; — car Mr. de Pelliſſery ne veut pas que la France commette toujours à l'avenir, les mèmes imprudences que lui ont conſtamment fait commettre tous ſes adminiſtrateurs, de ne jamais *Le cabinet doit ſe tenir actif ſur cette*

_____

(*a*) Etabliſſement des plus abſolus en ſyſtême d'Etat, dont on n'a point parlé parce qu'il auroit trop écarté le fil de cet entretien.

avoir eu à la difpofition de l'Etat, un fonds
d'amortiffement capable de fournir, fans nouveauté, à toutes les dépenfes extraordinaires
qui pourroient fe préfenter ; — fon plan eft de
conferver conftamment les revenus actuels de
l'Etat, & de ne les augmenter que par des fimplifications ; .. afin que le miniftère puiffe mettre
fur le côté 5 à 600 millions de réferve, qui
s'augmenteront annuellement par les économies.

MILORD SPITEAL.

A quoi bon une fi prodigieufe quantité de
fonds fans circulation ; & pourquoi percevoir
plus de fes fujets, que ne peuvent l'exiger les
befoins de l'Etat ?

LE COSMOPOLITE.

C'eft pour être toujours en Etat de bien recevoir fes amis, s'ils avoient l'imprudence de
vouloir furprendre la France, comme la grande
Bretagne a eu la témérité de le faire en 1754. —
Allez, la précaution n'eft point mauvaife ; .. il
n'y a point de voifin, quelque brave qu'il foit,
qui ofât attaquer une puiffance comme la
France, quand elle aura fes 250 mille hommes
bien complets, fes 70 vaiffeaux de ligne bien
carenés, & 600 millions en amortiffement,
fans le courant de fes recettes : — avec cette
fage précaution, on peut dormir tranquillement ; — D'ailleurs cette quantité de fonds,
Mr. de Pelliffery n'engage point l'Etat de les
laiffer oififs ; au contraire, l'Etat en ufera en
père de famille ; qui ne fe fert de fon argent
que pour acheminer fes enfans ; .. le miniftère
les répartira en forme de dépôt, dans les caiffes
publiques de fes places de commerce, tout le
temps qu'ils lui feront inutiles. — Par cet arrangement

rangement ils feront utiles au corps politique ; & s'il furvient une dépenfe extraordinaire , ou une guerre telle qu'elle foit , l'Etat peut fubvenir à tous fes befoins , fans augmenter les taxes publiques. — Le grand avantage d'une telle économie , c'eft qu'elle fe réalife en diminuant les impofitions fur les peuples , & que l'adminiftration loin de demander à fes fujets , lui abandonne encore une groffe partie des droits que ceux-ci lui payoient avant tous ces arrangemens.

Il eft à trouver un adminif- trateur depuis 30 ans , qui ait préfen- té au mi- niftère une opé- ration auf- fi fimple & auffi a- vantageu- fe.

St. Albin.

Eft-ce que vous penfez que tous ces arrange- mens valuffent à la France une économie auffi confidérable ?

Le Cosmopolite.

Certainement ;... il n'y a qu'à compter ; — par la liquidation générale des arrérages , & dettes des finances , nous avons dit que l'Etat réalifoit toutes les années fur les 150 millions de fes conftitutions , .. au moins l. 70,000,000
traitement & dépenfes des compta- bles defdits 150 millions . . . 12,000,000

l. 82,000,000

Intérèts des annuités, (qu'il fau- dra payer,) pour le rembourfement des charges du gouvernement , fur 540 millions à quoi la chofe peut fe monter , & à 5 pour 100 . . . 27,000,000

Refte . . . l. 55,000,000
Economie dans les fermes géné- rales , & les poftes 20,000,000

En tout . . l. 75,000,000

trouvés très-cavalièrement, parce que les gabelles générales produiront 20 & 30 millions de
plus que les quatre impofitions fupprimées ;
— toutefois tenons nous-en à 75 millions d'é-
conomie annuelle, dans fix ans ce fera 450
millions d'amortiffement.

VAN MAGDEBOURG.

Fait in-
conteſta-
ble.

Hé ! vous ne comptez pour rien l'activité que
donnera au commerce & à l'agriculture, la fuppreffion de quatre impofitions onéreufes, & les
fecours au 3 pour 100 des caiffes publiques ; —
je fuis perfuadé que ces deux opérations feules
vaudront à la France plus de 30 millions en recettes toutes les années.

LE COSMOPOLITE.

Van Magdebourg a raifon ;... l'aifance eft la
mère de l'émulation & du travail ;... Mr. de
Pelliffery, l'a bien toujours mife en avant dans
tous fes fyftêmes d'adminiftration ; — c'eft elle
qui fait fleurir les arts, les fciences, le commerce & l'induftrie. — Aucun des calculateurs
politiques de notre temps n'a porté auffi loin
des idées auffi nettes & auffi profondes dans les
intérèts économiques des nations. Soit dans les
temps préfens, foit dans les temps futurs,....
tout eft prévoyance chez lui, tout eft encouragement,.... tout écarte la néceffité, les befoins ou la mifère ; — rien n'y caractérife ce ton
de léfine, d'avarice & de mauvaife fpéculation,
que l'on voit répandu dans toutes les opérations
des adminiftrateurs de la France, depuis 1755,
en s'entètant de conferver, (toujours en trem-
blant,) des ètres de dépenfes, tels que les effets
royaux, qui, par leurs accroiffemens fucceffifs
dans la circulation publique, ont conftamment
perpétué l'abus des moyens, en énervant celles

des reffources. — Les dépenfes extraordinaires ont ruiné la France, dit Mr. de Pelliffery, il faut les éteindre ;... les impofitions de l'État, font la ruine des fujets, il faut les diminuer ;... le commerce manque d'encouragement, il faut lui en fournir ;... l'induftrie a befoin de fecours il faut lui en donner ;... l'État s'eft obéré par la médiocrité de fes recettes, il faut les rendre plus abondantes, fans impofitions ;... voilà quel a été l'axiòme conftant de tous les fyftèmes, (en finances,) de Mr. de Pelliffery.

Depuis la paix de 1763, c'eſt ce que au-roient dû dire auffi tous nos adminiſ-trateurs,

V A N   M A G D E B O U R G.

Il eft fondé, & votre dit Sieur a grande-ment raifon ;... il en eft du fort d'un État, comme de celui d'une famille : — fi le chef de la maifon néglige les propriétés productives, qui fourniffent aux befoins de la communauté ;... tout fe perd ;... tous les intéréffés fe féparent, & le chef de la maifon, n'habite plus qu'ifolé dans des monceaux de décombres & de ruines ;— il en eft de même pour une monarchie mal ad-miniftrée.

L E   C O S M O P O L I T E.

Que feroit-ce encore pour la France, ... fi Mr. de Pelliffery, maître de fes idées économi-ques, pouvoit venir à bout de faire conferver conftamment, dans les recettes de la France, le produit des deux vingtièmes, en en déchargeant toutes les terres, maifons & propriétés des ci-toyens ; (a) qu'il établît fon grenier d'abon-

---

(a) L'opération eft fûre, fi la caiffe nationale a lieu ; de même que les fuivantes lé font, en rendant générale la gabelle, & en s'y prenant, comme l'on dira dans le dia-logue fixième.

dance , dans toutes les communautés de la monarchie ;... au moins avec une année d'approvifionnement ; ... qu'il rachetât toutes les fervitudes quelconques , fur les terres & maifons de la métropole ;... qu'il redreffât la partie des domaines , & qu'il rangeât celle-ci dans la feule propriété des eaux & forets ;... qu'il donnât à la ferme des hypotéques , cet ordre de légiflation fur toutes les propriétés , fur tous les actes en conftitutions d'hypotéques des citoyens , qui font autant la sûreté publique , que le bien-être de toute la fociété. — C'eft alors que l'on verroit dans tout fon éclat la profpérité de la France ;... que l'on verroit une férénité parfaite , régner dans toutes les opérations du gouvernement , dans toutes celles de l'adminiftration ;... que l'Etat compteroit dans fes recettes plus de 500 millions de revenus , avec un tiers de moins des impofitions actuelles ;... que les citoyens , que les arts , que les fciences profpéreroient en France ;... enfin que le commerce , l'induftrie & la navigation prendroient un tout autre effort. — Oui , c'eft à l'appui de tous ces redreffemens falutaires , que la France , malgré fa décadence , depuis 1755 , peut rétablir fa fupériorité & fon équilibre en Europe ;... reprendre fur fes rivaux cet empire , qui lui avoit fi bien réuffi fous Louis XIV :.... & maîtreffe de la paix , ou de la guerre ; auffi fouveraine fur les mers que fur la terre ;... punir les nations qui ont ofé infulter à fes malheurs , qui ont ofé attaquer témérairement , fes propriétés , fes forces maritimes ;... & contente d'avoir réhabilité fa réputation&fa gloire: ne plus afpirer qu'au fouverain bonheur de pouvoir s'établir l'amie des nations policées , le pacificateur de l'Europe , en donnant toutefois, à l'empire François, ces juftes limites, que femble lui avoir marqué le maître du monde. — C'eft du fein d'une fi heureufe pofi-tion que la France, peut encore faire éclore la révolution, tant defirée de l'Amérique :... qui doit procurer à la république du commerce, au monde politique, des nouvelles nations, de nouveaux hommes, de nouveaux amis, qui refferreront toujours plus ces liaifons, ces cor-refpondances, ces rapports d'intérêts, qui rap-prochent les hommes des quatre coins du monde, & qui font autant la fource de tous les talens, de toutes les vertus, de toutes les connoiffances utiles, qu'elles font l'école de tous les biens, de tous les maux, de toutes les erreurs : — telle eft l'heureufe fituation, où peut fe voir un jour la France, où fa deftinée femble l'appeller.

VAN MAGDEBOURG.

Il eft conftant que la France réunit dans fon fein, des avantages inacceffibles à aucune na-tion ; — au centre de l'Europe, bien peuplée, bien cultivée ;... une nation active, ingénieufe ; — guerrière de père en fils, depuis les premiers temps de la monarchie ;... ce font là bien des chofes.....

LE COSMOPOLITE.

Que penfez-vous Milord, de ce que vient de nous dire Van Magdebourg ;... de tout ce que je vous ai détaillé en faveur de la France, & de l'Efpagne ? — des tableaux que je vous donne, de ce qu'elles font & de ce qu'elles pourroient être, avec un peu d'application. — Penfez-vous toujours, que deux telles nations foient tant à braver, & fi peu à craindre ?.

P 3

M I L O R D S P I T E A L.

Je penfe fincèrement, que fi ces deux monarchies fe conduifoient, par les idées de fpéculations que vous leur fuppofez, qu'elles feroient
trop puiffantes, trop riches, & que ce feroit
un très-grand malheur pour les nations
voifines.

L e C o s m o p o l i t e.

Laiffons les nations voifines;... parlons des
intérèts perfonnels en rivalités : — vous trouvez
donc que fi la France & l'Efpagne, (que la
Grande Bretagne a tant nargué, tant vili-
pendé, tant déprécié en 1755,) fe conduifoient
auffi folidement, auffi ftudieufement qu'elles
peuvent le faire, fans mefufer de leurs moyens,
de leurs forces, de leurs reffources, qu'il n'en
faudroit qu'une pour réfifter à l'Angleterre?

M I L O R D S P I T E A L.

Je n'en difconviens pas.

L e C o s m o p o l i t e.

Que feroit-ce donc, fi d'un commun accord,
& par des plans biens concertés, elles atta-
quoient conjointement la Grande Bretagne,
auffi vigoureufement que j'ai pu vous le faire
appercevoir?

M I L O R D S P I T E A L.

Il en feroit, mon ami, que l'on fe battroit;
& que l'on fe battroit très-vigoureufement: —
un homme chez lui, en vaut quatre par-tout,
& les Anglois font des hommes.

L e C o s m o p o l i t e.

D'accord;... mais vous conviendrez que vos
foldats, ne valent pas les foldats François; —
que vos matelots, ne font pas plus marins que
les leurs, & ne font pas autant courageux;
n'y ayant aucun exemple dans votre hiftoire,

qu'un vaiſſeau Anglois, ait jamais pris aucun vaiſſeau François à l'abordage ; tandis que vous avez deux cents exemples de cette nation à votre déſavantage ;.... de ſorte que, tout compenſé, vous n'avez que l'avantage de votre Etat Major de la marine royale, qui eſt plus expérimenté, plus manœuvrier que celui de la marine royale de la France ; — mais tout cela eſt peu de choſe, quand on ſe bat en terre ferme, chez les autres, & dans leurs maiſons, comme il eſt de l'intérêt de la France de le faire vis-à-vis de l'Angleterre.

MILORD SPITEAL.

Notre ami, je vous ai déja dit qu'un homme chez ſoi en vaut quatre, & que nulle part la France ne fera reculer l'Angleterre, encore moins chez elle ; — D'ailleurs, ſi vous ſavez l'hiſtoire, vous devez avoir vu que jamais l'Angleterre n'a eu de rois priſonniers en France, & que la France en a eu en Angleterre ; — que jamais la France n'a poſſédé un pouce de terre en Angleterre, & que l'Angleterre a poſſédé pendant très-longtems les plus riches provinces de cette monarchie,... ſa capitale même ;... ainſi tout cela vous prouve que les hommes ne ſe comptent pas comme des moutons.

LE COSMOPOLITE.

Vous avez raiſon, c'eſt l'homme qui fait l'homme ; témoin les douze cents Grecs des Termopiles, qui réſiſterent ſeuls à quatorze ou quinze cent mille hommes ; — mais le malheur de l'Angleterre, dans cette affaire-ci, c'eſt qu'autant de François (quand le point d'honneur s'en mêle) autant de Grecs des Termopiles, & que ſi vous pouvez vous glorifier d'avoir fait prifonnier un roi de France, vous devez avoir l'équité de dire auffi, que ce n'eft point votre courage qui vous l'a procuré, mais bien le trop de courage & de témérité de ce roi François, qui voulut vous forcer dans vos retranchemens, avant que la famine vous forçât de vous rendre à difcrétion.

MILORD SPITEAL.

Soit,... l'un ne nie pas l'autre;... ainfi fi les Anglois fe font mefurés tant de fois avec les François, ils font accoutumés à ne pas les craindre.

LE COSMOPOLITE.

Prenez garde, Milord, les Anglois font entrés en France, & on les en a chaffés; fi les François entrent une feconde fois en Angleterre, ils vous en chaffent pour toujours.

MILORD SPITEAL.

Perfonne ne fe laiffe chaffer de chez foi; & perfonne encore n'a fait la conquète de l'Angleterre.

LE COSMOPOLITE.

Non; feulement un peu les Saxons, & après les Normands, qui ont battu & conquis plufieurs fois ces mèmes Saxons qui vous ont fubjugués... Qu'étoit l'Angleterre avant Guillaume le conquérant? — un pays âpre, fauvage, peuplé de loups.

MILORD SPITEAL.

Eh bien! aujourd'hui c'eft un pays policé, civilifé, habité par des hommes braves, éclairés, inftruits, qui font reculer depuis un fiècle les deux nations que vous préconifez tant;.. que pouvez-vous répondre à cela?

LE COSMOPOLITE.

Que vous dites vrai;... mais tout ce qui luit n'eft pas de l'or.

MILORD SPITEAL.

Que prétendez-vous dire ?

LE COSMOPOLITE.

Que les beaux jours de l'Angleterre n'auront eu qu'une clarté, & que tous les avantages que vous avez acquis depuis un siècle, feront votre ruine.

MILORD SPITEAL.

Il sera difficile de pouvoir se ruiner avec des propriétés qui alimentent tous nos commerces.

LE COSMOPOLITE.

Commerces précaires, quand il faut que la métropole se saigne constamment pour en établir l'exercice.

ST. ALBIN.

Messieurs, Messieurs, avec tous vos beaux discours, vous saurez qu'il est bientôt deux heures, & que nous devons tous aller dîner avec ce brave Hollandois.

VAN MAGDEBOURG.

Je ne l'ai pas oublié, mon cher ami, & je m'en glorifie ; — je vous ai promis un bon boudinque, un bon Vaterfich, des bons pinçons, & du bon vin ; vous trouverez tout cela, avec notre bonne femme, qui vous aime tous autant que moi ; mais faisons alte un moment ; ..·. à condition que notre brave Cosmopolite nous achevera tantôt l'explication du système économique de Mr. de Pellissery, & qu'il nous mettra au fait des moyens que peut prendre la France pour agrandir sa puissance, & pour conserver l'Europe en paix un très-grand nombre d'années ; — messieurs, la paix nous intéresse tous.

MILORD SPITEAL.

Certainement ; la paix doit-être la divinité
des hommes.

LE COSMOPOLITE.

Oui , meſſieurs, la France peut tout cela ,..
ou elle le pourra , quand elle le voudra bien ;
— ſa ſituation, ſes moyens , ſa population, lui
rendent tout facile.

ST. ALBIN.

Ce qui m'étonne dans tout ce que vous venez de nous dire au ſujet de l'adminiſtration
de la France , c'eſt le ſilence de Mr. de Pelliſſery , — après un travail auſſi réfléchi , auſſi eſſen-
tiel , & d'un auſſi grand avantage... Pourquoi
ne pas s'aboucher avec Mr. Turgot ; — celui-
ci ne ſera peut-être pas auſſi ſauvage dans ſes
idées que le ſieur abbé Terray.

LE COSMOPOLITE.

Un homme bien né , qui s'eſtime , ne ſe jette
jamais à la tête de ſes ſupérieurs ; — il ſe contente de propoſer ſes idées , & ſi l'on ne les
goûte pas , il s'impoſe ſilence... L'importunité
rarement donne-t-elle du prix aux choſes ; —
Mr. de Pelliſſery , à ce ſujet, a fait tout ce que
devroit faire un vrai citoyen. — Par l'entre-
miſe de Mr. Cochin , Intendant des finances ,
il fit parvenir au ſieur abbé Terray , en Octobre
1772 , le mémoire pour l'établiſſement de la caiſſe
nationale ; — le ſilence que lui en garda ce miniſtre , fut un motif de plus pour celui qu'il s'eſt
toûjours impoſé lui même ſur toutes ces matières ; — quand le ſieur Turgot fut entré en
exercice, qu'il eût pris poſſeſſion de la place
qu'avoit ledit ſieur abbé Terray , .. Mr. de
Pelliſſery lui fit part de ce qu'il avoit propoſé
à ce dernier miniſtre , & pour lui mettre ſous

les yeux une idée de son système, il lui remit
copie de la note de son éloge de Colbert, qui
explique les intérêts généraux & particuliers
de sa méthode de liquidation; & pour être plus
à même d'éclairer le ministère dans la marche
de sa proposition, il demanda à ce nouveau
ministre, la place de premier commis, qu'il ve-
noit d'ôter au sieur le Clerc.

ST. ALBIN.

C'étoit bien penser;.. que répondit le Sgr.
ministre Turgot ?

LE COSMOPOLITE.

Ce que répondent ordinairement la plupart
de ces messieurs, à toutes les propositions
honnêtes qui ne sortent pas de leur imagination; — rien; — mais il se contenta de faire
écrire, par le sieur De La Croix, (premier
commis à la place du sieur De Touche,) la
lettre que voici à Mr. de Pellissery.

Paris 9 Septembre 1774.

,, Mr. le Contrôleur-général, Mr., m'ayant
,, chargé de l'examen des projets, & de lui en
,, rendre compte, si vous voulez avoir la com-
,, plaisance de m'adresser celui que vous annon-
,, cez par votre lettre du 6 courant; je l'exa-
,, minerai avec la plus scrupuleuse attention,
,, & j'aurai d'autant plus d'empressement à en
,, rendre compte au ministre, qu'il me semble
,, par la lecture de votre lettre, que ce projet,
,, est dicté par le zele patriotique.

J'ai l'honneur d'être, &c. ,,

Sur cette lettre, ledit Sr. de Pellissery fit tirer
une nouvelle copie du mémoire présenté au

fieur abbé Terray , & la fit parvenir au fieur De La Croix , en l'accompagnant d'une feconde lettre. pour le Sgr. miniftre.

S t. A l b i n.

C'eft fort bien ; .. qu'en eft-il arrivé ?

L e C o s m o p o l i t e.

Il en eft arrivé , que quinze jours après Mr. de Pelliffery fut rendre une vifite au fieur De La Croix , où il ne fut queftion de rien , que de quelques civilités ; --- l'on partit pour Fontaine-bleau , l'on en revint, & le fieur de Pelliffery n'entendant parler de rien , écrivit au fieur De La Croix , pour lui offrir les éclairciffemens qu'il pourroit avoir à defirer , au fujet du mémoire qu'il avoit eu l'honneur de lui remettre, avec priere de lui renvoyer la lettre du Sgr. évèque d'Orléans , qu'il avoit communiquée au Sgr. Turgot pour s'en faire connoître.

S t. A l b i n.

Qu'elle fut la réponfe du fieur De La Croix à une fi honnète propofition ; ou du Sgr. miniftre ? càr c'eft à lui à qui Mr. de Pelliffery s'étoit adreffé.

L e C o s m o p o l i t e.

Devinez ?

S t. A l b i n.

Mais , . . . s'il faut en croire ce qu'un vrai miniftre doit faire en pareille occafion , . ce doit avoir été une lettre honnète , obligeante , ca-pable d'émouvoir le zèle , l'attachement d'un citoyen.

L e C o s m o p o l i t e.

Rien de tout cela ; Mr. Turgot n'honora point Mr. de Pelliffery d'une réponfe ; & le fieur De La Croix lui renvoya fon mémoire, & fes lettres au miniftre, qu'il accompagna par celle que voici.

Paris, 17 Novembre 1774.

„ J'ay l'honneur de vous renvoyer, Mr.
„ comme vous le defirez, la lettre que vous a
„ adreffé Mr. l'évêque d'Orléans ; — je crois
„ devoir y joindre auffi votre mémoire pour
„ la liquidation des dettes de l'Etat, & les dif-
„ férentes additions que vous y avez faites :
„ les circonftances ne permettent pas d'en faire
„ aucun ufage.

„ J'ai l'honneur d'être, &c.

VAN MAGDEBOURG.

Comment ! le miniftre ne répondit point, &
il fut affez deshonnète & affez mal-adroit, pour
ne point témoigner au fieur de Pelliffery, qu'il
applaudiffoit à fon zèle, à fon application, à fon
attachement pour fa patrie, &c.

LE COSMOPOLITE.

Il n'en fit rien ;.. & vous allez juger vous-
même, fi les lettres de Mr. de Pelliffery ne mé-
ritoient pas qu'on y fit plus d'attention, & que
l'on en témoignât même une fatisfaction plus
honnète, que celle de renvoyer à une perfonne
bien née fes propres lettres pour lui tenir lieu
de réponfe ; — elles ont étés (comme vous le
voyez) cottées au contrôle général, fous le
numero 2852 : en voici le contenu.

LETTRE A MONSIEUR TURGOT,
Contrôleur - général des finances.

Paris, 6 Septembre 1774.

MONSEIGNEUR ;

„ L'arithmétique politique eft connue de bien
„ peu de perfonnes ; cependant tout le monde

,, en raifonne, tout le monde croit la poſſéder;
,, — il n’eſt aucun adminiſtrateur qui ne ſe per-
,, ſuade que toute la ſcience d’une adminiſtra-
,, tion politique conſiſte à ne ſavoir mettre que
,, des impoſitions, ou à n’être que dur ſur tou-
,, tes les dépenſes; — De là l’origine de nombre
,, d’erreurs de la part des plus grands miniſtres;
,, de là toutes les fautes des adminiſtrateurs or-
,, dinaires.

,, Sully, Colbert & Fleury, ont été, ſans
,, contredit, les plus grands adminiſtrateurs
,, qu’ait jamais eu la France;... Sully, Colbert
,, & Fleury ont fait des fautes graves, en ſyſ-
,, tème d’Etat; — ſi ces grands hommes ont
,, fait des fautes eſſentielles dans cette partie,
,, qu’auront fait tous leurs ſucceſſeurs, qui ſe
,, ſont écartés ſi gratuitement de leurs ſyſ-
,, tèmes?.... des ſottiſes;.... aucun n’ayant
,, mis en pratique aucune des maximes de ces
,, trois célébres miniſtres.

,, Sully, poſſédoit très-pertinemment l’écono-
,, mie rurale; mais il ne connoiſſoit point celle
,, qui eſt perſonnelle au mécanique de l’induſ-
,, trie. — Son vaſte génie, bandé à la ſeule
,, agriculture & à la ſeule population de la
,, campagne; s’eſt toujours oppoſé aux progrès
,, des arts & des fabriques, qui devoient ſalarier
,, dix fois plus de citoyens, que les travaux de
,, la campagne.

,, Colbert, plus vaſte & plus étendu dans
,, ſes lumières, à mieux connu que Sully toute
,, la richeſſe & tous les rapports de la main-
,, d’œuvre, il a mieux calculé que ce miniſtre,
,, l’immenſité de citoyens qu’elle ſalarieroit, &
,, l’immenſe revenu qu’elle pouvoit réaliſer dans
,, le ſein de la métropole; — en conſéquence,

„ il s'eſt plus occupé des progrès de l'induſ-
„ trie , que de ceux de l'agriculture , & abſorbé
„ des ſpéculations politiques qui pouvoient la
„ faire proſpérer , il négligea conſtamment les
„ biens précieux de la terre , pour ne favoriſer
„ que ſes fabriques naiſſantes ;... bientôt il
„ auroit couvert de métiers toutes nos campa-
„ gnes , ſi la néceſſité d'exiſter n'avoit conſervé
„ à l'Etat la majeure partie de ſes agricoles.

„ Mr. de Fleury , auſſi grand économiſte que
„ Sully ;... auſſi grand calculateur que Col-
„ bert , n'a point connu dans ſes ſpéculations
„ politiques , l'importance d'une marine puiſ-
„ ſante , qui protégeât toutes nos fréquentations
„ dans les mers du Nord , dans celles de l'Aſie ,
„ de l'Afrique , de l'Amérique & de l'Inde ; ---
„ c'eſt au propre poids de la monarchie ; s'eſt à
„ la conſidération encore vivante , (ſous ſon
„ miniſtère ,) des victoires & des conquêtes de
„ Louis XIV , que la France a dû toute ſa
„ ſûreté ;.... que ſans eſcadre elle a contenu
„ la piraterie de ſes rivaux , & que ſans la pro-
„ tection d'aucune armée navale , le pavillon
„ marchand de ſes ſujets , a navigué en toute
„ confiance dans les mers des quatre parties
„ du monde. --- Mais le temps qui ébranle tout ,
„ ou pour mieux dire l'intérêt , qui enhardit
„ les hommes , quand la force peut les juſti-
„ fier ;... depuis 1744 , la France n'étale plus
„ à ſes rivaux , que des ruines , que des foi-
„ bleſſes , que moyens forcés :... quand ceux-
„ ci , lui préſentent par-tout , des témérités ,
„ des forces & des reſſources.

„ De ce contraſte de poſition & de viciſſi-
„ tude , la France éprouve que ſon luſtre ou
„ ſa décadence , ont toujours été dans les

,, mains de fes adminiftrateurs , (la partie des
,, finances dans un bon ordre , donnant de la
,, vigueur à tous les reffors d'un gouverne-
,, ment politique ,) & que quand ceux-ci fe
,, font conduits avec le zèle , l'attachement, l'in-
,, tégrité, des Sully , des Colbert, des Fleury ,
,, les rivaux de la France , ont toujours ref-
,, pecté fes propriétés. — Mais depuis que l'é-
,, goifme s'eft emparé de notre adminiftration ,
,, depuis que l'ambition a tenu lieu de zèle à
,, tous nos candidats , que la protection a fup-
,, pléé aux talens, l'impudence au vrai mérite ,
,, que l'intérêt des peuples a été livré au libre
,, arbitre des adminiftrateurs , que l'opinion
,, particulier a prévalu fur le bien public ,
,, fur l'autorité ; ...... toutes nos opéra-
,, tions en finances , ont fait la guerre à
,, notre profpérité , à notre réputation ; & nos
,, rivaux fe font portés aux indécences , qui ont
,, donné lieu à la guerre de 1756 ; — telle eft
,, l'origine malheureufe de notre décadence de-
,, puis 1748 ; fuivons-en les progrès , après
,, l'ouverture de la dernière guerre , par nos
,, opérations en finances du cours de cette
,, guerre.

,, La guerre de 1756 , fut commencée avec
,, 1,900,000,000 de dette nationale , avec des
,, finances épuifées, très gênées , & fans beau-
,, coup de reffources ; les adminiftrateurs en
,, exercice, après la paix de 1748 , n'ayant pris
,, aucun arrangement utile , pour éteindre la
,, dette de l'Etat, les arrérages & les impofi-
,, tions extraordinaires de la guerre de 1744 ; —
,, de cette imprudence , fe perpétua l'épuife-
,, ment , & la guerre de 1756 , nous ayant
,, furpis fans fonds d'amortiffement , fans économie

„ nomie dans notre adminiſtration , & ſans au-
„ cune des diſpoſitions néceſſaires à cet objet; ...
„ l'Etat ſe vit entrainé dans des opérations ab-
„ ſolues : ... plus cruelles pour lui & pour ſes
„ ſujets que la guerre en elle-même. (a)

„ Le déſordre qu'entraine toujours l'anarchie
„ des ſyſtèmes ; ... les inconvéniens qui ſe pré-
„ ſentent en foule dans les plus grands be-
„ ſoins ; ... la néceſſité de fournir à des dépen-
„ ſes preſſantes quand on eſt ſans argent , obli-
„ gerent nos adminiſtrateurs de ſoutenir l'Etat ,
„ pendant tout le cours de cette guerre , par
„ des opérations forcées ; --- les moyens forcés ,
„ toujours bornés en eux-mêmes , toujours peu
„ efficaces dans leurs ſecours , toujours mini-
„ mes dans des temps de beſoins ; ... loin d'a-
„ méliorer l'Etat obéré de nos finances , groſ-
„ ſirent horriblement le torrent de nos impoſi-
„ tions ; & l'énorme dette de l'Etat ſe trouva
„ augmentée d'un numéraire immenſe , en effets
„ royaux , créés bruſquement dans le même
„ moment , que l'on ſuſpendoit les payemens
„ des reſcriptions ; de ceux du Canada & des

(a) Mr. de Silhouette grand calculateur ; a erré toutes
ſes opérations , n'y en ayant aucune qui n'ait augmenté
la dette de l'Etat , le diſcrédit des effets royaux & l'épuiſement de nos finances ; --- ſon arrêt de la converſion de la
vaiſſelle en monnoye , eſt la dernière des mal-adreſſes ; --- ſa
création des billets des fermes , n'a ni plus de ſcience , ni
plus de ſageſſe ; --- la ſuſpenſion des reſcriptions des effets
du Canada , des Colonies , &c. ſont également des opérations bien téméraires ; --- de ſorte que tout ce qui a été
vraiment opération en finance , de la part de ce miniſtre ,
a enhardi toutes les diſpoſitions militaires de nos ennemis;
ceux-ci n'ayant plus ignoré que nous étions ſans argent &
ſans crédit.

,, Colonies ; — Ces inconséquences destructives
,, perpétuant l'anarchie des systèmes , toutes
,, nos opérations , pendant le cours de cette
,, guerre , furent lentes , tardives , après coup ;
,, & nos ennemis mettant à profit nos oublis ,
,, nos erreurs & nos fautes , firent sur nous des
,, conquêtes très-considérables dans les quatre
,, parties du monde , qui les mirent dans la
,, situation de pouvoir nous imposer à la paix de
,, 1763 : — les conditions qu'ils jugerent le plus
,, favorables à leurs intérèts : — à cette époque
,, la France devoit 2,900,000,000 , — & comp-
,, toit en recettes 360 millions.

,, Cet Etat d'humiliation paressoit devoir s'en-
,, sevelir dans les temps heureux de la paix , dans
,, l'aisance que produit le travail , dans les plans
,, d'une bonne administration ; — qu'ont fait
,, nos administrateurs ?... lecteur vous le savez ;—
,, loin de s'occuper de ces systèmes sûrs , qui
,, ramenent l'ordre & l'abondance , qui font
,, succéder à une anarchie destructive , l'esprit
,, de conservation ,... qui arrètent les dépen-
,, ses , en modérant la force destructive des im-
,, pôts :... ils ne se font occupés que d'une
,, marche lente , minutieuse , stérile ; & réduits
,, après 10 ans de paix , au même épuisement
,, de la guerre de 1756 : — ils n'ont pourvu au
,, besoin de l'Etat , que par des opérations à la
,, journée , sans plan utile pour l'avenir , sans
,, dispositions avantageuses , pour les constitu-
,, tions extraordinaires ; & perpétuant constam-
,, ment le désordre , ils ont accru la crise na-
,, tionale , en impliquant dans tous les besoins
,, de l'Etat , la prospérité des peuples ; — de
,, cette impéritie destructive , s'en est enfanté
,, deux maux , plus terribles pour la France ,

„ que ceux de la guerre;.... le décourage-
„ ment des fujets :... la chûte du commerce
„ utile & politique de la nation.

„ Si aux premiers rayons de la paix de 1763,
„ nos adminiftrateurs avoient été des gens inf-
„ truits, vraiment hommes d'Etat, verfés dans
„ leurs parties ; éclairés dans les intérèts des
„ nations ;... balançant toujours les progrès
„ par les viciffitudes, l'intérèt perfonnel par
„ ceux de fes rivaux ;... ils auroient connu que
„ la France n'étoit plus en 1763 ce qu'elle avoit
„ été en 1744 ; — que les facrifices faits à la der-
„ nière paix, privoient le commerce politique de
„ l'Etat des avantages les plus productifs & les
„ plus néceffaires. — Que les pertes affreufes du
„ commerce des fujets, dans le cours de nos
„ deux guerres de 1744 & 1756, avoient ref-
„ treint les fortunes particulières ; & que l'im-
„ menfe dette de nos finances, par fes accro-
„ chemens, caufoit un vuide très-confidérable
„ dans la circulation publique : d'où ils auroient
„ conclu que la profpérité de l'Etat ne pou-
„ voit être réparée que par la modération &
„ la réduction des impôts.

„ Cette marche fûre & folide, qui avoit
„ relevé la France, fous Mr. de Fleury, étoit
„ encore plus abfolue à la nation après la paix
„ de 1763 ; — jamais la monarchie ne s'étant
„ trouvée autant préjudiciée dans fes poffef-
„ fions, dans fes reffources, dans fes commer-
„ ces ; & jamais l'Etat n'ayant été auffi fur-
„ chargé d'impofitions & de dettes ; — cette con-
„ fidération fenfible qui devoit ranimer le zèle
„ de nos adminiftrateurs, ne les affecta point ;...
„ loin de s'en occuper : loin de porter fur notre
„ adminiftration ce coup d'œil affuré qui ex-

,, plique le bien public ; Mr. de Laverdy ne se
,, dévoua qu'à des lenteurs, qu'à des irrésolu-
,, tions, qu'à des recherches puériles ; & le Sr.
,, abbé Terray, s'abandonna, fans modération
,, & fans principe, à des opérations deftruc-
,, tives.

,, De ce farcafme d'erreurs, d'aveuglement ;
,, de ce défaut de vrai principe depuis 1763,
,, & plus encore, depuis 1770 ; la France
,, éprouve le plus grand des défordres dans fes
,, finances, comptant après douze ans de paix 80
,, millions de plus en recette, que pendant la
,, malheureufe guerre de 1756, & 600 millions
,, de plus de dette qu'à la paix de 1763.

,, Si après douze ans de paix, ... fi après
,, tous nos facrifices de la fin de la dernière
,, guerre, la dette de l'Etat s'eft accrue de 600
,, millions, & les impofitions extraordinaires de
,, 80 millions : ... que feront nos adminiftra-
,, teurs à la première guerre ?

,, Cette queftion fanglante & terrible, doit
,, faire frémir le miniftère : elle femble lui prou-
,, ver qu'il eft des chofes, où il ne faut que
,, raifonner, pour en connoître l'infuffifance. --
,, Si Mr. l'abbé Terray, en entrant dans le
,, miniftère, avoit été vraiment homme d'Etat, ...
,, qu'il eût été plus réfléchi qu'ambitieux, plus
,, fage qu'entreprenant : ... plus citoyen que
,, miniftre ; ... il auroit connu que dans la pofi-
,, tion ftérile où en étoient nos finances : il
,, n'étoit point poffible de remplir folidement
,, le vuide de nos recettes, par des réductions
,, d'intérêts, par des appels de finances, par
,, des impofitions nouvelles ; --- que l'intérêt
,, majeur de l'Etat étoit la confervation des
,, peuples ; ... que nulle opération ne pouvoit

„ être bonne , fi elle ne réuniffoit pas en elle-
„ même la liquidation, par fol & denier , de la
„ dette de l'Etat, la fimplification & la réduc-
„ tion des impôts. — En conféquence , au
„ lieu de s'entêter témérairement fur des plans
„ illufoires , dictés par des alentours vicieux ,
„ vendus , & gagnés par l'avide financier ;....
„ il auroit rejetté l'opinion de ces ames merce-
„ naires , & il auroit frémi de fe voir entrainé
„ à déshonorer fon roi , fa nation, fes citoyens,
„ par des opérations auffi indécentes , que
„ celles.... de la réduction des intérêts:....
„ du bouleverfement des tontines,... des di-
„ xièmes de retenues fur les gages , appointe-
„ mens & penfions militaires; — que les 100
„ millions d'appels des finances , fur le clergé,
„ les fécretaires du roi , la noblefle moderne ,
„ &c. n'avoit ni plus de mérite , ni plus de
„ fcience ! — que la caffation de nombre de
„ charges , & leur recréation tout de fuite ,
„ pour toucher une nouvelle finance , un nou-
„ veau marc d'or, un nouveau centième denier,
„ fans rembourfer une obole de celles fuppri-
„ mées , étoit une abomination auffi indécente
„ pour les fujets , que déshonorante pour l'au-
„ torité !... que l'anéantiffement de la Com-
„ pagnie des Indes , étoit un crime de lèze-Ma-
„ jefté au premier chef:... cette Compagnie
„ ayant toujours été un des premiers nerfs de
„ la conftitution politique du gouvernement,
„ ayant fauvé la France en 1719 , & par fes
„ conquêtes dans l'Inde , dans la guerre de
„ 1744 , ayant balancé nos pertes dans le Ca-
„ nada!... que 45 impofitions nationales depuis
„ 1770:... que les renchériffemens de 4 & 8
„ fols pour livre , fur les impofitions géné-

„ rales , font des renchériffemens d'une pira-
„ terie odieufe , fur les droits des citoyens , du
„ commerce & de l'induftrie : ... que la morce-
„ lation des prérogatives attachées aux charges
„ de l'Etat , font les reffources des tyrans , qui
„ facrifient toujours le bien public à leur ambition
„ particulière ! ... que le commerce des grains ;
„ que l'autorifation d'une compagnie monopo-
„ leufe pour le faire, eft la plus affreufe des con-
„ cuffions , la plus odieufe des reffources ;.. enfin
„ que les emprunts viagers de 25 millions ou-
„ verts en Hollande en 1771 , fini à Paris en
„ 1773 , & celui de 180 millions ouvert en
„ 1770 , & fini il y a deux mois : font le com-
„ ble de l'iniquité & du crime , étant affreux
„ que l'on ait abufé auffi deftructivement des
„ moyens , les feuls favorables à la liquidation
„ de l'Etat , pour augmenter fes conftitutions ;
„ les 102,500,000 liv. que l'on a reçu comptant
„ dans ces deux emprunts , ayant été diffipés
„ auffi infructueufement que les 100 millions
„ d'appels de finance en 1770 , & les 102,500,
„ 000 liv. d'effets royaux , reçus dans cette
„ opération , ou que l'on auroit dû y recevoir ,
„ (de même que ceux acquittés depuis 10 ans
„ par la caiffe des amortiffemens ,) ayant été
„ une autre fois verfés dans le public. — De
„ cet abus du droit des gens de la bonne-foi ,
„ du bien public : s'eft perpétué l'anarchie & la
„ corruption , & l'iniquité , & le défordre dé-
„ vorant la profpérité de nos finances ;... l'Etat
„ compte à fa charge , par cette opération , 200
„ millions de plus de dettes , par une conftitu-
„ tion plus forte du double que les conftitu-
„ tions ordinaires ; — tel a été tout le mérite
„ de l'adminiftration de Mr. l'abbé Terray ;....

,, tel eft le coloffe odieux des opérations, dont il
,, a déshonoré l'autorité, la nation & les ci-
,, toyens.

,, Par ce tableau dégoûtant,... par la fitua-
,, tion malheureufe où nous vivons; il eft aifé
,, de connoître le faux & le deftructif de nos
,, fyftêmes. L'autorité doit fentir combien il lui
,, eft effentiel d'en changer promptement la
,, marche:... toute la puiffance de la France;
,, n'exiftant que dans la confervation de fes
,, fujets; — pour conferver des fujets, il faut
,, de toute néceffité que le gouvernement leur
,, facilite les moyens de pouvoir vivre; — l'Etat
,, ne le peut que par les encouragemens du tra-
,, vail, du commerce & de l'induftrie; — En
,, conféquence nos fyftèmes actuels étant con-
,, traires à cette pratique, l'autorité doit fe re-
,, tourner brufquement, & adopter les opéra-
,, tions qui donneront de l'encouragement au
,, travail & qui mettront un ordre avantageux à
,, la fituation obérée de nos finances : par une
,, feule réflexion, je vais prouver à l'autorité
,, la raifon d'Etat qui la force de redreffer
,, promptement fes fyftêmes des finances, & à
,, donner une fin décifive à l'énorme dette de
,, l'Etat.

,, La France, depuis douze années de paix,
,, dont elle jouit;... loin d'avoir pu entrer en
,, liquidation avec elle-même, s'eft endettée de
,, plus de 600 millions, & elle a renchéri fes
,, recettes de plus de 80 millions; — je fuppofe
,, que la France ait encore le bonheur de jouir
,, de douze années de paix, & que dans chacune
,, de ces douze années, notre généreux Monar-
,, que parvienne à liquider toutes les années
,, pour 50 millions de la dette de l'Etat;....

„ à la dernière de ces dites douze années l'Etat
„ fe fera libéré de 600 millions , &, avec l'éco-
„ nomie des intérèts de 650 ; — à cette époque
„ l'Etat devra 650 millions de moins ; mais il
„ refte toujours dans la nécefſité de conferver
„ la même charge d'impofition ; — après ces
„ douze années de paix , venant à y avoir une
„ guerre , & que cette guerre ne dure que cinq
„ ans ; ... les dépenfes extraordinaires , pour
„ une puiffance auſſi répandue que la Fran-
„ ce , feront au moins de 60 à 80 millions
„ par année ; — ne les fuppofons qu'à 70 mil-
„ lions , dans les 5 années nos finances compte-
„ ront 350 millions en extraordinaire ; — l'éco-
„ nomie des 50 millions ci-devant , venant au
„ fecours de cette dépenfe , l'Etat fe fera remé-
„ dié de 250 millions , refte 100 millions à
„ trouver ; — ces 100 millions à trouver ne
„ pouvant l'ètre que par des impofitions nou-
„ velles ou par des emprunts à conftitution , il
„ en réfulte que fi c'eft par impofitions nou-
„ velles ; ... leurs rigueurs fe joignant à la
„ CHERTÉ horrible de celles qui exiftent dans
„ ce moment : elles acheveront d'écrafer les ref-
„ fources de l'Etat & la profpérité publique ; —
„ fi c'eft par emprunt , même inconvénient ; la
„ conftitution de l'emprunt ne pouvant fe trou-
„ ver que dans des nouvelles impofitions ; ....
„ d'où il eft aifé de conclure que par l'exercice
„ des fyftèmes de Mr. l'abbé Terray , & par
„ ceux depuis plus de 30 ans , dans notre ad-
„ miniftration , que l'Etat , même en fe liqui-
„ dant , précipite toujours fa ruine & celle de
„ fes peuples ; — En conféquence , il faut d'au-
„ tres fyftèmes. (a)

_____

(a) Cette queftion doit fixer l'attention du miniftère.

„ Perfuadé de cette vérité :..... fous les
„ aufpices du Sgr. Evêque d'Orléans , (an-
„ ciennement allié de ma famille,) à la pre-
„ mière opération du Sr. abbé Terray , en Jan-
„ vier 1770 , je fis paffer à ce miniftre , vers le
„ 15 ou le 16 de Février , un profpectus rai-
„ fonné du fyftème des billets de confiance , en
„ iui faifant entrevoir tout le vuide & toute l'hor-
„ reur de celui qu'il déployoit ; --- fa grande
„ ame dédaigna les obfervations d'un timide
„ mortel ; & ne prenant confeil que de fon am-
„ bition ou de fon caractère , il ne me répondit
„ rien, & s'abandonna plus que jamais aux opé-
„ rations fcandaleufes , où il a précipité l'Etat ,
„ les citoyens & la confidération publique. --
„ Le fyftème des billets étoit pourtant bon ,
„ très-efficace & très-heureux pour un admi-
„ niftrateur ; il prenoit l'Etat dans la fituation
„ où l'avoit laiffé Mr. de Laverdy ; en confé-
„ quence , la légiflation payoit en billets de 100
„ liv. à l'ouverture du fyftème , tous les arré-
„ rages quelconques de nos finances ;... rem-
„ bourfoit les 180 millions dûs à notre Compa-
„ gnie des Indes , & quelques autres objets de
„ néceffité , qui en exigeoit la quantité de 500
„ millions ; --- en outre , pendant fix ans feule-
„ ment , l'Etat payoit en ces mêmes billets pour
„ 100 millions de livres toutes les années , des
„ conftitutions extraordinaires fur fes finances ,
„ ce qui en créoit en fix ans de temps 1100
„ millions en tout ; --- par cette opération l'Etat
„ de court de 54 millions qu'il étoit dans fes
„ recettes ,... à cette époque fe trouvoit favo-
„ rifé de 46 millions d'économie en effectif dans
„ fes dépenfes , lefquels joints aux 9 millions de
„ conftitution de la Compagnie des Indes , lui

,, faifoient 55 millions de réalifation en amortif-
,, fément ; les billets devoient circuler comme
,, monnoye de l'Etat, avec endoffement, comme
,, les lettres de change ; — à chaque endoffe-
,, ment , ils perdoient 1 pour 100 , qui étoit
,, donné par l'endoffeur au preneur du billet,
,, & le dernier des dix endoffeurs , ayant reçu
,, fucceffivement les 10 fois 1 pour 100 , étoit
,, obligé de les porter, la demi, au bureau de
,, renouvellement, où il les dépofoit , & on lui
,, renouvelloit fon billet à fon ordre pour 95 —
,, les fommes réalifées par les renouvellemens
,, devoient fervir à racheter tacitement au cours
,, de la place , les effets royaux exiftans ; . . . de
,, forte que l'Etat au bout de quinze ans au
,, plus , fe trouvoit libéré fans avoir renchéri
,, d'une obole fes impofitions , ni fans avoir dé-
,, bourfé un fol phyfique de fes finances.
' ,, Cet heureux fyftème d'une utilité réelle ,
,, d'une opération douce , d'une décompofition
,, imperceptible , fans fervitude onéreufe pour
,, les fujets , ne fut point agréé par le Sr. abbé
,, Terray, quelle raifon en eut-il ? fes alen-
,, tours pourront le dire ; — quant à moi, je
,, les ignore , ne m'ayant jamais fait la grace de
,, me répondre ; — feulement, je dirai qu'il
,, délivroit nos finances de la captivité affreufe
,, des traitans & des financiers , ce que ne vou-
,, loit point ledit Sr. abbé Terray ; . . . que les
,, agens de change , que les commis , que la
,, claffe financière , n'auroit plus été à même de
,, dévorer l'Etat , le roi & les peuples , par le
,, difcrédit conftant où l'on perpétuoit les effets
,, royaux ; . . . raifon qui à fentencié le fyftème,
,, & à laquelle notre miniftère préfent doit faire
,, attention ; — la cupidité des financiers , des

„ traitans , des partifans , corrompant tous les
„ commis , tous les employés dans nos régies ,
„ afin de tenir les effets royaux dans une conti-
„ nuelle agitation , qui devient le fujet de leur
„ fpéculation & qui produit (par l'entremife
„ de plufieurs |agens de change du fecret ,) le
„ crédit ou le difcrédit de la place.

„ Par l'expofé, ci-deffus, Monfieur , j'efpère
„ que vous donnerez quelque confiance à mes
„ obfervations ; — depuis 30 ans , par goût, par
„ inclination , m'étant fait un amufement des
„ calculs politiques ; — fon réfultat ma ache-
„ miné à connoître les intérêts des nations ,
„ l'avantage & le défavantage de leur gouver-
„ nement , la néceffité de leurs diverfes coutu-
„ mes , de leurs divers fyftèmes d'Etat , &c. —
„ en conféquence , j'aurai l'honneur de dire
„ naïvement à votre grandeur , qu'elle préci-
„ piteroit l'Etat fans reffources , fi elle fuivoit
„ la moindre des traces du Sr. abbé Terray , &
„ même fi elle vouloit faire ufage dans ce mo-
„ ment du fyftème des billets en queftion ; la
„ France n'étant plus en 1774 ce qu'elle étoit
„ en 1770 & en 1744 ; fa pofition eft trop cri-
„ tique aujourd'hui , trop épuifée , trop livrée
„ à l'ambition de fes rivaux , pour faire ufage
„ d'aucun moyen forcé , d'aucun températif
„ momentané , d'aucune reffource aparente &
„ de paffage ; — ce font des fecours réels qu'il
„ faut aujourd'hui à l'Etat , ce font des crou-
„ piers de politique qu'il faut à tous nos cito-
„ yens : le commerce s'énervant par nos pertes ,
„ par la cherté de nos conftitutions , par les
„ progrès de nos rivaux , & l'induftrie gémif-
„ fant fous la cherté de la main-d'œuvre , fous
„ le défaut de confommation & fous la réduction

„ confidérable de nos commerces politiques ; —
„ tel eft l'affreux de notre fituation ; … en con-
„ féquence il faut des fyftèmes qui réparent les
„ maux du temps paffé, & qui préviennent ceux
„ des temps futurs. — Le profpectus de finance
„ que j'ai l'honneur de vous préfenter, réunit
„ ces deux avantages ; — il liquide l'Etat , …
„ maux du temps paffé ; — il fonde un crou-
„ pier des plus argenté à la nation ; … précau-
„ tion pour les temps futurs ; — fa marche
„ sûre & prudente, établit des reffources phy-
„ fiques au commerce , à l'induftrie ; diminue les
„ conftitutions de l'Etat ; … arrête les plus def-
„ tructives ; — fes bienfaits , utiles & politi-
„ ques , verfent la férénité dans nos provinces , —
„ l'abondance dans nos finances ; … l'économie
„ dans nos impofitions ; — tels font fes avan-
„ tages ; — confultez-le bien Monfeigneur ,
„ réfléchiffez-le bien ; — aidez-vous dans cet
„ examen de mon mémoire préfenté en Octobre
„ 1772, pour l'établiffement de la caiffe natio-
„ nale ; … il explique les trois premières opéra-
„ tions de ce profpectus, — les autres font ref-
„ tées dans mon cerveau , ayant éprouvé que
„ c'étoit crier aux Corneilles que de parler rai-
„ fon à Mr. Cochin, au Sr. abbé Terray ; &
„ depuis deux ans, je garde le filence, m'étant
„ vu défobligé, dans les demandes les plus fim-
„ ples ; — fi votre grandeur veut me donner
„ une heure d'audience, j'aurai l'honneur de
„ me porter chez elle avec mes bucoliques , &
„ je lui expliquerai tout ce qu'elle defirera de
„ favoir.
　„ Dans mon éloge de Colbert, (actuellement
„ en impreffion dans l'étranger,) je rends pu-
„ blic ce profpectus , par zèle pour l'autorité ,

,, afin de difpofer les efprits en faveur d'une
,, opération décifive:... je dis plus, néceffaire ;...
,, l'Etat ne pouvant reprendre fon jufte équili-
,, bre, ne pouvant en impofer à fes rivaux que
,, par cette opération, les économies qu'elle
,, verfe dans nos finance,. les reffources qu'éta-
,, blit la caiffe nationale, étant capables d'arrêter
,, les plus téméraires ; — ces objets ont géné-
,, ralement échapés à la prévoyance des Sully,
,, des Colbert & des Fleury ;... mais ils n'ont
,, point été négligés par l'Angleterre & la Hol-
,, lande ; — ces nations actives les ont fçu met-
,, tre à profit, & plus pertinentes que nous
,, dans l'arithmétique politique, elles ont tenu
,, à 2 & demi & 3 pour 100, les intérêts facti-
,, ces du commerce, afin de gêner les fpécula-
,, tions mercantiles des nations qui les ont à 5
,, & à 6, comme la France ; — cette obferva-
,, tion, & nombre d'autres, font très-bien dé-
,, taillées dans mon éloge de Colbert ; & mes
,, réflexions fur les oublis & fur les fautes de ce
,, miniftre, forment plufieurs notes très-inté-
,, réffantes pour redreffer nos fyftèmes, nos
,, régies & nos coutumes ; — quand je l'aurai
,, reçu, je prendrai la liberté d'en préfenter un
,, un exemplaire à votre grandeur.

,, La fituation affligeante où fe trouve la
,, France, après douze années de paix, doit vous
,, donner de l'horreur pour toutes les maximes
,, du Sr. abbé Terray ; — fuyez Monfeigneur,
,, fes malheureux fyftèmes ;... impofer & ne
,, rien payer :... devoir, & braver fes créan-
,, ciers:... font les reffources des tyrans, des
,, lâches, des ames corrompues ; — portez au
,, grand, aux temps futurs, toutes vos idées ; —
,, élargiffez le cœur de votre jeune maître par

„ vos opérations ; — empêchez que le doute &
„ l'irréfolution affiégent fans ceffe fon ame ; —
„ accoutumez-le à voir jufte , & ferme en peu de
„ temps ;… à fentir les befoins du pauvre &
„ de l'orphelin;… à entendre tout , fans pa-
„ roître rien écouter ;… à opérer fevèrement,
„ afin de ne donner aucune prife à la corruption
„ & à la réfiftance ; — fi on n'accoutume de
„ bonne-heure S. M. à cette fituation :… fi
„ fon ame jeune & fenfible , s'enveloppe con-
„ tinuellement de doute & de crainte ; — fi elle
„ ne marche jamais qu'à tàton dans fes projets ;—
„ toutes vos difpofitions feront lentes , tardives ,
„ après coup , & les abus triompheront toujours
„ de votre vigilance ; — c'eft pour éviter ces
„ écueils Monfeigneur ;… c'eft pour rétablir
„ la profpérité & l'abondance dans notre admi-
„ niftration , que j'ai l'honneur de vous
„ préfenter le profpectus en queftion : ……
„ que je m'explique avec franchife ;… je dirai
„ plus , avec hardieffe ; la nation gémiffant
„ fous la ruine des impôts , & fes cris deman-
„ dant juftice , de voir l'Etat auffi fort obéré
„ après douze ans de paix , fans nerf, fans ref-
„ fource , fans confidération ; — c'eft dans
„ l'examen réfléchi d'une fi cruelle fituation ,
„ que j'ai enfanté mon projet de la caiffe natio-
„ nale , voyant d'une part l'autorité dans l'im-
„ puiffance forcée de pouvoir foulager ou
„ affifter fes peuples ; toutes nos recettes
„ pouvant à peine fuffire à nos conftitutions
„ extraordinaires & au rétabliffement de nos ar-
„ cenaux , villes de guerre , forces de terre &
„ de mer , &c. — de l'autre , je vois S. M.
„ dans l'obligation d'acquitter une dette deftruc-
„ tive , & d'en impofer toujours à fes voifins ; —

,, en outre , qu'il eft de fon devoir de tirer une
,, réparation éclatante des infultes de l'Angle-
,, terre en 1755 ; — qu'il eft de fon honneur
,, d'anéantir le traité humiliant de 1763 ; — que
,, la Majefté de fa couronne demande de faire
,, finir la fervitude incertaine de la fituation de
,, Dunkerque ; — qu'il eft de fon intérèt de
,, repatrier des Colonies productives , cédées
,, honteufement ; — qu'il eft de fa gloire de ré-
,, tablir la réputation de notre marine , & le ref-
,, pect attaché à notre pavillon ; — qe la raifon
,, d'Etat lui impofe la néceffité d'arrèter l'ambi-
,, tion démefurée de nos rivaux ; — que les defti-
,, nées de la France lui montrent depuis long-
,, temps , pour les limites de fon empire , le
,, cours du Rhin , jufqu'à l'Océan ; . . . l'O-
,, céan , la Méditrrannée , les Pyrénées , les
,, Alpes & la Suiffe ; — enfin que fon regne
,, doit-être un regne de grandeur & de gloire ; . .
,, propice à l'humanité , à l'ordre des chofes , &
,, qu'il ne doit finir , qu'après avoir délivré
,, l'Amérique de la captivité de l'Europe ; — &
,, en la rendant libre , qu'il eft de fa puiffance
,, de n'y faire régner que des princes de fon
,, fang ; — telles font les obligations de Sa
,, Majefté ; . . . tels font les fentimens que doi-
,, vent lui infpirer , les dignes miniftres , que
,, nous avons le bonheur de poffeder : — c'eft à
,, l'honneur , c'eft au bonheur des hommes ,
,, c'eft au zèle de St. Louis , qu'ils doivent diri-
,, ger toute fon ambition , — c'eft à la gloire
,, de la nation qu'ils doivent faire fervir tous
,, fes penchans , — c'eft par d'auffi heureufes
,, maximes que nous verrons la France repren-
,, dre ce ton de Majefté & de grandeur des
,, regnes d'Henry IV & de Louis XIV ; que

„ nous verrons nos rivaux s'humilier devant
„ nous, & rendre à la nation cette confidéra-
„ tion & cette prépondérance dans l'Europe,
„ dont elle à joui fous le miniftère de Mr. le
„ Cardinal de Fleury; — En conféquence, il
„ faut un ordre dans notre adminiftration :....
„ il faut des fyftèmes en matière d'Etat ;... la
„ chofe eft dans vos mains, Monfeigneur ;...
„ c'eft vous qui ètes le pilote du gouvernement,
„ tout fe déterminant par l'aifance & la profpérité
„ de votre partie ; — travaillez-y pour le bon-
„ heur des peuples ,... les peuples vous fecon-
„ deront, quand vous les rendrez heureux ;...
„ faites le bien de l'autorité, l'autorité vous
„ couvrira de gloire, & la nation béniffant vo-
„ tre adminiftration, publiera dans les faftes
„ de fon hiftoire, l'éloge de vos vertus & de
„ vos bienfaits. — Telle eft la réputation des
„ Sully, des Colbert & des Fleury, & telle,
„ s'il plaît au Seigneur, fera un jour la vôtre.
„ J'ai l'honneur d'être, avec refpect, &c. „

VAN MAGDEBOURG.

Mr. Turgot,... Mr. Turgot,... vous me
jettez un mauvais coton ;... je vous vois auffi
mal-adroit & auffi peu fage que Mr. l'abbé
Terray ; quand on veut faire le bien d'une nation, on ne répond pas à une Lettre auffi effentielle & auffi patriote, par une groffièreté ;...
ce n'eft pas là le trait d'un vrai miniftre ; —
mais, voyons la feconde lettre ; n°. 2852.

Paris le 16 Septembre 1774.

„ Monfieur, le Mémoire dont j'ai eu l'hon-
„ neur d'entretenir V. G., dans ma lettre du
„ 6me. courant, devoit-être dans les bureaux
„ du contrôle général, depuis le mois d'Octobre

1772,

„ 1772 , — comme il peut fe faire que Mr.
„ Cochin l'ait occulté au miniftère , fur la de-
„ mande de Mr. de la Croix, je l'ai remis à
„ copier , & j'ai l'avantage de le lui faire paffer
„ par cet ordinaire.

„ Dans ce mémoire, V. G. y trouvera toutes
„ arrangées , les trois premières opérations de
„ mon profpectus de finances , les autres qui en
„ font dépendantes font reftées chez moi , fans
„ être tranfcrites , n'y ayant que des lettres
„ patentes ou des ordonnances à faire rendre à
„ S. M. — leurs utilités vives & fenfibles ne
„ demandant point d'autre explication que celles
„ qu'elles préfentent en elles-mêmes : ... LE
„ BIEN PUBLIC : — telle eft toute la fcience
„ de mon travail, d'une combinaifon & d'un
„ enchaînement d'intérêts des plus fages & des
„ plus avantageux à l'autorité ; — il s'agit de
„ fauver l'Etat, en faifant l'avantage des fujets ; —
„ l'établiffement de la caiffe nationale , (*a*)
„ (arcboutan de ce fyftême,) opére ce grand
„ miracle.

„ Elle fauve l'Etat , en donnant une fin hon-
„ nète , folide & convenable , à fon énorme
„ dette , en convertiffant avec adreffe en rente
„ viagère , au denier courant des intérêts de
„ nos rivaux , fans que le public & les citoyens,
„ créanciers de l'Etat , puiffent en être in-
„ commodés.

(*a*) Si la Hollande n'avoit pas eu fa banque jamais elle
n'auroit pu faire les efforts qu'elle a fait dans la guerre de
la fucceffion , & dans celle de 1744 ; l'Angleterre fans fa
banque n'auroit jamais acqui les avantages qu'elle a réa-
lifés par le traité d'Utrecht & par celui de Paris , en 1763.

,, Elle fait l'avantage des citoyens, en fon-
,, dant, fans appel de finance, un croupier des
,, plus argentés aux befoins du commerce & de
,, l'induftrie ; qui renouvellera conftamment les
,, fources du travail & des occupations utiles ,
,, moyennant le modique excompte de 3 pour
,, 100, fur tous les engagemens à terme.

,, De ces deux avantages, il en réfulte que
,, l'Etat, fans débourfer un denier de fes finan-
,, ces, fe réhabilite folidement & réalife encore
,, une fomme très-confidérable dans fon fifc
,, royal, qui pourra faire face aux dépenfes ex-
,, traordinaires, qui pourroient nous furvenir
,, dans l'intervalle de l'établiffement de la caiffe
,, nationale, à l'époque de la dernière opération
,, de mon profpectus, qui fe fera au plus tard,
,, à la 4me. année ; — en attendant, — dans
,, ces quatre ans, l'Etat réalife au moins 260
,, millions. — *PREUVE.* — Les trois milliards
,, dont fe charge la caiffe nationale, par les conf-
,, titutions actives & viagères, coûtent dans ce
,, moment 150 millions au moins ,... libres des
,, retenues des dixièmes & quatorzièmes ; — par
,, mon opération, S. M. n'en débourfera plus
,, que 75 millions, & s'il y a quelques 100
,, millions au-deffus des trois milliards, les dé-
,, bours de 75 pourront aller à 80 ou 85 mil-
,, lions ; — admettant cette dernière quantité
,, & déduifant 85 millions des 150, en confti-
,, tutions actuelles, il refte 65 millions libres
,, en économie, qui procurent bien en quatre
,, ans, un fond d'amortiffement de 260
,, millions.

,, Ce fond d'amortiffement réel & très-confi-
,, dérable, fera encore groffi tout de fuite par
,, les économies que mon opération verfera dans

„ nos régies ;... par la fuppreffion des gages
„ & dépenfes des comptabilités , des payeurs &
„ contrôleurs des rentes ;... dans la réduction
„ des intérêts de 10 & 12 pour 100 (à 4 & demi
„ pour 100) que coûtent à nos finances , les
„ cautionnemens & avances des fermiers géné-
„ raux , receveurs généraux des finances , des
„ domaines , des tailles , &c. --- ce qui, à la
„ 2 année, portera fûrement nos économies à
„ plus de 100 millions ; — en conféquence ,
„ l'Etat fe trouvera liquidé fans débours à cette
„ époque , & en fituation de faire face, (fans
„ le fecours d'aucune nouvelle impofition ,) à
„ toute dépenfe extraordinaire , qui pourroit
„ nous furvenir.

„ Malheureufement pour nous , je vois avec
„ douleur , que les dépenfes extraordinaires ne
„ tarderont pas à fe préfenter , & quand même
„ nos rivaux nous laifferoient dans la fécurité
„ où nous vivons , que S. M. eft néceffitée à
„ des dépenfes abfolues & chères, pour notre
„ propre confervation.

„ Tout fe reffent dans le royaume depuis
„ 1763 de notre épuifement ; — nos arfenaux
„ de terre & de mer , font généralement fans
„ rechange des chofes les plus abfolues , &
„ manquent d'un grand nombre des nécef-
„ faires ; — nos villes de guerre , nos fortifi-
„ cations , nos maifons royales, ont befoin de
„ très-fortes réparations ; — notre marine péri-
„ clite dans fes approvifionnemens de manœu-
„ vres & de conftruction ; — l'artillerie de terre
„ & de mer , eft dans le plus grand des défor-
„ dres , ayant ouï-dire à des enfans de la balle ,
„ qu'il faudroit plus de douze millions pour la

,, remettre fur ce ton d'inftitution & de refpect,
,, qui nous elt néceffaire.

,, Avec cette évidence , il eft à croire que
,, nos économies feront vite dévorées ;... l'ab-
,, folu de nos befoins perfonnels les englouti-
,, ront bientôt ; — en conféquence , il eft de
,, votre prévoyance Monfeigneur , de mettre en
,, exécution le projet que j'ai l'honneur de vous
,, propofer. — Si vous ne l'admettez pas , &
,, qu'il vous furvienne une guerre, que devien-
,, dra V. G.?... que deviendra la France?...
,, le défordre groffiffant avec nos befoins, toutes
,, nos opérations feront lentes , tardives, après
,, coup , & nos voifins intéréffés à perpétuer
,, nos embarras, nous fufciteront des chicanes,
,, des guerres , qui acheveront de nous enlever
,, les reftes infortunées de nos colonies , &
,, finiront par nous chaffer de tous les lieux de
,, nos fréquentations. — Que fera la France
,, pour lors?... que deviendra cette fuperbe
,, monarchie , qui tenoit toute feule , l'Europe
,, en refpect?... le fecond tome de l'Efpagne,
,, fous Philippe IV & Charles II.

,, Rentrons en nous-mêmes, Monfeigneur, il
,, en elt temps encore,... puifque le quart
,, d'heure nous favorife , mettons promptement
,, un ordre folide dans nos affaires ;... ne fai-
,, fons aucune opération plâtrée à la Silhouette,
,, à la Laverdy, à la Terray ; (a) confidéron que
,, l'Europe entière defire notre ruine, & que

(a) La création des billets des fermes & ceux de la
vaiffelle, par Mr. de Silhouette, font des opérations def-
tructives.

La chambre des Cordeliers de Mr. de Laverdy , n'a ni

„ dans ce moment , plus que jamais , elle a les
„ yeux fur nous, fur S. M. ;... que les nations
„ rivales font dans l'attente de la première opé-
„ ration décifive du nouveau miniftère , pour
„ connoître fi Louis XVI fera revivre la force
„ & la vigueur du regne de Louis XIV , ou
„ l'anarchie & la dégradation de celui de Louis
„ XV ; — déconcèrtons, Monfeigneur , leurs
„ attentes criminelles, foudroyons leurs efpoirs
„ infenfés , en ne faifant que des opérations
„ fures , décifives , inimitables ; — prouvons
„ aux nations qui nous rivalifent que la
„ France a toujours des reffources , des ci-
„ toyens , des hommes , & que fi l'erreur , fi
„ les malheurs des temps , ont fait naître parmi
„ nous des Terray ;... il nous refte encore ,
„ des Sully, des Colbert & des Fleury ; —
„ oui , Monfeigneur , il nous en refte , armez-
„ vous de courage , & vous en ferez la preuve ;
„ — fi Sully a négligé le commerce & l'induf-
„ trie : fi Colbert a méconnu la richeffe de
„ l'agriculture & des caiffes publiques :... fi
„ Fleury n'étoit pas au fait de l'importance
„ d'une marine puiffante & des établiffemens de
„ politique , reparez leurs torts , & vous ferez
„ plus grand qu'eux ;... vous le pouvez Mon-
„ feigneur , quoique vous trouviez la France

---

plus de fcience , ni plus de fageffe ; ce miniftre ayant
enrichi les feuls citoyens que l'Etat à intérêt d'appauvrir , &
ayant appauvri ceux que l'tEat à intérêt d'enrichir.

Les emprunts viagers de Mr. l'abbé Terray , font de la
plus affreufe lâcheté , ayant doublé la conftitution de cet
objet , dans un temps où il écraloit tous les citoyens , pour
remplir le vuide de fes recettes.

R 3

,, plus délabrée dans fes affaires , plus épuifée ,
,, avec moins de reffource que fous ces trois
,, miniftres, quoique vous ayez moins de moyens
,, phyfiques à votre difpofition ,... moins de
,, commerce & de Colonies que par le paffé ;...
,, moins de crédit, plus d'impofitions & plus de
,, dettes que de coutume;... il vous refte des
,, expédians fûrs & falutaires , inimitables chez
,, nos rivaux ; adoptez l'arithmétique politique,
,, d'une fcience rare & profonde ; mettez à profit
,, la caiffe nationale , que je vous propofe,...
,, réparez les malheurs du temps paffé , par les
,, encouragemens du temps préfent , & affurez
,, la profpérité du temps préfent par celle des
,, temps futurs , fondez des croupiers de politi-
,, que , qui rélargiffent l'ame de la nation ; voilà
,, nos maux réparés ;... voilà la France dans
,, le plus haut période de fortune;... & vous
,, voilà plus grand que Sully, que Colbert &
,, que Fleury ;— telle eft votre pofition, Mon-
,, feigneur , telle eft celle de la France. — Dans
,, la pofition actuelle où nous vivons , dans l'a-
,, narchie où le défordre à précipité nos finances,
,, dans la réduction & la décadence de tous nos
,, commerces ,... fi V. G. biaife d'une ligne mon
,, fyftème , fi elle fuit d'une ligne celui que lui
,, a laiffé Mr. l'abbé Terray :... ç'en eft fait de
,, la monarchie ; — les peuples fatigués par la
,, rigueur de nos impofitions , dégoûtés du tra-
,, vail & des jouiffances utiles , fans amour &
,, fans attachement pour une patrie qui les rend
,, malheureux; négligeront les arts mécaniques ;
,, — la chûte des arts mécaniques entraînera
,, celle de l'induftrie;... celle de l'induftrie ,
,, celle du commerce ;... celle du commerce ,
,, celle de la navigation ; & la France livrée au

,, feul revenu de fes campagnes ,´ perdra toute
,, la force de fa population & la majeure partie
,, de fes poffeffions d'outre-mer ; — telle fera
,, notre fin, Monfeigneur , fi nous n'y prenons
,, garde , fi nous ne nous réveillons à temps ;..
,, telle fera la fin de cette fameufe monarchie
,, Françoife, fi le miniftère ne fort prompte-
,, ment de fon affoupiffement ; — ce font des
,, nouveaux fyftèmes qu'il faut à la France :...
,, ce font des nouveaux fecours que demandent
,, nos citoyens :... c'eft une nouvelle conftitu-
,, tion que reclament nos intérèts politiques ; —
,, V. G. tient des plans en main de ces nouveaux
,, fyftèmes , de ces nouveaux fecours , de cette
,, nouvelle conftitution ; confultez-les bien Mon-
,, feigneur , ils font fages , fondés fur nos be-
,, foins préfens & à venir ; — dans leur examen
,, n'envifagez que notre fituation actuelle ; la
,, chûte de nos commerces , la perte de nos
,, Colonies ,... ne prenez avis que de vous
,, mème dans cette méditation ;... fuyez l'opi-
,, nion financière & celle de fes conforts ; — En-
,, gagez S. M. de ne confulter que fon Confeil ; —
,, portez dans l'avenir ce coup d'œil de prévo-
,, yance qui prévient la ruine des empires , qui
,, fonde & qui établit la profpérité d'une nation ;
,, — faites tranfcrire mon mémoire , mon prof-
,, pectus de finance , mes miffives à Mr. Co-
,, chin , & mes deux du 6 & 16 courant , à
,, V. G. , remettez copie du tout à tous les mi-
,, niftres du Confeil de S. M. , demandez leurs
,, opinions par écrit ;... voilà les perfonnes que
,, vous devez confulter ; voilà le réfultat de ce
,, que devra faire S. M. ; — fans favoir quelle
,, fera l'opinion de ces chefs de la nation, de ces
,, citoyens illuftrés par leur zèle pour le bien

R 4

,, public ;... j'ofe avancer , qu'il n'y en aura
,, aucun qui ne vous confirme ce que j'ai l'hon-
,, neur de vous marquer.

,, La France n'eft plus aujourd'hui ce qu'elle
,, étoit il y a 30 ans ; — ce que Colbert &
,, Fleury ont fait , il n'eft plus au pouvoir
,, d'aucun adminiftrateur de le faire ; ... notre
,, induftrie eft paffé chez nos rivaux , nos Colo-
,, nies chez nos ennemis, notre marine chez
,, nos voifins ; — tous les grands refforts du
,, gouvernement fe font affoiblis,... il faut en
,, conféquence en forger de nouveaux à la mo-
,, narchie , — ces nouveaux, nous ne pouvons
,, les trouver que dans notre propre poids & dans
,, notre feule exiftence ; — en conféquence , dis-
,, je , il faut pefer pour ainfi dire, la France,..
,, connoître par fol & denier fa portée , fes re-
,, venus & fes befoins ; ... balancer ce qu'elle
,, conferve , par ce qu'il lui faut ;... ce qu'elle
,, a perdu, par ce qui lui refte ;... fes richeffes,
,, par celles de fon travail. — Par cette opéra-
,, tion, (qu'aucun de nos adminiftrateurs n'a en-
,, core faite , & que je donne bien détaillée dans
,, mon mémoire, & dans mon éloge de Colbert,)
,, V. G. trouvera que la France n'a que 1,936,
,, 000,000 liv. de revenus , & qu'il lui faut
,, 4,425,650,000 liv. de dépenfes abfolues ; ....
,, ce qui établit un déficit dans la balance politi-
,, que de 2,489,650,000 liv. — ce déficit , quel
,, qu'il fut fous Mrs. de Colbert & de Fleury,
,, a été aifé à trouver dans le temps , l'induftrie
,, & le commerce étant encore au berceau ,
,, fous le premier de ces miniftres & fous Mr.
,, de Fleury , nos Colonies, le commerce de la
,, pêche & de la navigation ayant été pouffé
,, dans le période de profpérité & de richeffe ,

„ où tout exiſtoit en France avant la guerre de
„ 1744; — mais depuis cette guerre, & en-
„ core plus depuis 1763,.. tous ces avantages,
„ toutes ces ſources d'occupations & de pro-
„ duits, ayant diſparu dans notre circulation;...
„ la France doit rentrer en elle-même; con-
„ noître qu'elle eſt forcée depuis 10 ans, de
„ tirer toutes ſes reſſources de ſon propre fonds
„ & que c'eſt de ſa nouvelle conſtitution qu'elle
„ doit faire ſortir le déficit ci-deſſus, & cette
„ économie politique qui doit aſſurer ſa conſer-
„ vation, celle de ſes peuples, & remplir de
„ terreur ſes ennemis; — qu'elle doit s'appli-
„ quer ſérieuſement, de ranger ſes intérêts
„ mercantils, au denier de ceux de ſes rivaux,
„ pour ne pas ſe dévorer elle-même; — qu'il
„ eſt de ſon intérêt de ſuſciter une révolution
„ conſidérable dans l'Europe politique, afin
„ d'anéantir la proſpérité des nations, qui dévo-
„ rent ou qui s'oppoſent conſtamment à la nôtre;
„ — telle doit être l'attention du cabinet;....
„ telle doit être l'application de nos miniſtres. —
„ Si on ère ce point de vue & de combinaiſon;...
„ ſi l'on perpétue l'anarchie des beſoins par
„ celle des dépenſes;... ſi l'on néglige toujours
„ les croupiers de politique, ç'en eſt fait de la
„ nation, ç'en en fait de la monarchie; —
„ comme je ſuis perſuadé que le nouveau mi-
„ niſtère, que V. G. ſont dans la ferme réſo-
„ lution de réparer tous nos maux, de mettre
„ un ordre avantageux dans nos affaires;....
„ faites uſage, Monſeigneur, de l'établiſſement
„ que je vous propoſe; — ſuivez pied-à-pied
„ mon proſpectus de finance, il ne vous éga-
„ rera point:... il eſt le ſeul qui puiſſe vous

„ fauver du naufrage, & c'eft le feul aulfi, qui
„ puiffe vous faire arriver heureufement au port.
  „ J'ai l'honneur d'être, avec refpect. „

VAN MAGDEBOURG.

Mon ami, voilà deux lettres, très-intéreffante; — l'art, l'adulation, l'hyperbole trait-
treffe, n'en affoibliffent point les expreflions,
& c'eft ce qui aura déplu à votre Mr. Turgot,
(à St. Albin,) mais vos citoyens applaudiront
à leurs franchifes; ... tout y refpire le bien
public, l'intérèt de l'Etat, la confervation des
peuples; — rien n'y préfente cette foupleffe,
cet intérèt rampant, qui divinife les erreurs
des miniftres, qui leur prète toujours des vues
équitables, quand le bon fens fe refufe à leurs
ridicules projets; — les fucceffeurs de Mr. le
Cardinal de Fleury ont ruiné la France, Mr.
de Pelliffery le prouve rondement; — la nation
s'arrière tous les jours par les vices de fon adminiftration, ... par la nature de fes charges
extraordinaires, Mr. de Pelliffery en fait connoître les abus, les partialités, les injuftices &
l'enchaînement qu'elles ont avec les vices de
l'adminiftration, — de ces vices ou de la mauvaife adminiftration, s'enfante la ruine des
peuples, la perte du travail, la décadence de
la circulation publique, Mr. de Pelliffery ex-
pofe encore, que la France n'eft plus en 1774,
ce qu'elle étoit en 1744, ... qu'après tout ce
qu'elle a perdu dans ces deux guerres de 1744
& 1756, ... après tous fes facrifices de la paix
de 1763, & après toutes les opérations de
1770, qu'il n'eft pas poffible que les fujets puiffent être en fituation, aujourd'hui, de pouvoir
fupporter 50 pour 100 de plus de taxe publique

FORMULAIRE des LETTRES PATENTES pour l'établissement d'un Mont de Piété à PARIS.

LOUIS ; --- SALUT : la févérité des loix & des ordonnances ; les fulminations & les monitoires de nos cours de justice ; la morale & les préceptes facrés de notre Religion ; les loix faintes de la nature & de l'humanité, n'ayant jamais pû déraciner de la fociété des hommes, les vices particuliers des prêts ufuraires ; Sa Majefté a entendu avec horreur que ces vices s'étroient introduits dans la jurifdiction de fes royaumes, & plus particuliérement, dans celle de la bonne ville de Paris; qu'ils y entretenoient la diffipation & la débauche des jeunes gens de familie; qu'ils y perpétuoient le mal-aifé des pauvres citoyens qui avoient le malheur d'y avoir recours ; qu'ils y anéantiffoient l'exiftance des ames honnêtes forcées de s'en remédier ; qu'ils y renverfoient l'ordre fur la police & de la bonne foi; enfin, qu'ils y décuiroient journellement le fein de nombre de pere de familie, forcés par fentiment d'étouper les dérélglemens le plus afferus de plufieurs de leurs enfans. A quoi voulant obvier Sa Majefté, & fouhaitant très-particuliérement de favorifer de plus en plus cette claffe précieufe de fes fujets, en les délivrant des vexations d'une induftrie auffi odieufe & auffi tyrannique ; & en leur facilitant les juftes fecours acquis à leurs befoins ; elle a jugé convenable d'établir de fes propres deniers, un mont de piété auquel elle avancera au fond capital de 10 millions de livres tous ; pour 100 d'in-arêt par année, jufqu'à fon entier rembourfement ; laiffant au profit du dit établiffement, tous les bénéfices annuels qu'il acquerra en deffdits intérêts, pour les faire fervir annuellement en à compte de rembourfement du capital defdits 10 millions ; après quel rembourfement complet, lefdits bénéfices feront conftamment maffé avec ledit capital de 10 millions, & feront continuellement adminiftrés & uniquement employés aux fecours de fes fidéles fujets, néceffités d'emprunter, fur des hypothéques domeftiques, telles que meubles, hardes, bijoux, vaiffelle, contrats, libres & de confiance &c. : renouvellant à cet effet, Sa Majefté, toutes les ordonnances de fes royaumes contre les prêts ufuraires; & enjoignant de nouveau à toutes fes cours de juftice, & très-particuliérement à celle de la bonne ville de Paris, de même qu'au Sr. Lenoir fon lieutenant-général de police, de tenir la main à l'exécution defdites ordonnances, de pourfuivre extraordinairement tout infracteur à icelle, tout ufurier, ou tout prêteur fur gage, d'en faire les exemples les plus févéres, fans égard au rang, à la naiffance, & aux qualités des dénoncé ; de veiller à la confervation de cette bonne police qui conferve la force des Empires, qui établit le bonheur des peres de familie; qui affure celui des honnêtes citoyens, néceffités de cacher leurs perplexités domeftiques; qui faît profpérer le commerce & l'induftrie d'une nation; qui perpétue l'honneur, les fentimens honnêtes de la bonne fociété; qui produit enfin ces actes de charité, cette bonne foi, qui font renaître tous les jours le travail, l'abondance, l'amour de l'humanité, au un mot, la fûreté & la félicité publique; à quel effet, Sa Majefté féante en fon Confeil, oui le Sr. Turgot, miniftre & contrôleur-général des finances, de l'avis de fon Confeil, de fa certaine fcience, & pleine puiffance, a déclaré, & ordonné; difons, déclarons &c.

I.
Que Sa Majefté fe déclare, lui & fes héritiers, pére temporel du mont de piété, qu'elle établit dans la bonne ville de Paris par les préfentes lettres-patentes, mettant fous la protection de la très Sainte Trinité, ledit établiffement à l'honneur de qu'elle Divine Majefté : il fera célébré toutes les années le ---- --- folemnelle dans l'églife paroiffiale

IV.
Que tous les bénéfices que fera annuellement ledit mont de piété fur fon commerce de charité, toutes les dépenfes déduites ou prélevées, l'excédant defdits bénéfices fera verfé annuellement dans la caiffe de la caiffe nationale : portion pour y remplir la conftitution de & pour 100 fur les intérêts de 10 millions, & le furplus pour rembourfer par des à-comptes, le capital defdits 10 millions, dont ledit mont de piété retirera à fur & mefure, des annuités qui feront acquitées; foldées & balancées, par le préfident de la caiffe nationale, d'un des quatre directeurs & du premier caiffier, afin de ne pouvoir plus entrer en négociation dans la circulation publique.

V.
Que jufqu'à l'entier rembourfement defdits 10 millions avancés par Sa Majefté, ledit mont de piété, retirera fur tous fes prêts de charité, 1 demi pour 100 d'intérêt por mois; fur toutes fes avances, au mois, ou à l'année; --- & fur celles à la femaine 1 denier par écu; & le rembourfement defdits 10 millions acquités, les intérêts au mois ou à l'année, ne feront plus que d'un quart pour 100 par mois, & il n'y aura plus de deniers en intérêt fur ceux à la femaine; à la fondation favorifant cette claffe des citoyens, du cette foible gratification.

VI.
En fus dudit demi pour 100 par mois, & du denier par écus d'intérêt par femaine; les effets dépofés auront à payer encore au mont de piété 1 quart pour 100 aux économes pour leur tenir lieu de gage; 1 huitième pour 100 au caiffier idem; 1 huitième pour 100 au teneur d'écriture idem; 1 huitième pour 100 au garde magafin idem; 1 huitième pour 100 au contrôleur idem; & 2 huitièmes pour 100 de droit de magafinage: en tout 1 pour 100 en fus des intérêts; --- les prêts à la femaine auront à payer auffi en fus du denier par écus d'intérêt, 2 huitièmes de denier par écus pour les économes, caim me defdus; 1 huitième de denier par écu du caiffier idem; 1 huitième de denier pour le teneur d'écriture, idem; 1 huitiéme de denier pour le garde-magafin, idem; 1 huitième de denier pour le contrôleur, idem; & 1 denier 1 huitiémes par ecus de magafinage; en tout 2 deniers en fus, au denier d'intérêt, lefquels 2 deniers exifteront toujours après l'abandon du denier d'intérêt.

VII.
En fus du terme qui fera convenu avec les propriétaires, des effets qui feront dépofés, à l'un, au mois, ou à la femaine; l'établiffement accorde un mois de grace aux intéreffés, pour retirer leurs dits effets en rembourfant les avances intérêts, & faux frais accordés fur iceux; --- mais le troifiéme jour expiré dudit mois de grace fous les effets dépofés, feront vendus en enchere publique fur le procès-verbal qui en fera fait, & figné pour les cinq économes; le garde-magafin, & le contrôleur; & du produit du hafite enchere, l'établiffement fe remplira des avances, & de ces intérêts & faux frais; & l'excédant fera tenu à la difpofition du propriétaire en défant fans aucun intérêt.

VIII.
Tous les effets fur lefquels on voudra emprunter feront eftimés par les cinq économes; le magafinier & contrôleur, dont verbal fera dreffé fur les régiftres (& tous les effets étiquetés, & numérotés) & fur tous ces effets, pour tout ce qui fera meuble, ou teinture, & teinture de fer, (point de chaifes; ni glaces, ni tableau, ni ouvrages en boiferie) & tout ce qui ---- ---- drofis en piéces &c., fera avancé les

fripier & d'un tapiffier, tous gens mûurs, & réparation exemplaire.

XI.
Lefdits économes feront obligés de ce fervice leur fera compté dans tout prêté de leurs paroiffes, chargés de inéipalité de notre bonne ville de école, ils feront préférés aux fujets dans ledit mont de ; iété.

XII.
Les cinq économes feront obligés mont, & d'être de préfence toute hiercreai le Samedi de chaque femaine de façon que tous les Mardi, Jeudi ait conftamment un, matin & foir d'à dudit établiffement.

XIII.
Tous les quinze jours & le jour de niftrateurs charitables d'affembleront de de piété, & fe feront rendre compte de toutes les opérations qui fe feror par comptes arrêtés, & paraphés par

Dans le cas où l'établiffement du m ne pourroit occuper les dix millions par les bénéfices annuels, (après capital rempli;) Il refferoit des fon dit mont de piété; & que ces fond dit mont de piété; & que ces fond naufé de fes fujets ; Sa Majefté, fur l ne par les cinq adminiftrateurs, perm mont de piété de Paris, de fonder en filles de l'œuvre, dans celle aur qu'ils eftimeront convenable; lefquell & fubordonnées à la maifon de Paris, adminiftrées par les mêmes ftatuts.

XV.
Les magafins & bureaux dudit ét tous les jours ouvrables, depuis hui midi; & fe l'après midi depuis le pre premier d'Avril, depuis deux heures j mier d'Avril jufqu'au premier Novem jufqu'à fept heures.

XVI.
Exempte Sa Majefté ledit établiffe fes juridiques, d'ufage dans toutes le droit d'affiftance de tout huiffier pre

XVII.
Tous les régiftres dudit établiffer premiere & derniere page, par nom & il fera délivré (faits débours) : dépoferont des effets dans les magaf en filles de l'œuvre, dans celle ou avec la dénomination, quantité & qu'elle eft la fomme avancée fur la exifte dans les magafins dudit établi

XVIII.
Dans les accidens de feu, ou de dudit mont de piété, (dont Dieu perfuanelle, dans l'établiffement ni le dépofant d'effet, les effets cont avant que dans les cas de vol parti fera tenu de repréfenter les effets v

XIX.

FORMULAIRE des LETTRES PATENTES *pour l'établissement d'un Mont de Piété à* PARIS.

: SALUT ; la sévérité des loix & des ordonnan- iminutions & les monitoires de nos cours de ile & les préceptes sacrés de notre Religion · les la *nature* & *de l'humanité*, *n'ayant jamais pu* société des hommes, les vices particuliers des Sa Majesté *a entendu avec horreur que ces* vi- troduits dans la jurisdiction de ses royaumes, èrement, dans celle de sa bonne ville de Paris; noient la dissipation & la débauche des jeunes ; qu'ils y perpétuoient le mal-aise des pauvres oient le malheur d'y avoir recours ; qu'ils y existence des ames honnêtes forcées de s'en re- r renversoient l'ordre de la police & de la bonne is y déchiroient journellement le sein de nombre lle, *forcés* par sentiment d'assoupir les dérégle- reux de plusieurs de leurs enfans. A quoi voulant té, & souhaitant très-particuliérement de favo- a plus cette classe précieuse de ses sujets, en s vexations d'une industrie aussi odieuse & aussi en leur *facilitant* les justes secours acquis à elle a *jugé* convenable d'établir de ses propres ont de piété auquel elle avancera un fond ca- *illions de livres sous 3 pour* 100 *d'intérêt* par son entier remboursement ; laissant au profit du t, tous les bénéfices annuels qu'il acquerra en êts, pour les faire servir annuellement en à oursement du capital desdits 10 millions ; après nent complet, lesdits bénéfices seront constam- c ledit capital de 10 millions, &. seront con- ministrés, & uniquement employés aux secours ujets, *nécessités d'emprunter*, *sur des hypothè-* s, telles que meubles, hardes, bijoux, vais- *libres* & *de confiance &c.*; *renouvellant à cet* sté, toutes les ordonnances de ses royaumes s usuraires, & *enjoignant de nouveau à toutes* ce, & très-particuliérement à celle de sa bonne de *même qu'au Sr. Lenoir son lieutenant-géné-* de tenir la main à l'exécution desdites ordon- ursuivre extraordinairement tout infracteur d rier, ou tout prêteur sur gage, d'en faire les s sévères, sans égard au rang, à la naissance, *des dénoncés* ; de veiller à la conservation de & de cette bonne police qui conserve la force qui établit le bonheur des péres de famille ; les honnêtes citoyens, nécessités de cacher leurs estiques ; qui fait prospérer le commerce & l'in- ation ; qui perpétue l'honneur, les sentimens bonne société ; qui produit enfin ces actes de onne foi, qui font renaître tous les jours la ance, l'amour de l'humanité, en un mot, la icité publique ; à quel effet, Sa Majesté séante, ouï le Sr. Turgot, ministre & contrôleur- nces, de l'avis de son Conseil, de sa certaine e puissance, a déclaré, & ordonné ; disons,

I.

té se déclare, lui & ses héritiers, père temporel té, *qu'elle établit dans sa bonne ville de Paris* s lettres-patentes, mettant sous la protection e Trinité, ledit établissement à l'honneur de Majesté, il sera célébré toutes les années le ... messe solemnelle dans l'église paroissiale

IV.

Que tous les *bénéfices que* fera annuellement ledit *mont* de piété sur son commerce de charité, toutes les dépenses déduites *ou prélevées*, l'excédant desdits *bénéfices* sera *versé annuellement* dans la caisse de la caisse nationale : portion pour y *remplir* la constitution de 3 pour 100 sur les intérêts de 10 millions, & le surplus pour rembourser par des à-comptes, le capital desdits 10 millions, dont ledit mont de piété retirera à fur & mesure, des annuités qui seront acquitées, signées & balonnées, par le président de la caisse nationale, d'un des quatre directeurs & du premier caissier, afin de ne pouvoir plus entrer en négociation dans la circulation publique.

V.

Que jusqu'à l'entier remboursement desdits 10 millions avancés par Sa Majesté, ledit mont de piété, retirera sur tous ses prêts de charité, 1 demi pour 100 d'intérêt par mois, sur toutes ses avances, au mois, ou à l'année ; --- & sur celles à la semaine 1 denier par écus ; & le remboursement desdits 10 millions acquittés, les intérêts au mois ou à l'année, ne seront plus que d'un quart pour 100 par mois, & il n'y aura plus de deniers en intérêt sur ceux à la semaine ; la fondation favorisant cette classe des citoyens, de cette foible gratification.

VI.

En sus dudit demi pour 100 par mois, & du denier par écus d'intérêt par semaine, les effets déposés auront à payer encore au mont de piété 1 quart pour 100 aux économes pour leur tenir lieu de gage, 1 *huitième* pour 100 au caissier idem ; 1 huitième pour 100 au teneur d'écriture idem ; 1 huitième pour 100 au garde magasin *idem* ; 1 *huitième pour 100 au con*trôleur idem ; & 2 huitièmes pour 100 de droit de magasinage ; *en tout 1 pour 100 en sus des intérêts* ; --- les prêts à la semaine auront à payer aussi en sus du denier par écus d'intérêt, 2 *huitièmes* de denier par écus pour les économes, comme dessus, 1 huitième de denier pour le caissier, idem ; 1 huitième de denier pour le teneur d'écriture, idem ; 1 huitième de denier pour le garde-magasin, idem ; 1 huitième de denier pour le contrôleur, idem ; & 1 denier 2 huitièmes par écus de magasinage, en tout 2 deniers en sus, un denier d'intérêt, lesquels 2 deniers existeront toujours après l'abandon du denier d'intérêt.

VII.

En sus du terme qui sera convenu avec les propriétaires, des effets qui seront déposés, à l'an, au mois, ou à la semaine ; l'établissement accorde un mois de grace aux intéressés, pour retirer leurs dits effets en remboursant les avances intérêts, & faux frais accordés sur iceux ; --- mais le trentième jour expiré dudit mois de grace tous les effets déposés, seront vendus en enchère publique sur le procès-verbal qui en sera fait, & signé pour les cinq économes, le garde-magasin, & le contrôleur ; & du produit de ladite enchère, l'établissement se remplira de ces avances, de ces intérêts & faux frais ; & l'excédent sera tenu à la disposition du propriétaire en défaut sans aucun intérêt.

VIII.

Tous les effets sur lesquels on voudra emprunter seront estimés *par les cinq économes*, le *magasinier* & *contrôleur*, dont verbal sera dressé sur les régistres (& tous les effets étiquetés, & numerotés ;) & sur tous ces effets, pour tout ce qui sera meuble, en tenture, & tenture de lits, (point de chaises, ni glaces, ni tableau, ni ouvrages en boiserie), & tout ce qui ... il sera avancé les

fripier & d'un tapissier, tous gens irréprochables, de vie, *mœurs*, & *réputation exemplaire.*

XI.

Lesdits économes seront obligés de servir trois ans suivi, & ce service leur sera compté dans toutes les élections des dignités *de leurs paroisses*, charges de *leurs corps ou de la municipalité* de notre bonne ville de Paris ; & à concurrence égale, ils seront *préférés* aux *sujets* qui *n'auront point servi* dans ledit mont de piété.

XII.

Les cinq économes seront obligés de s'assembler *régulièrement*, & d'être de présence toute la journée, les Lundi, Mercredi & Samedi de chaque semaine, & ils s'arrangeront de façon que tous les Mardi, Jeudi, & Vendredi, il y en ait constamment un, matin & soir d'assistance dans les bureaux dudit établissement.

XIII.

Tous les quinze jours & le jour de Mercredi, les cinq administrateurs charitables s'assembleront dans la maison dudit mont de piété, & se feront rendre compte par les cinq économes, de toutes les opérations qui se feront faites dans la semaine par comptes arrêtés, & paraphés par les cinq administrateurs.

XIV.

Dans le cas où l'établissement du mont de piété de Paris, ne pourroit occuper les dix millions de fond actuel, ou que par les bénéfices annuels, (après le remboursement de ce *capital rempli*,) il *resteroit des fonds oisifs dans la caisse* du dit mont de piété ; & que ces fonds seroient assez suffisans *pour favoriser d'un même établissement*, *une autre communauté* de ses sujets ; Sa Majesté, sur l'avis qui lui en sera don*né par les cinq administrateurs*, *permettra à l'établissement* du mont de piété de Paris, de fonder d'autres maisons pies, *en filles de l'œuvre*, dans *telle autre ville de ses royaumes* qu'ils estimeront convenable ; lesquelles filles seront comptables & subordonnées à la *maison* de Paris, régies, gouvernées & administrées par les mêmes statuts.

XV.

Les magasins & bureaux dudit établissement seront ouvert tous les jours œuvrables, depuis huit heures du *matin jusqu'à* midi ; & l'après midi depuis le premier Novembre jusqu'au premier d'Avril, depuis deux heures jusqu'à cinq ; --- & du premier d'Avril jusqu'au premier Novembre, depuis trois heures jusqu'à sept heures.

XVI.

Exempte Sa Majesté ledit établissement de toutes les formalités juridiques, d'usage dans toutes les ventes publiques, & du droit d'assistance de tout huissier priseur, juré priseur & autres.

XVII.

Tous les régistres dudit établissement seront paraphés à la première & dernière page, par notre amé & féal chancelier, & il sera délivré (sans débours) à tous les particuliers qui déposeront des effets dans les magasins dudit mont de piété, des reconnoissances imprimées, & remplies à leurs noms, avec la *dénomination*, quantité & qualité *de l'effet déposé*, qu'elle est la somme avancée sur icelui, & sous quel n°. il existe dans les magasins dudit établissement.

XVIII.

Dans les accidens de feu, ou de malheur dans la maison dudit mont de piété, (dont Dieu préserve), la perte sera personnelle, sans que l'établissement puisse répeter ses débours, ni le déposant d'effet, les effets consumés ou détruits ; --- n'y ayant que dans les cas de vol particuliers que l'établissement sera tenu de représenter les effets volés.

XIX.

niens les plus ailleurs de plusieurs de leurs enfans. A quoi voulant obvier Sa Majesté, & souhaitant très-particulièrement de favoriser de plus en plus cette classe précieuse de ses sujets, en les délivrant des vexations d'une industrie aussi odieuse & aussi tyrannique, & en leur facilitant les justes secours acquis à leurs besoins; elle a jugé convenable d'établir de ses propres deniers, un mont de piété auquel elle avancera un fond capital de 10 millions de livres sous 3 pour 100 d'intérêt par année, jusqu'à un entier remboursement; laissant au profit du dit établissement, tous les bénéfices annuels qu'il acquerra en sus desdits intérêts, pour les faire servir annuellement en à compte du remboursement du capital desdits 10 millions; après quel remboursement complet, lesdits bénéfices seront constamment mêlés avec ledit capital de 10 millions, & seront continuellement administrés, & uniquement employés aux secours de ses fidèles sujets, nécessités d'emprunter, sur des hypothèques domestiques, telles que meubles, hardes, bijoux, vaisselle, contrats libres & de confiance &c.; renouvellant à cet effet, Sa Majesté, toutes les ordonnances de ses royaumes contre les prêts usuraires, & enjoignant de nouveau à toutes ses cours de justice, & très-particulièrement à celle de la bonne ville de Paris, de même qu'au Sr. Lenoir son lieutenant-général de police, de tenir la main à l'exécution desdites ordonnances, & de poursuivre extraordinairement tout infracteur à icelle, tout usurier, ou tout prêteur sur gage, d'en faire les exemples les plus sévères, sans égard au rang, à la naissance, & aux qualités des dénoncés; de veiller à la conservation de ce bon ordre, & de cette bonne police qui conserve la force des Empires; qui établit le bonheur des pères de famille; qui assure celui des véritables citoyens, nécessités de cacher leurs perplexités domestiques; qui fait prospérer le commerce & l'industrie d'une nation; qui perpétue l'honneur, les sentimens honnêtes de la bonne société; qui produit enfin ces actes de charité, cette bonne foi, qui dont renaître tous les jours la sincère & la fidélité publiques; à quel effet, Sa Majesté séante en son Conseil, oui le Sr. Turgot, ministre & contrôleur-général des finances, de l'avis de son Conseil, & de sa certaine science, & pleine puissance, a déclaré, & ordonné; disons, Déclarons &c.

I.
Que Sa Majesté se déclare, lui & ses héritiers, père temporel du mont de piété, qu'elle établit dans la bonne ville de Paris par les présentes lettres-patentes, mettant sous la protection de la très Sainte Trinité, ledit établissement à l'honneur de qu'elle Divine Majesté, il sera célébré toutes les années au jour de la fête, une messe solemnelle dans l'église paroissiale du domicile dudit mont de piété.

II.
Que Sa Majesté avance à ce dit établissement, un fond de dix millions de livres tournois, sous 3 pour 100 d'intérêts, & pour n'être remboursée de son capital, qu'à sur & mesure des bénéfices annuels que fera ledit mont de piété, sur les offices de secours qu'il ouvre à tous ses fidèles sujets.

III.
Que comme les dépenses de l'État absorbent dans ce moment toutes les recettes des finances, Sa Majesté ne pouvant faire sortir comptant dix millions de ces recettes, en faveur dudit établissement, elle composé audit mont de piété, lesdits dix millions, en annuités de 500 livres chaque, depuis n°. 1 jusqu'à 20,000 pour lesdites annuités, être déposées dans sa main dans les écritures, & bureau de la caisse nationale, & en recevoir la valeur en argent comptant; étant intéressé à celle-ci, de placer ses fonds sur les effets de cet établissement, ou sur ceux du commerce.

été par Sa Majesté, ledit mont de piété, retirera sur tous les prêt de charité, 1 demi pour 100 d'intérêt par mois, sur toutes les avances, au mois, ou à l'année; —— & sur celles à la semaine 1 denier par écus; & le remboursement desdits 10 millions acquittés, les intérêts au mois ou à l'année, ne feront plus que d'un quart pour 100 par mois, & il n'y aura plus de deniers en intérêt sur ceux à la semaine; la fondation favorisant cette classe des citoyens, de cette foible gratification.

VI.
En sus dudit demi pour 100 par mois, & du denier par écus d'intérêt par semaine, les effets déposés auront à payer encore au mont de piété 1 quart pour 100 aux économes pour leur tenir lieu de gage, 1 huitième pour 100 au caissier idem; 1 huitième pour 100 au teneur d'écriture idem; 1 huitième pour 100 au garde magasin idem; 1 huitième pour 100 au contrôleur idem; & 2 huitièmes pour 100 au droit de magasinage; en tout 1 pour 100 au fin des intérêts; —— les prêts à la semaine auront à payer aussi en sus du denier par écus d'intérêt, 1 huitième du denier par écu pour les économes, comme dessus, 1 huitième de denier pour le caissier, idem; 1 huitième de denier pour le teneur d'écriture, idem; 1 huitième de denier pour le garde-magasin, idem; 1 huitième de denier pour le contrôleur, idem; & 1 denier 2 huitièmes par écu de magasinage, en tout 2 deniers 1 écu, en denier d'intérêt, lesquels 2 deniers existeront toujours après l'abandon du denier d'intérêt.

VII.
En sus du terme qui sera convenu avec les propriétaires, des effets qui seront déposés, à l'un, au mois, ou à la semaine; l'établissement accordé un mois de grace aux intéressés, pour retirer leurs dits effets en remboursant les avances intérêts, & faux frais accordés sur iceux; —— mais le troisième jour expiré dudit mois de grace non-les effets déposés seront vendus en enchère publique par le procès-verbal qui en fera fait, & signé pour les cinq économes, le garde-magasin, & le contrôleur; & du produit de ladite enchère, l'établissement se remplira de ses avances, de ces intérêts & faux frais; & l'excédant sera tenu à la disposition du propriétaire au défaut sans aucun intérêt.

VIII.
Tous les effets sur lesquels on voudra emprunter feront estimés par les cinq économes, le magasinier & contrôleur, dont verbal fera dressé sur les registres (& tous les effets étiquetés, & numérotés;) & fur tous ces effets, pour tout ce qui fera meuble, en renouvelant, & tenture de lits, (point de classes, ni glacer, ni tableau, ni ouvrages en boiserie), & tout ce qui fera hardes, linge, étoffes en pièces &c., il fera avancé les deux tiers aux propriétaires, & fur tout ce qui fera vaisselle d'or, d'argent, ou de cuivre, bijoux, diamans fins, matière d'or, d'argent, ou de cuivre, il fera avancé audits propriétaires quatre cinquièmes de la valeur fur le poids feulement, & tire; toutes les façons n'ayant aucune appréciation.

IX.
Sa Majesté nomme à perpétuité pour administrateurs charitables dudit établissement, le gouverneur de Paris, la Seigneur Archevêque de Paris, le lieutenant de police de Paris, le prévôt des marchands de Paris, & le procureur-général du parlement de Paris.

X.
Ces cinq administrateurs charitables, assemblés dans la maison dudit établissement, & par délibération signée, nommeront à tous les employés, régies, & salaires par ledit établissement, & feront choix pour les cinq économes, d'un contrôleur, d'un marchand de foyerie, d'un marchand linge, d'un

---

dudit établissement.

XIII.
Tous les quinze jours & la jour du Mercredi les administrateurs charitables s'assembleront dans la maison de piété, & se feront rendre compte par le de toutes les opérations qui se feront faites par comptes arrêtés, & paraphés par les cinq

XIV.
Dans le cas où l'établissement du mont de piété ne pourroit occuper les dix millions de fonds par les bénéfices annuels, (après le remboursement du capital rempli,) il resteroit des fonds oisifs dit mont de piété, & que ces fonds seroient pour favoriser d'un même établissement, au nouté de ses sujets; Sa Majesté, sur l'avis qu né par les cinq administrateurs, permettra à mont de piété de Paris, de fonder d'autres en filles de l'œuvre, dans telle autre ville qu'ils estimeront convenable; lesquelles filles & subordonnées à la maison de Paris, régies administrées par les mêmes statuts.

XV.
Les magasins & bureaux dudit établissement tous les jours ouvrables, depuis huit heures midi & l'après midi depuis le premier Novembre premier d'Avril, depuis deux heures jusqu'à le mier d'Avril jusqu'au premier Novembre, de jusqu'à sept heures.

XVI.
Exempte Sa Majesté ledit établissement de très juridiques, d'usage dans toutes les ventes droit d'affichage de tout huissier priseur, jure

XVII.
Tous les registres dudit établissement feront première & dernière page, par notre amé & & il fera délivré (sans débours) à tous le dépoferont des effets dans les magasins dudit des reconnoissances imprimées, & remplis avec la dénomination, quantité & qualité qu'elle est la somme avancée pour lequel, & existe dans les magasins dudit établissement.

XVIII.
Dans les accidens du feu, ou du malheur dudit mont de piété, (dont Dieu préserve personnelle, sans que l'établissement puisse ré ni le déposant d'effet, les effets confirmés ou ayant que dans le cas de vol particuliers q rant tenu de représenter les effets volés.

XIX.
La porte de la maison fera gardée par deux de Sa Majesté, & tous les domestiques de ront la même livrée, à la charge de l'étab

XX.
Le caissier & le garde-magasin feront logé dudit mont de piété.

XXI.
Finalement, Sa Majesté voulant assurer à la conservation perpétuelle de ce charitable déclare par ces présentes que c'est par les été fondé ledit établissement, & qu'il en fait propre universel, les habitans de sa bonne vil en cas de ses héritiers en même puissent au denier des fonds, employer à l'utilité des sujets.

V.

Que jusqu'à l'entier remboursement desdits 10 millions avancés par Sa Majesté, ledit mont de piété, retirera sur tous ses prêts de charité, 1 demi pour 100 d'intérêt par mois, sur toutes les avances, au mont, ou à l'année; --- & sur celles à la semaine 1 denier par écus; & le remboursement desdits 10 millions acquittés, les intérêts au mois ou à l'année, ne seront plus que d'un quart pour 100 par mois, & il n'y aura plus de deniers en intérêt sur ceux à la semaine; à la fondation favorisant cette classe des citoyens, de cette foible gratification.

VI.

En sus dudit demi pour 100 par mois, & du denier par écus d'intérêt par semaine, les effets déposés auront à payer encore au mont de piété 1 quart pour 100 aux économes pour leur tenir lieu de gage, 1 huitième pour 100 au caissier idem; 1 huitième pour 100 au teneur d'écriture idem; 1 huitième pour 100 au garde magasin idem; 1 huitième pour 100 au contrôleur idem; & à huitièmes pour 100 de droit de magasinage; en tout 1 pour 100 en sus des intérêts; --- les prêts à la semaine auront à payer aussi en sus du denier par écus d'intérêt; 1 huitième de denier par écus pour les économes; comme dessus, 1 huitième de denier pour le caissier, idem; 1 huitième de denier pour le teneur d'écriture, idem; 1 huitième de denier pour le garde-magasin, idem; 1 huitième de denier pour le contrôleur, idem; & 1 denier à huitièmes par écus de magasinage, en tout 2 deniers en sus, un denier d'intérêt, lesquels 2 deniers existeront toujours après l'abandon du denier d'intérêt.

VII.

En fin du terme qui sera convenu avec les propriétaires, des effets qui seront déposés, à l'an, au mois, ou à la semaine; l'établissement accorde un mois de grace aux intéressés, pour retirer leurs dits effets en remboursant les avances intérêts, & faux frais accordés sur iceux; --- mais le troisième jour expiré dudit mois de grace tous les effets déposés, seront vendus en enchère publique sur le procès-verbal qui en sera fait, & signé pour les cinq économes, le garde-magasin, & le contrôleur; & du produit de ladite enchère, l'établissement se remplira de ces avances, & de ces intérêts & faux frais; & l'excédent sera tenu à la disposition du propriétaire en défant sans aucun intérêt.

VIII.

Tous les effets sur lesquels on voudra emprunter seront estimés par les cinq économes, le magasinier & contrôleur, dont verbal sera dressé sur les régistres (& tous les effets déposés, & numérotés;) & sur tous ces effets, pour tout ce qui sera meuble, en argent, linge, étoffes en pièces &c., il sera avancé les deux tiers aux propriétaires; & sur tout ce qui sera vaisselle d'or, d'argent, ou de cuivre, bijoux, diamans fins, matière d'or, d'argent, ou de cuivre; il sera avancé auxdits propriétaires quatre cinquièmes de la valeur sur le poids seulement; & titre; toutes les façons n'ayant aucune appréciation.

IX.

Sa Majesté nomme à perpétuité pour administrateurs charitables dudit établissement; le gouverneur de Paris, le Seigneur Archevêque de Paris, le lieutenant de police de Paris, le prévôt des marchands de Paris, & le procureur-général du parlement de Paris.

X.

Ces cinq administrateurs charitables, assemblés dans la maison dudit établissement, & par délibération signée, nommeront à tous les employés, régleront leurs salaires par ledit établissement, & feront choix pour le cinq économes, d'un orfèvre, d'un marchand de soyerie, d'un marchand lingé, d'un

---

XIII.

Tous les quinze jours & le jour de Mercredi, les cinq administrateurs charitables s'assembleront dans la maison dudit mont de piété, & se feront rendre compte par les cinq économes, de toutes les opérations qui se seront faites dans la semaine par comptes arrêtés, & paraphés par les cinq administrateurs.

XIV.

Dans le cas où l'établissement du mont de piété de Paris, ne pourroit occuper les dix millions de fond actuel, ou que par les bénéfices annuels, (après le remboursement de ce capital rempli,) il se feroit des fonds oisifs dans la caisse du dit mont de piété; & que ces fonds seroient assez suffisans pour favoriser d'un même établissement, une autre communauté de ses sujets; Sa Majesté, sur l'avis qui lui en sera donné par les cinq administrateurs, permettra d'établissement du mont de piété de Paris, de fonder d'autres maisons pies, en filles de l'œuvre, dans telle autre ville de ses royaumes qu'ils estimeront convenable; lesquelles filles seront comptables & subordonnées à la maison de Paris, régies, gouvernées & administrées par les mêmes statuts.

XV.

Les magasins & bureaux dudit établissement seront ouverts tous les jours ouvrables, depuis huit heures du matin jusqu'à midi; & l'après midi depuis le premier Novembre jusqu'au premier d'Avril, depuis deux heures jusqu'à cinq; --- & du premier d'Avril jusqu'au premier Novembre, depuis trois heures jusqu'à sept heures.

XVI.

Exempte Sa Majesté ledit établissement de toutes les formalités juridiques, d'usage dans toutes les ventes publiques, & du droit d'assistance de tout huissier priseur, juré priseur & autres.

XVII.

Tous les régistres dudit établissement seront paraphés à la première & dernière page, par notre amé & féal chancelier, & il sera délivré (sans débours) à tous les particuliers qui déposeront des effets dans les magasins dudit mont de piété; des reconnaissances imprimées, & remplies à leurs noms, avec la dénomination, quantité & qualité de l'effet déposé; qu'elle est la somme avancée sur icelui, & sous quel n°. il existe sous les magasins dudit établissement.

XVIII.

Dans les accidens de feu, ou de malheur dans la maison dudit mont de piété, (dont Dieu préserve) la perte sera personnelle, sans que l'établissement puisse répéter les débours, ni le dépôt d'effet, les effets consumés ou détruits; --- n'y nyant que dans les cas de vol particuliers que l'établissement sera tenu de représenter les effets volés.

XIX.

La porte de la maison sera gardée par deux Suisses à la livrée de Sa Majesté, & tous les domestiques de ladite maison auront la même livrée, à la charge de l'établissement.

XX.

Le caissier & le garde-magasin seront logés dans la maison.

XXI.

Finalement, Sa Majesté voulant assurer à ses fidèles sujets, la conservation perpétuelle de ce charitable établissement, déclare par les présentes que c'est par les soins paternel qu'a fondé ledit établissement, pour en fait hériter & légataire universel, les habitans de la bonne ville de Paris, sans qu'aucun de ses héritiers au trône puissent jamais s'approprier un denier des fonds, employés à l'assistance de ses pauvres sujets.

[...] y déchireroient journellement le sein de nombre [...], forcés par sentiment d'assoupir les dérèglemens de plusieurs de leurs enfans. A quoi voulant [...] & souhaitant très-particulièrement de favoriser cette classe précieuse de ses sujets, en vexations d'une industrie aussi odieuse & aussi à leur facilitant les justes secours acquis à ledit capital de 10 millions, & seront consultés, & uniquement employés aux secours [...] nécessités d'emprunter, sur des hypothèques, telles que meubles, hardes, bijoux, vaisselles & de confiance &c.; renouvellant à cet [...] toutes les ordonnances de ses royaumes usurpées; & enjoignant de nouveau à toutes [...] & très-particulièrement à celle de sa bonne [...] même qu'au Sr. Lenoir son lieutenant-général tenir la main à l'exécution desdites ordonnances extraordinairement tout infracteur à [...] en tout prêteur sur gage, d'en faire les [...] qui, faut renaître tous les jours le [...] l'amour de l'humanité, en un mot, la té publiquer à quel arrêt; Sa Majesté séante au Sr. Turgot, ministre & contrôleur, & l'avis de son Conseil, de sa certaine puissance, a déclaré & ordonné; disons,

I.

se déclare, lui & ses héritiers, père temporel [...] qu'elle établit dans la bonne ville de Paris lettres-patentes, mettant sous la protection [...] ledit établissement à l'honneur de piété, il sera célébré toutes les semaines à [...] une messe solemnelle dans l'église paroissiale [...] mont de piété.

II.

avance à ce dit établissement, un fond de livres tournois, sous 3 pour 100 d'intérêts, amortie de ce capital, qu'à la sûreté mais que sera ledit mont de piété, sur les qu'il ouvre à tous ses fidèles sujets.

III.

[...] dépenses de l'Etat absorbant dans ce moment les finances, Sa Majesté ne pouvant [...] des millions de ces recettes, en faveur [...] elle compose dudit mont de piété, lesdits annuités de 500 livres chaque, depuis n°. 1 & lesdites annuités, sera déposées dans six [...] bureau de la caisse nationale, & le jour en argent comptant, étant indifférent à [...] ses fonds sur les effets de cet établissement, commerce.

Sur le pli cacheté il étoit écrit :

Je prie Mr. De la Croix , ou le Seigneur Ministre , de n'ou-
vrir ce paquet que quand ils auront porté une opinion sur le
Mémoire de la Caisse nationale.
Ce sont les conclusions de son auteur , fondées sur les diverses
observations politiques qui ont été ses guides.

Coté au Bureau du Contrôle Général
N°. 2852.

Dans la note (11) de mon Eloge de Colbert , je dis tout à la fin de cette note , (en parlant des avantages de l'opération pour un chacun) que pour bien connoître les avantages & les désavantages de ce que je proposois , il falloit considérer ce que l'on opéroit , ce que l'on risquoit , & ce qu'il en restoit. — La solution de mon système se réduit à ses trois questions.

A MON AVIS

Ce que l'on opère ne peut être plus salutaire.
{ L'Etat se libère & ne débourse rien.
Il satisfait à ses constitutions en économisant près de 100 millions toutes les années.
Il conserve ses mêmes recettes , en diminuant ses dépenses.

Ce que l'on risque ne peut être plus minime.
{ L'opinion , pour & contre , de deux à trois cens mille particuliers seuls in-téressés dans la dette de l'Etat , contre les applaudissemens de 20 à 22 millions de citoyens.

Ce qu'il en reste ne peut être plus conséquent.
{ Un croupier puissant , des mieux argentés , sans appel de finances qui grossit son capital par sa seule conservation.
Une caisse publique qui féconde tous nos commerces , qui soulage toutes nos dépenses , & qui range nos intérêts en constitution à la parité de celles de l'Angleterre & de la Hollande.
Un établissement de politique , qui réalise en 40 ans un milliard de fond ca-pital sur les cendres de notre ruine , & qui grossit son numéraire toutes les an-nées d'une somme très-considérable , à la disposition des besoins de l'Etat , des citoyens & du commerce.

Telles sont mes Conclusions.

Le chef-d'œuvre de la combinaison politique que je pro-pose au ministère , éblouira l'imagination peu saillante de nombre de nos citoyens , sans les éclairer , sans qu'aucun de ceux-ci puisse appercevoir de quel principe je fais partir pour l'établir. — Jamais ils ne se persuaderont , que j'ai pu calcu-ler , (avant de la faire , ou de la mettre au jour ,) s'il y avoit quelque nation dans l'Europe , qui put tourner à son profit mon opération , ... que n'en trouvant aucune , pas même l'Angleterre & la Hollande , j'ai balancé nos inté-rêts utiles & politiques avec ceux de nos rivaux. Que dans cet examen , j'ai calculé les avantages qu'avoient sur nous , les gouvernemens Anglois & Hollandois , dans les constitu-tions mutuelles de leurs intérêts contre nos désavan-tages dans ces mêmes intérêts : les deux premiers les avant à

l'énorme dette de l'Etat , la cherté horrible de nos imposi-tions , la réduction générale de tous nos commerces ; ... je me suis convaincu dans cet état d'épuisement , que la France , ne pouvoit se rélever que par une opération d'arithmétique poli-tique ; que par le secours d'une ombre , qui , prenant un corps & une ame dans la raison d'Etat , deviendroit un être bienfai-sant , un tiers officieux , un médiateur salutaire , un secours de l'Etat & des citoyens. — En conséquence , ce média-teur très-difficile à trouver , sans appel de finance , comme l'ont établi l'Angleterre & la Hollande dans leurs banques respectives ; je me suis imaginé de l'établir en France , par une métamorphose avantageuse à notre administration , & à tous nos intérêts ; — à cet effet , (cette métamorphose dif-ficile à arranger ,) à force de...

À MON AVIS {

Ce qu'il en reste ne peut être plus conséquent.

Un croupier puissant, des mieux argentés, sans appels de finances qui grossit son capital par sa seule conservation.

Une caisse publique qui féconde tous nos commerces, qui soulage toutes nos dépenses, & qui range nos intérêts en constitution à la parité de celles de l'Angleterre & de la Hollande.

Un établissement de politique, qui réalise en 40 ans un milliard de fond capital sur les cendres de notre ruine, & qui grossit son numéraire toutes les années d'une somme très-considérable, à la disposition des besoins de l'Etat, des citoyens & du commerce.

Telles sont mes Conclusions.

Le chef-d'œuvre de la combinaison politique que je propose au ministère, éblouira l'imagination peu saillante de nombre de nos citoyens, sans les éclairer, sans qu'aucun de ceux-ci puisse appercevoir de quel principe je suis parti pour l'établir. — Jamais ils ne se persuaderont, que j'ai pu calculer, (avant de la faire, ou de la mettre au jour,) s'il y avoit quelque nation dans l'Europe, qui pût tourner à son profit mon opération, ... que n'en trouvant aucune, pas même l'Angleterre & la Hollande, j'ai balancé nos intérêts utiles & politiques avec ceux de nos rivaux. Que dans cet examen, j'ai calculé les avantages qu'avoient sur nous, les gouvernemens Anglois & Hollandois, dans les constitutions mutuelles de leurs intérêts respectifs contre nos désavantages dans ces mêmes intérêts; les deux premiers les ayant à 3, 3 & demi pour 100, tandis que nous, nous payons 5 & 6 pour 100, ... disproportion qui procure à constitution égale sur une somme de 100,000 liv. de rentes 3,333,333 liv. 6 sols 8 deniers de capital à l'Angleterre & à la Hollande; — tandis que nous, nous retirons que deux millions de la même constitution. — Ce désavantage très-considérable en système d'Etat se rencontre encore dans toutes les opérations de nos commerces utiles & politiques; ceux-ci étant constamment contrariés, dans les lieux de nos fréquentations, par les 3 pour 100 d'avantages qu'ont sur nous l'Angleterre & la Hollande.

Ayant joint, à toutes ses combinaisons, le tord qu'a causé à la France l'énorme dette de l'Etat, & le corrosif de cette dette gangrenant tous les ressorts du gouvernement, énervant les sources du travail, du commerce & de l'industrie..... anéantissant les richesses du crédit & de la circulation publique; — connoissant les efforts qu'on fast pour leurs parties, les caisses de politique, ou les banques de Londres & d'Amsterdam, dans nos guerres de 1701, 1754 & 1756; ayant combiné tout ce que nous avons perdu dans ces deux dernières guerres, & par le traité de 1763, ... joignant à cette décadence, les désavantages actuels de nos constitutions,

l'énorme dette de l'Etat; la cherté horrible de nos impositions, la réduction générale de tous nos commerces, ... je ne suis convaincu dans cet état d'épuisement, que la France, ne pouvoit se rélever que par une opération d'arithmétique politique; que par le secours d'une ombre, qui, prenant un corps & une ame dans la raison d'Etat, devienne un être bienfaisant; un tiers officieux, un médiateur salutaire, un secours de l'Etat & des citoyens. — En conséquence, ce médiateur très-difficile à trouver, sans appel de finance; comme l'ont établi l'Angleterre & la Hollande dans leurs banques respectives; je me suis imaginé de l'établir en France, par une métamorphose avantageuse à notre administration, & à tous nos intérêts; — à cet effet, (cette métamorphose difficile à arranger,) à force de me casser la tête, je l'ai trouvée dans la convention pleine de la dette générale de l'Etat, (en telle constitution qu'elle existe,) dans une seule constitution viagère au profit de la caisse nationale en question; laquelle caisse redressant tous nos désavantages vis-à-vis de l'Angleterre & de la Hollande, liquide l'Etat sans le secours de nos finances; range nos constitutions en denier courant de celles de nos rivaux; économise sur ceux-ci 3 cinquièmes dans les dépenses extrraordinaires, & versant la prospérité & l'abondance dans notre administration, laisse dans le même état de charge & de constitutions celles de nos mêmes rivaux, sans que ceux-ci puissent se remédier par la même opération que nous. — Telle a été l'adresse de cette combinaison, dans l'établissement de la caisse nationale; combinaison unique & rare, par les enchaînemens d'intérêts d'avantage & de désavantage, qu'il a fallu constamment y réunir, par le seul secours de la loterie en viager.

Si l'on suit cette opération, la France dans 10 ans sera plus heureuse & plus riche que sous Mr. de Fleury.

Cette solution, ni mon prospectus, n'ont été communiqués à Mr. Cochin, ni à personne.

qu'en 1754 ; — en conféquence, il prouve à votre miniftère que la dette de l'Etat, en précifant, (par fa conftitution,) la rigueur de vos impofitions, eft la ruine des peuples,... que pour venir au fecours des .peuples, il faut diminuer les impofitions, il faut conferver les fources du travail ;... à cet effet, le commerce & l'induftrie étant les fources banales du travail, il propofe à votre miniftère fa caiffe nationale, qui eft un chef-d'œuvre de combinaifon & d'intérêts, par les encouragemens de toute efpèce qu'elle verfera dans toutes les opérations du commerce & de l'induftrie & par l'extirpation heureufe qu'elle procure à votre énorme dette, à la cherté de vos conftitutions & de vos intérêts arbitraires ; — opérations décifives, mon cher ami, (*à St. Albin*,) pour votre miniftère ;.. eh! cet autre papier, qu'eft-ce que c'eft?

LE COSMOPOLITE.

Ceci, ce font les conclufions de Mr. de Pelliffery, fur fon profpectus de finance, qu'il fit paffer cachetées à Mr. de la Croix, (comme vous le voyez par l'adreffe, & par la cotte n°. 2852, des bureaux du contrôle-général,) pour que lui, ou le Sgr. miniftre Turgot, les comparaffent avec l'opinion qu'ils auroient conçue des trois premières opérations de ce profpectus de finance, contenues dans le mémoire demandé par ledit Sr. de la Croix ; — lifez-les, elles font brièves ;... mais elles font fondées fur les principes les plus avoués, par la légiflation, par l'adminiftration & par la politique. —

(*Voyez la planche ci-contre.*)

MILORD SPITEAL.

Après avoir entendu la lecture de tous ces

papiers , & être au fait de la réponſe que l'on
y a faite , je crois voir dans le miniſtre qui les
a reçues , cette eſpèce d'homme , dont parle
Horace dans ſon ode à Mecène , *ſunt quos curri-*
culo , pulverem olympiqum collegiſſe juvat , evitata
rotis metaque fervidis , terrarum dominos , evehit
ad Deos ; — il paroit que ce miniſtre s'eſt trouvé
ſcandaliſé qu'un citoyen bien né , s'expliquat ſur
les beſoins de ſa patrie , avec la franchiſe , la
naïveté & le zèle honnête que manifeſte Mr. de
Pelliſſery ; — les miniſtres en France , ne ſont
point accoutumés , (comme en Angleterre &
en Hollande ,) que l'on leur diſe leurs petites
vérités.....

Van Magdebourg.

Mais , mon ami , ſi la vérité n'eſt point faite
pour venir au ſecours de l'humanité , pour être
le guide de l'homme , à quoi bon , peut-elle
donc être utile ?

Milord Spiteal.

. En Angleterre & en Hollande , elle n'eſt connue que pour cela ;... peut-être qu'en France ,
comme l'on n'y exiſte & que l'on n'y vit qu'avec
des métaphores ,... que la vérité ne ſe ſera
point accommodée de cette nourriture ; ....
raiſon pourquoi les miniſtres dédaignent , peut-
être , de la connoitre.

Le Cosmopolite.

Mr. de Pelliſſery , le dit bien noblement dans
ſon éloge de Colbert , *page* 161 , en parlant
des relachemens de la nation à ſes devoirs , à
ſon attachement pour la patrie , il dit : « Eſt-il
» beſoin de la lanterne de Diogene , pour faire
» appercevoir combien nous avons dégénéré de
» la valeur , de la ſoumiſſion & du reſpect de
» nos ancètres ; — combien nous ſommes éloi-

» gnés de cette réputation qui caractérise
» l'homme, qui d'un citoyen en fait un homme,
» & combien, depuis l'administrateur jusqu'à
» l'artisan, tout est abrutti en France ? — oui,
» Messieurs, je le dis avec douleur, tout est
» abrutti en France, depuis 1748 ; — les sujets
» de l'Etat, aujourd'hui, ne font plus des ci-
» toyens, la patrie n'est plus dans le cœur des
» François, l'égoïsme à corrompu la nation, . . .
» & cet égoïsme ne s'est engendré chez nous que
» depuis les successeurs de Mr. de Fleury : —
» ce font eux qui ont porté le coup mortel
» à la monarchie, par leurs négligences, leur
» peu d'application, & leurs impérities, ayant
» fans cesse assiégé le bien-être des sujets ; le
» commerce & l'industrie de l'Etat, fans donner
» un ordre avantageux à la situation malheu-
» reuse de nos finances ; . . . n'ayant constam-
» ment pourvus à leurs besoins pressans que
» par des opérations à la journée, fans plan
» utile pour l'avenir, fans prévoyance pour les
» dépenses extraordinaires ; — de cette admi-
» nistration pareïleuse, se font accumulés des
» arrérages immenses, que l'on a pensionné
» avec des impositions destructives ; — par l'exif-
» tence perpétuelle des dépenses en constitution,
» nos administrateurs, (pour remplir leurs be-
» foins,) se font fans cesse portés aux extrêmi-
» tés les plus répréhensibles, fans respect pour
» l'autorité, fans ménagement pour les peu-
» ples ; . . . toutes ayant dégradé le service de
» l'Etat, la fortune des citoyens, la confiance
» publique ; — aussi depuis 1756, jusqu'en
» 1763, n'apperçoit-on dans nos opérations des
» finances , . . . qu'emportement, qu'avidité ; —
» depuis 1763, jusqu'en 1769, que négligences,

» qu'impéritics ; — depuis 1769, jusqu'à ce jour,
» que parjure, qu'infidélité, qu'exſtorſions ; telles
» ſont les cauſes de l'égoïſme de la nation ; — ſi
» les ſucceſſeurs de Mr. de Colbert & de Mr.
» de Fleury , avoient été auſſi bons citoyens que
» ces deux miniſtres , jamais la nation ne ſe ſe-
» roit relâchée de ſes devoirs , & le ſiècle bril-
» lant de Louis XIV , précieux & cher à la
» France , ſe ſeroit perpétué à la proſpérité ,
» par les vertus de nos adminiſtrateurs , ...
» par l'union & par le concours de nos ci-
» toyens.

　　» Envain allèguent-ils aujourd'hui , pour juſ-
» tifier leur peu d'application , que la France
» s'eſt trouvée dans des criſes , encore plus fâ-
» cheuſes , même ſous le regne préſent ; . . . que
» ceux de Charles VI, Charles VIII, Charles IX ,
» Henry II & Henry III , ſembloient n'avoir
» laiſſé aucun retour à la monarchie ; . . . que
» pourtant elle s'en étoit relevée ; . . . par conſé-
» quent qu'elle ſe relevera encore de celle-ci
» ſous Louis XVI.

　　» Ces propos lâchés très-librement par-tous
» nos adminiſtrateurs , du premier & du ſecond
» ordre , publient la célébrité du délire de nos
» ſyſtèmes , juſtifiant , ſans ſubterfuge , que
» ceux-ci ſont auſſi peu jaloux de leur réputa-
» tion, que du ſalut de la monarchie ; . . . funeſte
» ſort de l'humanité ; . . . . peuples François ,
» tremblez ; vos deſtins ſont dans les mains des
» hommes , & ces hommes ne s'eſtiment plus ;—
» qu'eſpérer de ſon citoyen , quand l'honneur
» & le bien public ne ſont plus ſes guides ? . . . .
» des forfaits : . . . des vices & des crimes. —
» Rois de la terre, que votre ſort eſt digne de
» pitié , que votre deſtinée eſt affligeante ! . . .

» nés pour le bonheur du monde, vos miniſtres
» en arrêtent la proſpérité ; — iſolés ſous le dais
» d'un trône, vous commandez à des hommes
» libres, & vous donnez des loix à des ſujets,
» dont vous ne connoiſſez que la claſſe faſtueuſe,
» qui brave ſans ceſſe l'exiſtence des peuples,
» & qui ne ſe décore de vos bienfaits que pour
» les opprimer ; — ſans quitter les attributs de
» la Majeſté Royale, deſcendez deux eſcaliers
» du trône ; — quittez les alentours des grands,
» des flatteurs, des courtiſans, & plus encore
» de vos miniſtres ;.... entrez comme Henry
» IV & Sully, dans la chaumière du labou-
» reur ;... meditez avec Colbert, comme Louis
» XIV, ſur les travaux pénibles du ſoldat & de
» l'artiſan ;... conférez avec la claſſe honnète
» de vos ſujets, & vous connoîtrez par vous-
» mémes, ſi vos peuples ſont heureux, ſi
» l'Etat exiſte dans l'opulence, dont ſe font
» blanc vos adminiſtrateurs, & ſi la nation jouit
» de la proſpérité & de l'abondance que l'on
» vous ſuppoſe ; — vous frémirez, Rois de la
» terre, à la vue des erreurs où l'on vous per-
» pétue :... au récit des excès où s'eſt portée
» l'ambition de commander :.... à la connoiſ-
» ſance des lâches & impératives diſpoſitions,
» avec leſqu'elles vos adminiſtrateurs ont ren-
» chéri les beſoins journaliers de vos ſujets. . . »

St. Albin.

Il eſt affreux dans une monarchie, auſſi ancienne que celle de la France, que la nation ne
compte que trois vrais adminiſtrateurs, Sully,
Colbert & Fleury, & que tous ceux qui ont dévan-
cé ou ſuccédé à ces trois miniſtres n'ayent été que
des Pirroniens, des Epicuriens, des Platoniciens,
des Economiſtes, des Encyclopédiſtes, tous gens

d'un cerveau étroit, desséché, imbibé de faux principes; — tandis, (dans cette partie,) qu'il n'y faut que des hommes sans passion, sans

Talens & caractère d'un vrai administrateur. entêtemens, sans préventions particulières, d'un jugement tranquille & froid, qui saisissent sans peine, cet ensemble de l'économie politique qui explique l'avantage & le désavantage des impôts, — qui remplit les besoins d'une nation, sans incommodité pour les peuples, qui surveille les intérêts extérieurs, par la conservation des intérieurs;... enfin, qui fait fleurir le commerce & l'industrie, & qui verse par ses bienfaits le contentement & l'aisance chez tous les citoyens; mais avec des préventions particulières, des idées d'orgueil & d'amour propre....

LE COSMOPOLITE.

Mr. Turgot ne se seroit point déshonoré assurément, en étant un peu plus attentif vis-à-vis Mr. de Pellissery; — son caractère de ministre, ne le dispense pas des égards que l'on doit avoir pour tous les citoyens, & surtout pour ceux qui n'ont besoin que de l'éclat de la fortune, pour jouir des avantages que procure une naissance des plus distinguée : — la famille des Pellissery prend son origine dans les premiers temps des Albigeois, & peut citer des titres terriers seigneuriaux, (qui existent encore dans le comté d'Alby,) avant les guerres de Simon de Montfort.

VAN MAGDEBOURG.

Connoissez-vous cette famille? — elle pourroit bien être de nos Pellissary?... cela lui ressemble assez.

LE COSMOPOLITE.

Cela se peut,... ou vos Pellissary être de cette famille; — ce qu'il y a de sûr, c'est qu'elle
est

eſt originaire du comté d'Alby, que la ſeigneurie
de Pelliſſery, y eſt encore exiſtante, ſur la rive
gauche du Tarne, vis-à-vis la petite ville de
l'Iſle, dans un des meilleurs terroirs du canton ;
— il paroît que Simon de Montfort à ruiné les
domaines de cette ancienne maiſon, ayant vu
une généalogie, depuis 1214, juſqu'en 1701,
arrêtée le premier Août de cette année, par le
premier Chronologiſte du Roi d'Eſpagne, Philippe V, d'une branche cadette de cette maiſon,
qui fut s'établir en Arragon en 1214 ; — cette
généalogie dit, que Maimo Pellicer ou Pelliſſer,
en François Pelliceri ou Pelliſſery, (13-ayeul
du chef de cette branche, vivant en 1701,)
entra en Arragon en 1214, au ſervice du Roi,
Jaime le conquérant, laiſſant à Guillaume Pellicer ou Pelliceri, ſon frere aîné, la ſeigneurie
de Caſtro Pelliſce, ou Château de Pelliſſerie,
guardia, & autres biens en France, Flandre &
Brabant, étant l'un & l'autre fils de Raymond
Pelliſſeri, & de Richenſa de Termes, ſeigneurs
de tous ces états ; — dans la vie de Simon de
Montfort, dans les hommes illuſtres de la
France, on y lit, en 1210, la priſe du Château
de Termes, après un ſiége aſſez opiniâtre, &
que ce Château étoit défendu par un Raymond,
qui vraiſemblablement, étoit ce même Raymond
de Pelliſſeri, marié à Richenſa de Termes, à
laquelle cette ſeigneurie devoit appartenir ; —
dans cette même vie, il eſt encore dit, que
Simon de Montfort fit périr dans la tente, peu
de temps après la priſe du Château de Termes,
ce Raymond, qui l'avoit ſi vaillamment défendu ;... ce qui tomberoit encore aſſez d'accord avec la ſéparation des deux frères Pelliſſeri
en 1214, après la mort de leur père ; — la

maison de celui dont nous parlons , établie de.
puis six générations à Marseille , est une branche
de celle d'Espagne , descendente d'une branche
cadette , qui se domicilia en 1266 dans le
royaume de Valence , & qui s'orthographia Pel-
lisser ; (*a*) — dans l'histoire chronologique du
Clergé de France , on trouve un Pelliceri d'Al-
bence , sacré en 1336 à Avignon , par le Cardinal d'Ostie , Abbé de Grandmont , mort le 7
Février 1336 ; — dans une Eglise de Fossigni ,
Duché Genevois dans les Etats de Savoie , il y
a un Pellissery (même orthographe & mêmes
armes que ceux de Marseille,) d'enterré avec
épitaphe , qui commence ainsi : *hic jacet nobilis
Bartholomæus de Pellissery , Præsidens , &c.* (*b*) —
La branche d'Espagne , dès son origine , s'est
alliée aux plus illustres maisons de ces Royaumes ;
— la première fut avec la très-illustre maison de
Bergua i Luna ; ... la seconde avec Offrescia de
Luna ; ... la troisième avec Isabelle de Puejo ; ...
la quatrième avec Marie de Lanuza , fille de
Don Bertand de Lanuza , juge de la Cour , &
successivement avec les Vicomtes de Roda , les
Salmerons , les Offan , les Tovar , les Sar-
miento , les Abernuncio , les Perellos , les Del-
hierro , les Bustamanté , &c. — plusieurs d'eux
ont été gentilshommes du Palais , & une fille
de Gaspard Pellicer de Valence , étant veuve ,

_____

(*a*) Il y a dans cette famille un ancien cachet à trois
faces , dans l'une desqu'elles se trouvent les armes des
Vintimilles , dominées par celles de Pellissery.

(*b*) Pendant très-long-temps la place de Premier Président du Parlement de Chambery , est restée dans cette
famille.

fut dame d'honneur de la Reine Germaine de
Foix; — on en voit de lieutenans-généraux des
armées, de gouverneurs des villes de guerre &
des provinces, de fiscal-général des audiences,
de pages chez l'Archiduc Jean d'Autriche, &
chez le Prince Philibert de Savoie; — de Gafpard Pelliſſer, de Valence, eſt fortie la branche
qui s'eſt établie enSicile, avec le nom de Pelliſ-
fery; aprés la conquète de ce Royaume, par le
Roi d'Arragon Don Martin, & de cette branche la maiſon de Savoie, dont le dernier mort
eſt enterré à Foſſigni, mèmes armes & même
orthographe que celui dont nous parlons; —
le biſayeul du Duc régnant de Savoie, fit tout
au monde pour engager le grand père de celui-
ci, d'aller continuer cette famille dans ſes
Etats; — les Mrs. de Blonets font au fait de
toutes ces particularités, & celui qui étoit vice-
Roi de Sardaigne en 1746, étoit fort lié avec le
père de notre Pelliſſery; — un autre de ces
Mrs. en ſe retirant de ſon Ambaſſade d'Eſpagne,
en 1758, paſſant par Marſeille, fit l'honneur
à cette famille de la viſiter; — elle s'eſt alliée
en Provence dans les meilleures familles de la
province; elle compte dans ſes alliances les
Audiffret, les Noguaret, les Corniers, dont
un de cette famille étoit Capitaine des Galères,
fous Henry IV, les Beauſſet Fortune, par les
Corniers, (a) les Villeneuves, l'Ambaſſadeur
à la Porte, les Baſtins, qui ont donné des
chefs d'Eſcadre des Galères; — par les Baſtins
& les Beauſſet, aux Jarenthes; — les Volonnes

_____

(a) La grand-mère du chef d'aujourd'hui, de cette
maiſon, étoit Cornier.

S 2

& les Peirolle d'Aix, qui avoit épousé deux
Pellissery ; — le Marquis d'Auribeau, les Lom-
bards de Château Arnoux-Segoyer, tous les
deux mariés à deux Remuzat, sœurs de Mr.
de Remuzat, Brigadier des armées de S. M.
Lieutenant Colonel du Régiment d'Eu, & frère
de la mère de celui dont nous parlons ; — tous
ces faits vous font voir que le Sgr. Turgot, ne
se seroit point ravalé, malgré son caractère de
ministre, d'être un peu plus attentif, un peu
plus honnète vis-à-vis d'un citoyen qui ne lui
avoit écrit, avec franchise, que pour le bien
du service de son Prince, & pour les
plus grands intérèts de ses peuples. — Mais
aujourd'hui, & plus en France, que par-tout
ailleurs, ce n'est plus ni la naissance, ni les talens, ni les mœurs, qui acréditent les hommes ; — c'est l'argent, c'est la prospérité, c'est
l'impudence ;... & c'est justement tout ce qui
manque audit sieur de Pellissery.

St. Albin.

Celui dont vous parlés, étoit beaucoup
protégé par le Sgr. Evèque d'Orléans.

Le Cosmopolite.

Oui, ce ministre l'aimoit beaucoup ; — le
tendre intérèt que ce Prélat avoit toujours pris
à cette famille, dans le sein de laquelle il
s'étoit, pour ainsi dire, élévé, lui auroit fait
desirer que le systême des billets, dudit Sr.
de Pellissery, eût pu convenir aux intérèts du
Roi, & des citoyens ;... il s'y est intéréssé
vivement ; — mais tout ayant changé dans le
ministère en 1771, & le Sr. abbé Terray ayant
pris en grippe ledit Sr. de Pellissery, les choses
sont restées dans l'inaction.

St. Albin.

J'en fuis réellement fâché : — fes vues ont
été trop honnètes & trop dévouées au bien
public, pour n'être pas touché du mauvais ac-
cueil que notre vilain d'Abbé a fait à toutes
fes propofitions, & au peu d'attention que paroît y mettre le Sgr. miniftre Turgot ; — le
premier en a été la victime, malgré que la
nation foit toujours la dupe des fautes des adminiftrateurs ; — Dieu veuille que le Sgr. Turgot,
ne tombe pas dans le même inconvénient!

Le Cosmopolite.

La famille des Pelliffery s'eft toujours faite
eftimer par fes charités, par fes mœurs, par
fes honnètetés ; — l'almanach de Marfeille de
1772 ; — (ouvrage très-hiftorique & des mieux
entendus en ce genre,) fait l'éloge le plus flatteur pour une famille, du père de celui dont
nous parlons, mort en Avril 1748 ; — il y eft
dit, *page* 254, Antoine Pelliffery fut de l'A-
cadémie des Belles-Lettres de fa patrie ; — il eft
l'auteur d'une Ode fur le bonheur, en 1726,
& de divers difcours imprimés dans les recueils
de cette Académie : — il joignoit au favoir
une charité exemplaire, qui lui mérita de la
part du public, le fur-nom de Médecin des
pauvres, titre bien plus glorieux que ceux
que la flatterie à inventé, pour encenfer
l'amour-propre ; — Pelliffery revenoit fouvent
de fes vifites, après avoir vuidé fa bourfe, en
faveur de l'indigence, qui l'appelloit de préférence à fon fecours, affurée de trouver en lui
un auffi bon père, qu'un favant Médecin ; —
cet éloge eft d'autant plus vrai, & d'autant
plus défintéreffé, (de la part du zèlé citoyen, qui
eft à la tête de cet ouvrage hiftorique, de la

plus ancienne ville de France,) qu'il eſt accordé à la mémoire d'un citoyen mort depuis
24 ans , dont la famille n'eſt ni dans l'éclat
de la proſpérité , ni dans aucune des charges
municipales de cette ville , & meme qui vit on
ne peut pas plus retirée de la ſociété ; — cette
bienveillance de la part des pères conſcrits de
la ville de Marſeille , pour la mémoire des citoyens qui ont été utiles à leur patrie , par
leurs exemples , par leurs vertus , par leurs
charités , devient pour eux un nouveau ſujet
de gloire , qui rendra héréditaire dans le cœur
de tous ſes habitans , l'émulation , la piété ,
l'amour de l'eſtime publique.

St. Albin.

La ville de Marſeille , eſt ſans contredit , une
des plus anciennes villes de France....

Le Cosmopolite.

Et qui joint à ſon ancienneté , l'utilité , le
zèle & la réputation ; voyez dans les hiſtoires
anciennes & modernes , les efforts continuels
qu'ont fait ſes citoyens , pour réſiſter aux
Gaulois , aux Romains , à Charles-Quint , en
faveur de la France ; — les ſecours immenſes
qu'ils ont fourni au miniſtère , ſous Louis XV ,
pour la guerre de 1744 , & ſur-tout après l'entrée en Provence des troupes Allemandes ; —
ceux pour l'expédition de Minorque en 1756 ,
l'argent prêté au gouvernement par la Chambre
du Commerce , en 1745 , 1757 & 1759 , le
vaiſſeau de 74 canons , conſtruit à Toulon de
ſes deniers & donné tout agréé au Roi ; —
quelle eſt la ville de France qui peut ſe
glorifier de tous ces actes de zèle & d'attachement patriotique. (*a*).

─────────
(*a*) Dans la guerre de la ſucceſſion en 1710 , St. Malo ,

VAN MAGDEBOURG.

Il en est peu en effet, mon cher ami, non-seulement en France; mais encore en Espagne, en Angleterre, en Hollande, & nulle part.

ST. ALBIN.

Les Marseillois ont un peu la tête chaude; ... mais ils ont le cœur bon: ... ils sont braves, plein d'honneur, actifs, ingénieux, appliqués, généralement propres à tout; — rien ne leur paroît difficile, excepté de mal-faire ou d'être méchans; — le Dictionnaire Universel de la France, (par Mr. Robert de Hesschn, inspecteur de MM. les élfrom de l'Ecole Royale Militaire,) dans son article des Académies, leur rend cette justice; ... il y est dit, on observera que Marseille étoit la seule ville des Gaules, où il y eut autrefois une Académie célébre, connue depuis le 4me. siècle, jusqu'à l'an 414, de J. C. où les Vandales inonderent les Gaules. Cette ville est la seule qui ait soutenu la gloire de Rome & d'Athenes, par rapport aux sciences & aux arts : c'est d'elle que s'est répandu, comme de sa source, cette douceur des mœurs, qui rend aujourd'hui les habitans de la France, si chéris des étrangers.

VAN MAGDEBOURG.

Mon ami, savez-vous quel est le meilleur héritage que doivent ambitionner les citoyens d'une ville aussi illustre que Marseille, ou aussi en réputation que celle-ci — (a) ?

---

donna 10 millions à Louis XIV, pour continuer la guerre; — ces faits doivent-être immortels chez une nation.

(a) Amsterdam.

S 4

LE COSMOPOLITE.

Oui ; — c'eſt la bonne réputation que laiſſent après eux les chefs de familles.

VAN MAGDEBOURG.

C'eſt cela ;... voilà ce qui a rendu Marſeille redoutable aux Gaulois , aux Romains , à Charles-Quint , &c. & qui lui mérite encore aujourd'hui , l'affection , l'eſtime & les careſſes les plus privilégiées de la part de la France ; — puiſſe un jour ma patrie jouir de la même célébrité , & puiſſent mes citoyens publier vingt-quatre ans après ma mort , les mèmes éloges , que l'almanach de Marſeille accorde à la mémoire d'Antoine Pelliſiéry !

MILORD SPITEAL.

Meſſieurs , vous parlèz tous comme des oracles ;... mais il eſt temps d'aller dîner , il n'y a plus perſonne ici , & il eſt plus de deux heures.

VAN MAGDEBOURG.

Allons mes camarades , partons tous , & que notre union & notre amitié , prouve aux mortels , qu'ils doivent conſtamment vivre parmi eux , ſans préjugé , ſans haine , ſans inimitié , & que la paix & la charité , doivent être les ſeules divinités des hommes.

LE COSMOPOLITE.

Que je vous embraſſe , Van Magdebourg ,... avec ces ſentimens , on eſt ſûrement honnête homme.

ST. ALBIN.

Allons nous-en Milord.

MILORD SPITEAL.

Je vous ſuis ; — partons.

Fin du Dialogue Cinquième.

LETTRE

DE Mr. DE PELLISSERY,

A

MONSIEUR COCHIN,
Intendant des Finances.

Paris 28 Octobre 1772.

MONSIEUR,

J'ai reçu la lettre dont vous m'avez honoré le 26 courant ; le fentiment du Sgr. Miniftre des finances fur le projet de liquidation géné-rale , que vous avez eu la bonté de lui commu-niquer , eft fondé dans un fens ; mais jamais fufceptible des graves préjudices qu'il y entre-voit pour les intérèts des pères de famille ; — pour bien connoître le pour & le contre de ces intérèts , il faut pefer impartialement , tous ceux qui font attachés à l'opération , & en les balançant les uns par les autres , connoître par fol & denier les préjudices qui peuvent en ré-fulter à chacun de ceux-ci.

Trois intérèts diftincts & particuliers font attachés à ma propofition ; — celui de l'Etat, celui du général des citoyens & celui des par-ticuliers.

Celui de l'Etat , doit l'emporter fur celui du général des citoyens.

Celui du général des citoyens , doit l'em-porter fur celui des particuliers.

En conséquence, l'Etat réglant ses revenus sur ses dépenses, les citoyens sont obligés de les remplir, n'importe de quelle façon ils sont établis ; — c'est par cette abstraction d'intérêts, des citoyens vis-à-vis de l'Etat, que la France constituée, par exemple, à une dépense indispensable de . . . . l. 300 millions & à une dépense extraordinaire de. . 100 millions

Elle a imposé ses citoyens de . . l. 400 millions

Les impositions étant à la charge du général des citoyens, il existe que si la France n'avoit point de dépenses extraordinaires, ses citoyens seroient taxés de 100 millions de moins ; — en faveur de qui tombent ces 100 millions ; leur taxe est-elle permanente pour les intérêts du général des citoyens ou pour celui des particuliers, à qui l'Etat doit ? — c'est ce que nous allons voir.

Les dépenses extraordinaires de la France sont toutes à la charge du général des citoyens, & elles ne sont établies que pour remplir les intérêts des particuliers, à qui l'Etat doit.

La dette de l'Etat doit-elle être privilégiée en tout temps, en faveur des particuliers, sur le général des citoyens ? — c'est ce que l'intérêt de l'Etat & celui des particuliers doit expliquer.

La dette de l'Etat accrue à l'excessif de celle de la France, ne peut être privilégiée en faveur des particuliers, sur le général des citoyens, parce que c'est elle, par ses extraordinaires, qui écrase les citoyens, le commerce & l'industrie de la nation ; — par conséquent, les ci-

toyens écrafés & la nation fans commerce ;
adieu la monarchie.

Les particuliers ne peuvent être privilégiés,
fur le général des citoyens, parce que leurs
titres vis-à-vis de l'Etat font illégals aujourd'hui,
les 11 douzièmes de ces titres ayant changé de
main à 30, 40, 50, 60 & 70 pour 100 de
perte ; — & la cupidité en établiffant fur y-ceux,
un virement mercantil, y a introduit un vice,
qui en ruinant le crédit de ceux-ci, ruine celui
de ceux que l'Etat eft journellement dans la
néceffité de créer en faveur des traîtans, celui-
ci fe trouvant forcé de donner aujourd'hui 25
de ce, dont il ne retire que 20. —

Cette décadence des effets royaux, onéreufe
feulement au général des citoyens, n'eft point
d'un avantage pour les particuliers à qui l'Etat
doit, parce qu'il eft démontré par leurs grandes
accumulations, que jamais la France ne pourra
les racheter & que leurs ufufruits fera fuf-
pendus au moindre contre-temps de confidération, étant expérimenté que fur dix années de
vie on en paffe 8 en paix & deux en guerre,
dont les extraordinaires dévorent au centuple
les économies des huit années de paix ; — d'ailleurs, quel eft le nombre actuel des intéreffés
à tous nos effets royaux : & à quel denier ceux-
ci les ont-ils acquits ? — quel a été le numéraire premier de leur création pour l'Etat, &
quel eft celui auquel fe monte dans ce moment,
celui de leur mutation de propriété ?

Le numéraire de leur création a été, je fuppofe de 3 millards ; — celui de leur mutation
de propriété, dans ce moment à 50 pour 100
de perte feulement fera de quinze cent millions ; — ces quinze cent millions, repartis par

ſomme égale , chez nos citoyens à 3000 liv. par
tète , intéreſſera 500,000 citoyens , & la conſtitution de nos trois milliards , dans nos dépenſes intéreſſe tous les citoyens ; — quel eſt
le majeur de ces intérêts & qui réſide l'Etat ?...
réſide-t-il dans les 500,000 particuliers , à qui
l'Etat peut devoir , ou dans les 22 millions
de ſes citoyens ? d'ailleurs quel eſt l'Etat de
ces 500,000 particuliers pour le royaume ?

. I cinquième , gens de main-morte.
. 2 cinquièmes , gens célibataires.
. 2 cinquièmes , au plus , gens mariés.

L'opération que je propoſe ne change rien
au ſort des gens de main-morte , ou des célibataires ; — d'ailleurs les premiers intéreſſent peu
l'Etat , & les ſeconds ne font qu'un nombre de
paſſage dans le corps politique de la nation ; — il
n'y a que les chefs de famille , qui intéreſſent
réellement l'Etat ; — mais leur nombre n'eſt
pas aſſez conſidérable pour l'emporter ſur le
général des citoyens ; — toutefois , c'eſt en
conſidération de leurs qualités de chef de famille , que l'Etat leur facilite le libre arbitre
de faire revivre , ſur la tète de leurs héritiers ,
la rente avanturée d'un effet ruiné , expoſé à
être annullé à la moindre circonſtance , dont
la conſtitution annuelle , aggravant le ſort du
général des citoyens , renchérit toutes les dépenſes domeſtiques des ſujets , & avec uſure
aux chefs de famille , la rente qu'ils peuvent
retirer de leurs mille écus , en effets royaux ; —
ce que bien peſé & conſidéré ; je trouve que
ma propoſition fait le bien général particulier
de l'Etat , & des citoyens , étant exiſtant
que dans 40 ans les citoyens ſupporteront

75 millions de moins , de taxe extraordinaire , & que fans préjudice grave , les chefs de famille auront laiffé à leurs héritiers , une rente plus confidérable que celle qu'ils auroient retirée de leurs 1000 écus , s'ils en avoient confervé le libre arbitre ; — toutes ces confidérations , Monfieur , appuyées de celles que la pratique particulière que vous avez des affaires , peuvent vous fournir , m'engagent à vous prier de renouveller vos efforts auprès du Sgr. Miniftre des finances , & de lui faire connoître que le bien public , & fa tranquillité particulière font unis à cette opération ; étant exiftant que notre miniftère ne réuffira en rien , tant que l'on ne remettra pas le crédit de l'Etat & la confiance publique , &c.

LETTRE II.

A MONSIEUR COCHIN,
Intendant des Finances.

Paris 23 Novembre 1772.

MONSIEUR,

A mon retour de là Campagne, hier au foir, on m'a remis la lettre, dont vous m'avez honoré le 6me. courant. — La réfiftance du Sgr. Miniftre, à ma dernière du 26me. paffé, ne me déboute point, & je perfifte à dire :

1°. Qu'un fyftème, qui fauve à l'Etat une banqueroute, tôt ou tard inévitable, en liquidant fa dette & fes arrérages, fans recourir à des impofitions :... ne peut ètre un fyftème défavantageux.

2°. Qu'un fyftème, qui en liquidant l'Etat, fans recourir à des impofitions, laiffe la perfpective certaine aux citoyens, d'ètre foulagés dans 40 ans, de 75 millions de taxes extraordinaires, ne peut ètre un fyftème défavantageux.

3°. Qu'un fyftème, qui en liquidant l'Etat, fans recourir aux impofitions, fonde à perpétuité une caiffe publique, (fans appel de finance,) qui réalife en 40 ans, un milliard de fonds capital, au fecours de l'Etat & des citoyens ; — ne peut ètre un fyftème défavantageux.

4°. Qu'un fyftème, qui en liquidant l'Etat,

fans recourir à des impofitions, ouvre une retraite affurée, fous 3 pour 100 d'excompte, à tous les effets actifs de l'Etat & du commerce, ne peut être un fyftême défavantageux; — finalement.

5°. Qu'un fyftême, qui en liquidant l'Etat, fans recourir aux impofitions, anéantit la vénalité de toutes les charges & offices du gouvernement, & rend à l'autorité cette partie précieufe de la légiflation; — ne peut être un fyftême défavantageux.

Tels font, Monfieur, les avantages de celui, que vous avez eu la bonté de communiquer au Sgr. Miniftre; — les objections de ce fupérieur ne peuvent point entrer en confidération avec les avantages dont on le priveroit; — la lettre que j'ai eu l'honneur de vous écrire, le 26me. paffé, en explique une partie, & je vais achever de vous prouver dans celle-ci, que le Sgr. Miniftre, en fe retranchant fur le droit de propriété dans les effets royaux, & fur l'anéantiffement des conditions, fur lefquelles les citoyens ont confié leurs fonds à S. M., ne s'attache qu'à des expreffions nominatives, fans force & fans activité perfonnelles.

Le droit de propriété dans les effets royaux, eft une propriété, aujourd'hui purement paffive pour les citoyens;.... dépourvue d'activité perfonnelle, par le difcrédit où les ont précipité les infidélités de nos finances;..... par l'impuiffance où eft l'Etat de pouvoir jamais les racheter, & de ne pouvoir en aucun temps être forcé de les racheter; — en conféquence, cette propriété d'un droit illufoire n'exifte aujourd'hui dans la circulation

fociale que comme un phantôme , dont la confervation ou l'anéantiffement n'innove rien au
fort de nos citoyens ; --- le feul droit légitime
qu'il en refte à ceux-ci , eft le droit de jouiffance dans l'ufufruit de leurs intérèts ; --- ce
droit plus facré & plus abfolu que le premier ,
(parce qu'il fournit aux dépenfes alimen-
taires ,) eft le droit que l'on doit le plus refpecter , & que l'on a le moins refpecté ; ...
toutes les opérations de réduction d'intérèts
de retenue de dixièmes & de quatorzièmes ,
&c. ayant opprimé ce droit actif de première
néceffité , & n'ayant ménagé que celui de la
propriété paffive.

Les conditions fur lefquelles les citoyens ont
confié leurs fonds à S. M. font des conditions
également fans activité perfonnelle , toutes
nos opérations des finances depuis 1770 , n'en
ayant refpecté que les intérèts paffifs , & ayant
enfreint tout concordat fur les actifs , par des
réductions & des retenues , fans confidérations
pour les peuples.

C'eft cette différence d'intérèts , foulés & ref-
pectés , qui ma fait regarder dans mon fyftème , les intérèts des fujets , plus abfolus du
côté des rentes , que du côté des propriétés
paffives ; --- en conféquence , dans l'ordre de
la loterie que je propofe , je m'y fuis appliqué
d'y faire trouver à ceux-ci , (avec des économies fenfibles , tant qu'ils vivront ,) la rente
certaine d'un effet ruiné & fans crédit , plus
avantageufement qu'ils ne la recevoient de
l'Etat , fans qu'ils fuffent expofés de la voir
fufpendue à la moindre circonftance ; --- étant
certain que s'il nous furvenoit une guerre ,
(dans la pofition actuelle de nos finances ,) il
faudroit

faudroit que l'hôtel-de-ville ou le tréfor royal fufpendiffent leurs payemens, ou que l'on chargeât les peuples de deux ou trois vingtièmes de plus.

Un célébre miniftre nous a laiffé dans fes écrits que pour bien faire fes affaires dans le dehors, il falloit commencer par les bien affeoir dans le dedans ; — nous avons fait la trifte épreuve de cette vérité dans la guerre de 1756 ; — les Anglois n'ayant eu la témérité d'attaquer en pleine paix les vaiffeaux de S. M. & ceux de la marine Marchande de fes fujets, que parce qu'ils favoient les coffres de l'Etat vuides, & nos finances très-gênées : — nous l'éprouvons encore aujourd'hui, dans la façon fcandaleufe avec laquelle trois Puiffances fe partagent la Pologne, contre la foi des traités & la garantie de la France ; — ces faits fanglans, tous ofés par l'épuifement affreux où nous vivons, doivent relever le cœur abattu du Sgr. Miniftre des finances ; — fon vol terre-à-terre ruine fa partie & toutes celles qui font l'enfemble de notre confervation ; — femblable à l'Aigle, il doit planer dans les hautes régions de l'air ; — c'eft de-là qu'il doit confulter les temps préfens & les temps futurs de la nation ;... comparer les uns & les autres avec ceux qu'a paffé la France, fous les Colbert & fous les Fleury, & connoître phyfiquement par leurs folutions, que ce qui nous arrière journellement aujourd'hui, ne nous eft occafionné, que par la timidité & le peu de nerf de nos fyftèmes des finances.

Héritier des vertus du grand Cochin, vous êtes dans le miniftère, ce qu'il a été dans la jurifprudence ; — fi votre illuftre ayeul a

expliqué les loix:... s'il a été le flambeau
qui a éclairé les jugemens du premier Parlement du royaume, vous jouilléz du même
avantage dans le conseil des finances de S. M.
— ne vous rebutez point, Monsieur, les objections que l'on vous fait, font des objections
timides & inadmissibles, pour peu que vous
veuilliez vous étayer de mes foibles lumieres,
vous trouverez dans votre sagacité personnelle
de quoi les terraffer victorieusement.

J'ai l'honneur d'être, avec respect.

L E T T R E III.

À MONSIEUR COCHIN,
Intendant des Finances.

Paris le 5 Février 1773.

M O N S I E U R,

L'assoupissement de notre ministère me tient
à cœur, & je ne puis concevoir comme l'é-
branlement public du crédit & du commerce
de nos rivaux, ne vous fait point sortir de
notre l'étargie ; — trois objets distincts, ont
été le nord de tous mes calculs en finances.

Le premier a été de soustraire nos citoyens
au fardeau ruineux des impositions extraordinaires, & de faire trouver au ministère les
ressources nécessaires à ses besoins, en tarissant
la source de ces mêmes besoins, dès-que ceux-
ci font produits par les conftitutions attachées

à la dette & aux charges extraordinaires de nos finances.

Le second a été de faire fortir de la fitua-tion ftérile de notre crédit, --- de l'épuifement affreux de nos finances, --- de l'impuiffance de nos effets royaux, --- de l'engourdiffement gé-néral & particulier de la confiance publique :... une opération qui publiât la réhabilitation de l'Etat, fans préjudice pour les citoyens, le commerce & l'induftrie de la nation, & qui par fes économies & fes créations, fixât à ja-mais à la France, une reffource, également utile à l'Etat, aux particuliers & au com-merce. (*a*)

Le troifième a été de ne rien innover, qui pût être imité de nos rivaux, & par cette adreffe laiffer ceux-ci, dans l'Etat de détreffe, de charge où ils vivent, én les forçant invo-lontairement, de reftituer à la France tous les fonds que la méfiance de nos opérations, de-puis 1763, en avoit fait extraire. (*b*)

(*a*) Qui que ce foit au monde me conteftera ce que j'avance : mon plan d'opération, liquidant pleinement la dette de l'Etat, mettant à même le miniftère, après 40 ans, d'éteindre 75 millions de taxes extraordinaires ; fondant, fans débours, une caiffe des mieux argentée à la dévotion de l'Etat, des citoyens & du commerce, & économifant annuellement 50 millions au moins, à nos finances.

(*b*) Ni l'Angleterre, ni la Hollande, ni l'Efpagne, ni l'Empire, ni aucune nation du Nord & du Midi, ne pourront mettre en pratique le fyftême que je propofe, par la nature de leurs intérêts civils & politiques ; les intérêts civils en fyftême d'Etat ont tous factices, dépen-dant du plus ou du moins de ommerce de chaque na-tion ; --- les politiques font perfonnels, étant produits par

T 2

Voilà quel a été le nord de tous mes calculs, & quel doit être celui de tous les ministres chargés du département, des rentes &
municipalités des monarchies ; — si l'on s'en
écarte & que l'on ne s'applique constamment à
remplir les besoins desdittes monarchies que
par les impositions ; on expériment que celles-
ci s'accumulent constamment par les extraordinaires de ces mêmes besoins ; — que la conservation des causes qui occasionnent ces dits
besoins, en perpétuant l'existence des imposi-

---

le système de cabinet de chaque gouvernement ; — de
sorte que les intérêts factices du commerce, étant en
Angleterre & en Hollande à 3 ou 3 & demi pour 100 ; —
ceux-ci dans les combinaisons politiques, ne pourront jamais
chicaner les opérations des gouvernemens qui les auront
à 5 pour 100 ; — en conséquence, la France surchargée
de dépenses extraordinaires, comme l'Angleterre & la
Hollande, dont elle paye généralement 5 pour 100,
tandis que celles ci n'en payent que 3, en établissant une
opération de finance, qui range ses dépenses extraordinaires à 3 pour 100, gagne sur l'Angleterre & la Hollande 2 pour 100 que celles-ci ne pourront jamais nous
chicaner, étant existant que si ces deux Puissances dimi-
nuoient leurs deniers d'intérets de 3 pour 100 à 1 & demi
ou 2 pour 100, (pour se conserver constamment au-dessus de la France,) elles ne trouveroient plus un sol vail-
lant à emprunter. — L'opération que je propose, en ré-
duisant en viager au denier actif de l'Angleterre & de
la Hollande, nos rentes foncières, met dans l'impuis-
sance ces deux nations de pouvoir jamais nous imiter ; —
ou si elles l'entreprenoient, leurs charges du jour, (par
la médiocrité de leurs intérets présens,) resteroient toujours permanentes, au lieu que la France en se liquidant,
économise réellement su elles 2 cinquièmes de ses dépenses extraordinaires ; — l'Empire, l'Espagne & toutes
les nations du Nord & du Midi, sont trop pauvres
pour se livrer à une semblable opération.

tions , en exigent encore des nouvelles par
les arrérages auxquels elles conftituent les dépenfes inattendues des temps & des circonftances , & dans la baiffe des recettes premières ,
des premières impofitions ; — par les vuides
que caufent à celles-ci les derniers enlevés à
la confommation des fujets par les impofitions
extraordinaires. (a)

C'eft pour fortir de cet Etat de dépériffement
& pour anéantir le fyftème abufif de l'impofition , que j'ai calculé l'opération fage , honnète
& patriotique de la caiffe nationale que je propofe , ayant cherché par le fecours de celui-ci ,
de faire fervir les êtres languiffans de nos erreurs & de nos fautes , à la création d'un établiffement nerveux , qui réhabilitât pleinement le
crédit de l'Etat , la fortune de nos citoyens &
qui fondât pour les fiècles à venir , les reffources les-plus éclatantes à la monarchie ; —
tel a été , Monfieur , le fentiment qui m'a fait

(a) Pour ne laiffer aucun doute fur cette vérité , le
miniftère n'a qu'à fe faire préfenter un relévé de nos
opérations de finances , depuis 1744 , rélativement à nos
fucceffives dépenfes extraordinaires pendant la guerre de
1744 ; — celle de 1756 , — & après la paix de 1763 ; —
un état de liquidation des unes & des autres , & comparer le tout avec l'Etat actuel de nos charges en impofitions , par le parallele de celles que fupportoient nos citoyens en 1744 ; — de balancer le tout par l'expofé de
l'étendue de nos commerces en 1744 , d'avec celui que
nous faifons aujourd'hui , & l'on finira par fe convaincre que
la France , avec un milliard au moins de richeffes perdues
dans nos guerres de 1744 & 1756 , avec trois milliards
neuf cent millions d'accrochés dans la circulation intérieure par la dette de l'Etat , avec 1 tiers moins de commerce politique depuis 1756 , qu'en 1744 , fupporte 50
pour 100 plus d'impofitions , qu'à cette ditte époque.

agir , qui me fait agir encore , & qui me force
à dire , que la France feroit une faute irrépara-
ble de ne pas mettre en exercice ma propofition
& de ne pas profiter du quart-d'heure favorable
que lui préfente la déroute des effets publics de
l'Angleterre & d'Amfterdam; — toutes ces déroutes du commerce & de crédit public , favo-
rifent l'établiffement de la caiffe nationale en
queftion , & évitera que la France viciée des
mêmes caufes , qui ont arriéré l'Efpagne , l'Angleterre , la Hollande & tout le Nord , ne fe
trouve déchirée des mêmes déroutes , qui affli-
gent nos rivaux; (a) déroutes qui feroient plus
mortelles chez nous qu'elles ne peuvent l'avoir
été à l'Angleterre & à la Hollande , notre commerce depuis 1756 ayant plus fouffert que celui
de ces deux nations , & l'Etat dans ce moment
ne devant qu'à fes citoyens.

A tant de motifs précis , fe joint encore celui
du crédit public; — notre commerce utile , en-
gourdi par l'état létargique de nos finances , demande une crife qui en tranquillife les opérations ; — cette crifes , les embarras préfens du
crédit public de l'Angleterre & de la Hollande ,
femblent la faire naître ,... d'autant plus heureufement pour la France , que les accréditeurs
des effets publics en Angleterre & en Hollande,
font fes propres négocians : tandis qu'en France
ce ne font que des riches financiers ou des ci-

(a) En 1772 & 1773 , il y a eu en Angleterre , pour 3
millions de livres fterlins de faillites ; — à Amfterdam
pour 15 à 18 millions de florins ; — à Hambourg pour
20 à 25 millions de liv.; & en 1774 pour 50 millions
de livres dans la feule ville de Marfeille.

toyens , &c. du commerce qui s'en occupent ; —
ces spéculations toutes détachées du commerce
ne font d'aucun fecours à celui-ci, & lui nuifent
conftamment par les fenfations que leurs viciffitudes caufent dans la circulation publique ; —
de forte que toute opération qui n'attaquera
que ceux-ci , n'attaquera que les gens oififs. de
l'Etat , tandis qu'en Angleterre & en Hollande,
elle attaqueroit tous les croupiers du commerce ;
— en conféquence , fi la France eft affez adroite
pour profiter de la fituation affreufe où fe trouvent les. principales de l'Europe , & de mettre
en exécution dans ce moment l'opération que je
lui propofe ; elle porte un coup deftructeur à
l'Angletere & à la Hollande , parce que leurs
opérations du difcrédit ne feront plus balancées,
par celles de la France , & que ces deux nations
ne pourront jamais fe réhabiliter par la même
opération que nous.

Toutes ces confidérations bien pefées , doivent fixer l'attention du Sgr. Miniftre des finances ; — ce n'eft point un vifionnaire qui les fait
& qui les propofe à la fupériorité ; — c'eft un
honnête citoyen doté de quelques connoiffances
& qui ne fouhaite que le bien de l'Etat & de fes
concitoyens ; — avec ces fentimens , je fuis au-
torifé de faire encore obferver à la fupériorité
que celle-ci commettroit une imprudence irrépa-
rable de faire examiner ma propofition par nos
riches financiers , ceux-ci étant intéreffés à perpétuer le difcrédit de l'Etat, parce que c'eft dans
ce temps-là qu'ils gagnent le plus, dans les forfaits de nos finances ;... l'adreffe de ceux-ci
étant de faciliter au miniftère des opérations ruineufes par notre difcrédit , en prenant d'une
main nos effets royaux à 20 ou 25 pour 100 de

bénéfice, & de les céder de l'autre à des pauvres
ignorans à 10 ou 15 pour 100 de perte, réalifant conftamment ainfi ; au détriment des citoyens, des bénéfices fans hafards qui ont creufé
notre ruine depuis 1744.

C'eft le commerce feul qu'il faut confulter,
avec une adreffe, fage honnête & pleine de zèle
pour la nation, capable de réunir par orgueil
l'opinion de celle-ci, à celle du cabinet & de
forcer le commerce lui-même à demander l'établiffement de la caiffe nationale ; — c'eft avec
ces dehors de politique que l'on affure la durée
des monarchies & que l'on fait bénir les adminiftrations, que des temps orageux ont obéré
par les mèmes citoyens qui lui jettoient la
pierre. — La France fera impériffable, fi on la
gouverne avec cette adreffe & fi on fait tirer
parti des opérations de calcul, que fa nombreufe
population & fes commerces lui facilitent ; —
plus éclairé que moi dans cette carrière, Miniftre & juge de nos fyftèmes, je foumets mon
opinion à votre fentiment.

J'ai l'honneur d'être, &c.

F I N.

www.ingramcontent.com/pod-product-compliance
Lightning Source LLC
Chambersburg PA
CBHW050459270326
41927CB00009B/1826